LA
DIVINE COMÉDIE

DEUXIÈME PARTIE

PARIS — IMPRIMERIE J. CLAYE
RUE SAINT-BENOIT

LA
DIVINE COMÉDIE

DE

DANTE ALIGHIERI

Traduction Nouvelle

PAR M. MESNARD

MEMBRE DE L'INSTITUT

PREMIER VICE-PRÉSIDENT DU SÉNAT, PRÉSIDENT A LA COUR DE CASSATION

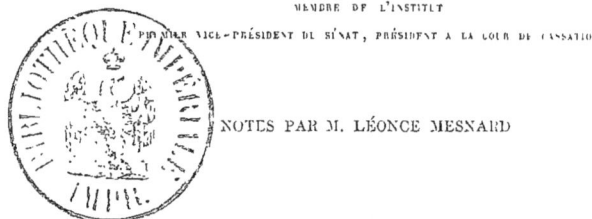

NOTES PAR M. LÉONCE MESNARD

LE PURGATOIRE

PARIS
AMYOT, LIBRAIRE-ÉDITEUR

RUE DE LA PAIX, 8

M DCCC LV

IL PURGATORIO

LE PURGATOIRE

IL PURGATORIO

CANTO PRIMO

Per correr miglior acqua alza le vele,
   Omai, la navicella del mio ingegno,
   Che lascia dietro a se mar sì crudele:

E canterò di quel secondo regno,
   Ove l' umano spirito si purga,
   E di salire al ciel diventa degno.

Ma qui la morta poesia risurga,
   O sante Muse, poi che vostro sono,
   E qui Calliopea 'lquanto surga,

Seguitando 'l mio canto con quel suono,
   Di cui le piche misere sentiro
   Lo colpo tal, che disperar perdono.

Dolce color d' oriental zaffiro,
   Che s' accoglieva nel sereno aspetto
   Dell' aer puro, infino al primo giro,

LE PURGATOIRE

CHANT PREMIER

Pour voguer sur des eaux plus paisibles, mon génie, frêle esquif échappé aux flots d'une mer si cruelle, va déployant ses voiles, et je chanterai ce second royaume où l'âme humaine se purifie, et devient digne du ciel.

Mais, ô saintes Muses, puisque je suis à vous, faites revivre en moi la poésie éteinte; Calliope, viens à mon aide; accompagne mon chant de ces accords divins que, pour leur malheur, entendirent les filles de Piérus [1], en perdant tout espoir de pardon !

Les douces teintes du saphir oriental qui se fondaient dans la sérénité de l'air pur, jusqu'au premier cercle des cieux, rendirent le bonheur à mes yeux, dès que je fus

Agli occhi miei ricominciò diletto,
   Tosto ched i' uscî fuor dell' aura morta,
   Che m' avea contristati gli occhi, e 'l petto.

Lo bel pianeta, ch' ad amar conforta,
   Faceva tutto rider l' Oriente,
   Velando i Pesci, ch' erano in sua scorta.

I' mi volsi a man destra, e posi mente
   All' altro polo, e vidi quattro stelle
   Non viste mai, fuor ch' alla prima gente.

Goder pareva 'l ciel di lor fiammelle.
   O settentrional vedovo sito,
   Poichè privato se' di mirar quelle!

Com' io da loro sguardo fui partito,
   Un poco me volgendo all' altro polo,
   Là onde 'l Carro già era sparito:

Vidi presso di me un veglio solo,
   Degno di tanta reverenza in vista,
   Che più non dee a padre alcun figliuolo.

Lunga la barba, e di pel bianco mista
   Portava a' suoi capegli simigliante,
   De' quai cadeva al petto doppia lista.

Li raggi delle quattro luci sante
   Fregiavan sì la sua faccia di lume,
   Ch' io 'l vedea, come 'l Sol fosse davante.

sorti de cette vapeur morte qui avait tant contristé mon cœur et mes regards.

L'astre charmant qui convie à l'amour, de tout l'Orient ne faisait qu'un sourire, et laissait dans l'ombre le signe des Poissons, sa fidèle escorte.

Portant ma pensée sur l'autre pôle qui était à ma droite, j'aperçus quatre étoiles [2] qui ne furent jamais vues que de la race première. On eût dit que le ciel se plaisait à leur rayonnement. O septentrion, région vraiment veuve, puisqu'il t'est refusé de les contempler!

Lorsque je fus arraché à ce spectacle, en me détournant un peu vers l'autre pôle, là où le Chariot avait déjà disparu, je vis près de moi un vieillard [3] : il était seul et digne, à le voir, de tant de vénération, qu'un fils à son père n'en doit pas davantage. Il portait une longue barbe, blanchissante comme ses cheveux dont une double tresse tombait sur sa poitrine. A la sainte lumière des quatre étoiles, sa figure rayonnait d'un tel éclat, que je la voyais comme si le soleil eût été devant lui.

Chi siete voi, che, contra 'l cieco fiume,
   Fuggito avete la prigione eterna?
   Diss' ei, movendo quell' oneste piume.

Chi v' ha guidati? o chi vi fu lucerna,
   Uscendo fuor della profonda notte,
   Che sempre nera fa la valle inferna?

Son le leggi d' abisso così rotte?
   O è mutato in Ciel nuovo consiglio,
   Che dannati venite alle mie grotte?

Lo duca mio allor mi diè di piglio,
   E con parole, e con mani, e con cenni,
   Reverenti mi fe' le gambe, e 'l ciglio:

Poscia rispose lui: Da me non venni:
   Donna scese dal ciel, per li cui preghi
   Della mia compagnia costui sovvenni.

Ma da ch' è tuo voler, che più si spieghi
   Di nostra condizion, com' ell' è vera,
   Esser non puote 'l mio, ch' a te si nieghi.

Questi non vide mai l' ultima sera,
   Ma per la sua follía le fu sì presso,
   Che molto poco tempo a volger era,

Sì com' i' dissi, fu' mandato ad esso
   Per lui campare, e non c' era altra via,
   Che questa, per la quale i' mi son messo.

« Qui êtes-vous, dit le vieillard, en agitant cette barbe vénérable, vous qui, remontant le cours du fleuve sombre, avez pu échapper à l'éternelle prison? Quel fut votre guide? Quelle lumière éclaira vos pas dans la profonde nuit qui sans cesse obscurcit l'infernale vallée? L'abîme a-t-il donc vu ses lois brisées, ou bien le ciel a-t-il révoqué ses décrets, pour que les damnés pénètrent ainsi dans mes grottes? »

Mon guide alors, de sa parole, de son geste et de son regard, m'invite à baisser les yeux et à fléchir un genou respectueux. Puis : « Mon seul vouloir, lui dit-il, ne m'amène pas ici : c'est à la prière d'une Dame venue du ciel, que je sers de guide à celui qui est avec moi. Mais dès que tu désires être mieux informé de notre véritable condition, ma seule volonté sera de n'avoir rien à refuser à la tienne. Celui qui m'accompagne n'a pas encore vécu son dernier soir; mais, par sa folie, il s'en est vu si près, que bien peu de temps encore lui restait. Alors, je te l'ai dit, je lui fus envoyé, et comme, pour assurer sa délivrance, une seule voie s'ouvrait, je l'ai prise.

Mostrat' ho lui tutta la gente ria,
   Ed ora 'ntendo mostrar quegli spiriti,
   Che purgan se, sotto la tua balía.

Com' i' l' ho tratto, saria lungo a dirti.
   Dell' alto scende virtù, che m' ajuta
   Conducerlo a vederti, e a udirti.

Or ti piaccia gradir la sua venuta :
   Libertà va cercando, ch' è sì cara,
   Come sa chi, per lei, vita rifiuta.

Tu 'l sai : che non ti fu per lei amara
   In Utica la morte, ove lasciasti
   La veste, ch' al gran dì sarà sì chiara.

Non son gli editti eterni per noi guasti :
   Che questi vive, e Minos me non lega :
   Ma son del cerchio, ove son gli occhi casti

Di Marzia tua, che 'n vista ancor ti prega,
   O santo petto, che per tua la tegni :
   Per lo suo amore adunque a noi ti piega.

Lasciane andar per li tuo' sette regni :
   Grazie riporterò di te a lei,
   Se d' esser mentovato laggiù degni.

Marzia piacque tanto agli occhi miei,
   Mentre ch i' fui di là, diss' egli allora,
   Che quante grazie volle da me, fei.

« Conduit par moi, il a visité toute la race des réprouvés, et je dois lui montrer à présent les esprits qui se purifient dans ce lieu où tu commandes.

« Te raconter comment j'ai pu le diriger, serait trop long. Sache seulement qu'une puissance d'en haut m'aide à l'amener ici pour te voir et t'entendre. Qu'il te plaise d'accueillir sa venue : c'est la liberté qu'il va cherchant, lui aussi. Combien elle est précieuse, celui-là le sait qui la préfère à sa propre vie. Tu le sais, toi, à qui la mort ne fut pas amère, quand tu mourais pour elle, en laissant à Utique cette dépouille que fera si resplendissante le jour du grand Jugement.

« Pour nous, les décrets du ciel n'ont pas été violés : celui que tu vois est vivant, et moi, que ne retiennent pas les liens de Minos, j'appartiens au cercle où brillent les chastes yeux de ta Martia[4], qui semble encore te supplier, ô grande âme, de la tenir pour tienne. Au nom de son amour, deviens-nous propice et laisse-nous aller par tes sept royaumes. A mon retour, je lui rendrai grâce en souvenir de toi, si tu permets qu'il soit parlé de toi dans ces basses régions.

« Martia, répliqua-t-il, quand j'étais sur la terre, obtint de moi, tant elle avait de charme à mes yeux, toutes les grâces qu'elle voulut. Maintenant elle est par delà le fleuve

Or, che di là dal mal fiume dimora,
  Più muover non mi può per quella legge,
  Che fatta fu, quando me n' uscî fuora.

Ma se donna del ciel ti muove e regge,
  Come tu dî : non c' è mestier lusinga :
  Bastiti ben, che per lei mi richegge.

Va dunque, e fa, che tu costui ricinga
  D' un giunco schietto, e che gli lavi 'l viso,
  Sì ch' ogni sucidume quindi stinga :

Che non si converria l' occhio sorpriso
  D' alcuna nebbia andar davanti al primo
  Ministro, ch' è di quei di Paradiso.

Questa isoletta intorno, ad imo ad imo
  Laggiù colà, dove la batte l' onda,
  Porta de' giunchi sovra 'l molle limo.

Null' altra pianta, che facesse fronda,
  O indurasse, vi puote aver vita,
  Perocchè alle percosse non seconda.

Poscia non sia di qua vostra reddita :
  Lo sol vi mostrerà, che surge omai :
  Prendete 'l monte a più lieve salita :

Così sparì : ed io su me levai,
  Sanza parlare, e tutto mi ritrassi
  Al duca mio, e gli occhi a lui drizzai.

maudit, et la loi qui me fut imposée à ma sortie des limbes ne permet pas que je sois touché de sa prière.

« Mais si du ciel une bienheureuse, comme tu le dis, t'inspire et te conduit ici, qu'est-il besoin de ces flatteries? Tu me commandes en son nom; il suffit. Va donc; mais que celui-ci d'un jonc flexible se fasse une ceinture et qu'une eau pure efface de son visage toute trace de souillure. Il doit se montrer avec un front sans tache à la vue de l'un des premiers ministres des volontés du Paradis [5].

« Là-bas, là-bas se voit une petite île sans cesse battue des ondes : sa grève limoneuse est couverte de joncs. Nulle autre plante, moins souple ou plus couverte de feuilles, n'y prendrait vie : à l'effort des eaux elle ne céderait pas assez.

« Vous n'aurez point à retourner par ici : le soleil qui se lève vous fera voir votre route à travers la montagne et sur sa pente la plus douce. »

A ces mots, il disparaît, et moi, je me lève en silence, les yeux fixés sur mon guide et en me rapprochant de lui.

CANTO PRIMO.

Ei cominciò : Figliuol, segui i miei passi :
   Volgianci indietro, che di qua dichina
   Questa pianura a' suo' termini bassi.

L' alba vinceva l' ora mattutina,
   Che fuggia 'nnanzi; sì che, di lontano,
   Conobbi il tremolar della marina.

Noi andavám per lo solingo piano,
   Com' uom, che torna alla smarrita strada,
   Che 'nfino ad essa li pare ire invano.

Quando noi fummo, dove la rugiada
   Pugna col Sole, e per essere in parte,
   Ove adorezza, poco si dirada;

Ambo le mani in su l' erbetta sparte,
   Soavemente 'l mio maestro pose :
   Ond' io, che fui accorto di su' arte,

Porsi ver lui le guance lagrimose :
   Quivi mi fece tutto discoverto
   Quel color, che l' inferno mi nascose.

Venimmo poi in sul lito diserto,
   Che mai non vide navicar su' acque
   Uom, che di ritornar sia poscia esperto.

Quivi mi cinse, sì com' altrui piacque :
   O maraviglia! che qual' egli scelse
   L' umile pianta, cotal si rinacque

Subitamente là, onde la svelse.

CHANT PREMIER.

« Mon fils, dit-il, suis mes pas : il faut revenir en arrière. Par ici, cette plage inclinée descend à ses limites les plus abaissées. »

Déjà devant l'aube victorieuse s'enfuyait l'heure du matin, et j'aperçus au loin le frémissement de la mer.

Par cette plaine solitaire nous allions comme ceux qui, en peine de leur route perdue, marchent et croient marcher en vain tant qu'ils ne l'ont pas retrouvée.

Arrivés en un lieu où la rosée, luttant contre les rayons du soleil sous l'ombre qui l'abrite, s'évapore lentement, mon maître pose légèrement sur l'herbe ses deux mains étendues. Pénétrant son ingénieux dessein et tout attendri, je lui présente mes joues baignées de pleurs ; en un instant il me rend les couleurs que l'enfer avait effacées.

Nous parvenons enfin à ces rivages déserts qui ne virent jamais de retour le mortel naviguant sur leurs flots. Là mon maître, comme l'autre l'avait prescrit, m'entoura d'une ceinture. Mais à peine, ô prodige ! cueillait-il une de ces faibles plantes, qu'à la même place, aussitôt elle renaissait.

CANTO SECONDO

Già era 'l Sole all' Orizzonte giunto,
   Lo cui meridian cerchio coverchia
   Jerusalem, col suo più alto punto:

E la Notte, ch' opposita a lui cerchia,
   Uscía di Gange fuor con le bilance,
   Che le caggion di man, quando soverchia:

Sì che le bianche, e le vermiglie guance,
   Là dov' i' era, della bella Aurora,
   Per troppa etate divenivan rance.

Noi eravám lungh' esso 'l mare ancora,
   Come gente, che pensa suo cammino,
   Che va col cuore, e col corpo dimora:

Ed ecco, qual suol presso del mattino,
   Per li grossi vapor, Marte rosseggia,
   Giù nel ponente sovra 'l suol marino:

CHANT DEUXIÈME

Déjà le soleil touchait à cet horizon dont le méridien, à son point le plus élevé, passe sur Jérusalem, et la nuit, parcourant son cercle à l'opposite, se levait, sortant du Gange, avec les Balances qu'elle laisse échapper de sa main, quand elle a dépassé la durée des jours [1].

Aussi les joues blanches et rosées de la belle Aurore vieillissante à l'approche du soleil, se couvraient de nuances orangées.

Toujours arrêtés sur le rivage de la mer, nous étions comme ces gens, tout occupés de leur chemin, dont la pensée est en marche et le corps au repos.

Surprise par l'éclat du matin, on voit l'étoile de Mars s'incliner vers la plaine marine et rougir à travers les épaisses vapeurs de l'occident; ainsi m'apparut (que ne

Cotal m' apparve, s' i' ancor lo veggia,
  Un lume, per lo mar, venir sì ratto,
  Che 'l muover suo nessun volar pareggia:

Dal qual, com' i' un poco ebbi ritratto
  L'occhio, per dimandar lo duca mio,
  Rividil più lucente e maggior fatto.

Poi d' ogni parte ad esso m' apparío
  Un, non sapea che, bianco, e di sotto
  A poco a poco un altro a lui n' uscío.

Lo mio maestro ancor non fece motto,
  Mentre che i primi bianchi aperser l' ali:
  Allor, che ben conobbe 'l galeotto,

Gridò: Fa, fa, che le ginocchia cali:
  Ecco l' Angel di Dio: piega le mani:
  Omaʼ vedrai di sì fatti uficiali.

Vedi, che sdegna gli argomenti umani,
  Sì che remo non vuol, nè altro velo,
  Che l' ale sue tra liti sì lontani.

Vedi, come l' ha dritte verso 'l cielo,
  Trattando l' aere, con l' eterne penne,
  Che non si mutan, come mortal pelo.

Poi come più e più verso noi venne
  L' uccel divino, più chiaro appariva:
  Perchè l' occhio da presso nol sostenne:

puis-je encore la revoir!) une lueur sortant des eaux, qui venait à moi si vite, que n'aurait pu la suivre le vol le plus rapide.

Mes regards, un moment, s'en étaient détournés pour consulter mon guide, et je la revis plus grande encore et plus brillante. De chaque côté semblait s'en détacher je ne sais quelle forme blanche, et, peu à peu, d'au-dessous il en sortait une autre.

Mon maître, jusque-là silencieux, dès que ces formes blanches lui parurent des ailes, reconnut le divin Nautonier.

« A genoux, s'écria-t-il aussitôt, à genoux, et les mains jointes! c'est l'Ange du Seigneur. Attends-toi à rencontrer maintenant de ces divins ministres. Regarde comme il a en dédain toute humaine industrie : ni rames, ni voiles! Pour atteindre ces lointains rivages, il ne veut que ses ailes. Vois comme elles se dressent vers le ciel, frappant l'air de ces plumes impérissables qui ne tombent point comme tombe un duvet mortel. »

A mesure qu'il s'approchait de nous, l'oiseau divin devenait plus resplendissant; et quand il fut tout près, je baissai mes yeux qui n'en pouvaient soutenir l'éclat.

Ma china 'l giuso : e quei sen' venne a riva,
  Con un vasello snelleto e leggiero,
  Tanto che l' acqua nulla ne 'nghiottiva.

Da poppa stava 'l celestial nocchiero,
  Tal che parea beato per iscritto :
  E più di cento spiriti entro sediero :

In exitu Israel de **E**gitto
  Cantavan tutti 'nsieme, ad una voce,
  Con quanto di quel salmo è poi scritto.

Po' fece 'l segno lor di santa Croce :
  Ond' ei si gittar tutti in su la piaggia,
  Ed el sen' gío, come venne, veloce.

La turba, che rimase lì, selvaggia
  Parea del loco, rimirando intorno,
  Come colui, che nuove cose assaggia.

Da tutte parti saettava 'l giorno
  Lo Sol, ch' avea, con le saette conte,
  Di mezzo 'l ciel cacciato 'l Capricorno :

Quando la nuova gente alzò la fronte
  Ver noi, dicendo a noi, Se vo' sapete,
  Mostratene la via di gire al monte.

E Virgilio rispose : voi credete
  Forse, che siamo sperti d' esto loco :
  Ma noi sem peregrin, come voi siete :

Il toucha le rivage avec une barque si légère et si frêle, que l'onde n'en gardait pas la trace. A la poupe se tenait le céleste Nocher, la face radieuse de béatitude. Assis avec lui dans la barque, plus de cent esprits chantaient en chœur, comme d'une seule voix : *In exitu Israel de Ægypto*, et tout le psaume [2].

L'Ange les bénit par un signe de croix, et quand ils furent tous sur la plage, aussi vite qu'il était venu, il disparut.

La troupe qu'il laissa là regardait tout à l'entour avec étonnement : on eût dit qu'étrangère à ce lieu, tout lui semblait nouveau.

Le soleil de toutes parts lançait les rayons du jour, et ses flèches avaient chassé déjà le Capricorne de la moitié du ciel, quand les nouveaux venus levèrent sur nous les yeux, en disant : « Montrez-nous, si vous le savez, le chemin de la Montagne. »

« Vous croyez sans doute, répondit Virgile, que ce lieu nous est connu ; détrompez-vous : nous sommes des pèlerins comme vous. Arrivés un peu plus tôt, nous sommes venus

Dianzi venimmo innanzi a voi un poco,
   Per altra via, che fu sì aspra e forte,
   Che lo salire omai ne parrà giuoco.

L'anime, che si fur di me accorte
   Per lo spirar, ch' i' era ancora vivo,
   Maravigliando, diventaro smorte:

E come a messaggier, che porta olivo,
   Tragge la gente, per udir novelle,
   E di calcar nessun si mostra schivo:

Così al viso mio s' affisar quelle
   Anime fortunate tutte quante,
   Quasi obbliando d' ire a farsi belle.

I' vidi una di lor trarresi avante,
   Per abbracciarmi, con sì grande affetto,
   Che mosse me a far lo simigliante.

O ombre vane, fuor che nell' aspetto!
   Tre volte dietro a lei le mani avvinsi,
   E tante mi tornai con esse al petto.

Di maraviglia, credo, mi dipinsi:
   Perchè l'ombra sorrise, e si ritrasse,
   Ed io, seguendo lei, oltre mi pinsi.

Soavemente disse, ch' i' posasse:
   Allor conobbi chi era, e pregai,
   Che, per parlarmi, un poco s' arrestasse.

ici par une autre route, si rude et si sauvage, que cette montagne à gravir n'est plus qu'un jeu pour nous.

Les âmes, en me voyant respirer, s'aperçurent que j'étais vivant, et l'étonnement les fit pâlir.

Qu'un messager paraisse, l'olivier à la main, la multitude, avide de nouvelles, se précipite aussitôt sans nul souci d'être foulée ; ainsi, autour de moi s'empressent ces âmes fortunées, oubliant presque qu'elles ont à devenir plus belles.

L'une d'elles surtout venait à moi, si affectueuse et avec un si vif désir de m'embrasser, qu'un mouvement semblable vers elle m'entraîna.

Ombres vaines, oh ! comme vous n'êtes rien, sinon pour les yeux ! Par trois fois je l'entourai de mes bras, et par trois fois, mes bras retombèrent sur ma poitrine.

A l'étonnement qui, sans doute, se peignit sur ma figure, l'ombre se prit à sourire et se retira. Comme en allant plus avant, je l'avais dépassée, avec douceur elle me dit de rester. Je la reconnus alors, et à mon tour, je la priai de s'arrêter un peu pour me parler.

Risposemi : Così, com' i' t' amai
Nel mortal corpo, così t' amo sciolta :
Però m' arresto : ma tu perchè vai?

Casella mio, per tornare altra volta,
Là dove i' son, fo io questo viaggio :
Diss' io, ma a te come tanta ora è tolta?

Ed egli a me : Nessun m' è fatto oltraggio,
Se quei, che leva, e quando e cui li piace,
Più volte m' ha negato esto passaggio;

Che di giusto voler lo suo si face :
Veramente da tre mesi egli ha tolto,
Chi ha voluto entrar con tutta pace.

Ond' io che era alla marina volto,
Dove l' acqua di Tevere s' insala,
Benignamente fu' da lui ricolto

A quella foce, ov' egli ha dritta l' ala :
Perocchè sempre quivi si ricoglie,
Qual, verso d'Acheronte, non si cala.

Ed io, Se nuova legge non ti toglie
Memoria, o uso all' amoroso canto,
Che mi solea quetar tutte mie voglie,

Di ciò ti piaccia consolare alquanto
L' anima mia, che con la sua persona,
Venendo qui, è affannata tanto.

Elle me répondit : « Avec mon corps mortel, je t'aimai ; dégagé de lui, je t'aime encore. Aussi, volontiers je m'arrête. Mais toi, pourquoi vas-tu?

« Mon Casella [3], pour retourner encore là d'où je suis venu, je fais ce long voyage. Mais toi, qui t'a retenu si longtemps loin d'ici? »

Et lui : « De celui qui, à son bon plaisir, amène ici les âmes, je n'ai point à me plaindre, bien que plus d'une fois il m'ait refusé le passage. Une volonté juste toujours le détermine à vouloir. Voici trois mois [4] seulement qu'il accueille toute âme qui se présente pour entrer dans sa barque. J'étais sur le rivage qui voit les eaux du Tibre se jeter dans la mer et devenir salées ; il me reçut avec bonté en ce lieu où son aile est toujours dressée, où se réunit la foule des âmes qui ne descendent pas vers l'Achéron. »

Et moi : « Si ta condition nouvelle t'a laissé, avec la mémoire, le don de ces chants d'amour qui, jadis, apaisaient mes ennuis, de grâce, console-en mon âme qui, sous le poids de son corps mortel, arrive ici pleine d'angoisses. »

CANTO SECONDO.

Amor, che nella mente mi ragiona,
    Cominciò egli allor, sì dolcemente,
    Che la dolcezza ancor dentro mi suona.

Lo mio maestro, ed io, e quella gente,
    Ch' eran con lui, parevan sì contenti,
    Com' a nessun toccasse altro la mente.

Noi andavam tutti fissi e attenti
    Alle sue note: ed ecco 'l veglio onesto,
    Gridando, Che è ciò, spiriti lenti?

Qual negligenzia, quale stare è questo?
    Correte al monte, a spogliarvi lo scoglio,
    Ch' esser non lascia a voi Dio manifesto.

Come quando, cogliendo biada, o loglio,
    Gli colombi adunati alla pastura,
    Queti, senza mostrar l' usato orgoglio:

Se cosa appare, ond' egli abbian paura,
    Subitamente lasciano star l' esca,
    Perchè assaliti son da maggior cura:

Così vid' io quella masnada fresca
    Lasciare 'l canto, e gire 'nver la costa,
    Com' uom, che va, nè sa dove riesca:

Nè la nostra partita fu men tosta.

Il se prit alors à chanter : *Amor, che nella mente mi ragiona*[5], et si mélodieux était son chant, que cette mélodie toujours en moi résonne.

Le maître et moi, et la foule qui le suivait, nous étions si heureux de l'entendre, que nous paraissions indifférents à tout autre soin.

Attentifs et comme suspendus à ses doux accents, nous allions, et voilà que le vieillard vénérable : « Qu'est-ce à dire, s'écria-t-il, esprits paresseux? Pourquoi tant de négligence et de retard? Courez à la montagne et jetez-y cette dépouille qui ne permet pas que Dieu se manifeste à vous. »

Rassemblées autour de la pâture, on voit une troupe de palombes se jeter sur le blé et sur l'ivraie, oubliant toutes leur orgueilleux roucoulement; mais que soudain une chose apparaisse, qui les effraie, assaillies par un souci plus grand, elles quittent aussitôt leur butin.

Ainsi je vis cette foule de nouveaux arrivants s'éloigner du chanteur et se précipiter vers la montagne, comme gens plus empressés de fuir, que de savoir où ils vont.

Tout aussi prompt fut notre départ.

CANTO TERZO

Avvegnachè la subitana fuga
   Dispergesse color per la campagna,
   Rivolti al monte, ove ragion ne fruga;

I' mi ristrinsi alla fida compagna:
   E come sare' io, senza lui, corso?
   Chi m' avria tratto su per la montagna?

Ei mi parea da se stesso rimorso:
   O dignitosa coscienza e netta,
   Come t' è picciol fallo amaro morso!

Quando li piedi suoi lasciar la fretta,
   Che l' onestade ad ogni atto dismaga,
   La mente mia, che prima era ristretta,

Lo 'ntento rallargò, sì come vaga,
   E diedi 'l viso mio incontra 'l poggio,
   Che 'nverso 'l ciel più alto si dislaga.

CHANT TROISIÈME

Tandis qu'une même fuite soudainement les emporte à travers la campagne, vers le mont où la raison divine nous éprouve [1], je m'attache à mon fidèle compagnon : Comment aurais-je continué, sans lui, mon voyage? Qui m'aurait aidé à gravir la montagne?

Je crus m'apercevoir qu'il s'accusait lui-même. O noble et pure conscience, est-il si petite faute qui ne te fasse sentir sa morsure amère?

Lorsque les pieds eurent cessé de courir avec cette rapidité qui ôte à tout mouvement sa dignité, mon esprit, resserré auparavant, ouvrit un cours plus large à ses désirs, et mon regard se dirigea vers le sommet qui s'élève le plus haut vers le ciel.

Lo Sol, che dietro fiammeggiava roggio,
   Rotto m' era dinanzi alla figura,
   Ch' aveva in me de' suoi raggi l' appoggio.

I' mi volsi dallato, con paura
   D' essere abbandonato, quando i' vidi
   Solo dinanzi a me la terra oscura:

E 'l mio conforto: Perchè pur difidi,
   A dir mi cominciò tutto rivolto,
   Non credi tu me teco, e ch' io ti guidi?

Vespero è già colà, dov' è sepolto
   Lo corpo, dentro al quale io facev' ombra:
   Napoli l' ha, e da Brandizio è tolto.

Ora se innanzi a me nulla s' adombra,
   Non ti maravigliar, più che de' cieli,
   Che l' uno all' altro raggio non ingombra.

A sofferir tormenti, e caldi, e gieli
   Simili corpi la virtù dispone,
   Che come fa, non vuol, ch' a noi si sveli.

Matto è chi spera, che nostra ragione
   Possa trascorrer la 'nfinita via,
   Che tiene una Sustanzia in tre Persone.

State contenti, umana gente, al quia:
   Che se potuto aveste veder tutto,
   Mestier non era partorir Maria:

Derrière moi, le soleil rouge flamboyait, et, par devant, dessinait mon ombre dans ses rayons brisés. Ne voyant qu'une seule ombre devant moi sur la terre obscurcie, je me crus abandonné, et, dans ma frayeur, je me retournai.

Mais celui qui me réconfortait : « D'où te vient une pareille défiance, me dit-il, quand je fus tout à fait retourné? Penses-tu donc que je ne sois plus avec toi, pour te guider encore? Le soir [2] déjà s'étend là où fut enseveli le corps qui projetait mon ombre au soleil. Ce corps était à Brindes, et Naples le possède [3].

Et si maintenant rien ne devient ombre devant moi, pourquoi t'en étonner? Regarde, dans les cieux un rayon fait-il de l'ombre sur un autre rayon? La suprême sagesse veut, il est vrai, que ces apparences de corps soient capables de ressentir encore les tourments de la chaleur et du froid; comment en est-il ainsi? C'est son secret.

Insensé qui voudrait, à l'aide de sa raison, pénétrer les voies infinies de cette substance en trois personnes [4]! Faibles mortels, sachez vous en tenir au *parce que!* S'il vous eût été donné de tout savoir, pourquoi Marie fût-elle devenue mère? Combien l'ont désiré en vain, dont le désir alors satisfait, ne fût pas resté pour eux un éternel

È disiar vedeste senza frutto
  Tai, che sarebbe lor disio quetato,
  Ch' eternalmente è dato lor per lutto:

I' dico d' Aristotile, e di Plato,
  E di molti altri: e qui chinò la fronte,
  E più non disse, e rimase turbato.

Noi divenimmo in tanto appiè del monte:
  Quivi trovammo la roccia sì erta,
  Che 'ndarno vi sarien le gambe pronte.

Tra Lerici e Turbìa, la più diserta,
  La più romita via, è una scala,
  Verso di quella, agevole e aperta.

Or chi sa da qual man la costa cala,
  Disse 'l maestro mio, fermando 'l passo,
  Sì che possa salir, chi va senz' ala?

E mentre che, tenendo 'l viso basso,
  Esaminava del cammin la mente,
  Ed io mirava suso intorno al sasso,

Da man sinistra m' apparì una gente
  D' anime, che moviéno i piè ver noi,
  E non parevan, sì venivan lente.

Leva, dissi al maestro, gli occhi tuoi:
  Ecco di quà chi ne darà consiglio,
  Se tu da te medesmo aver nol puoi.

tourment! — J'entends parler d'Aristote, de Platon et de quelques autres. »

A ces mots, il s'arrêta, baissant la tête, et demeura troublé.

Cependant nous arrivons au pied de la montagne, une roche si escarpée, qu'un pied agile ne servirait de rien. Le sentier le plus rude et le plus désert entre Lerici et Turbia, serait, en comparaison, un large et facile escalier.

« Qui sait, dit le maître, en s'arrêtant, de quel côté s'adoucit la pente, et par où l'on peut monter sans le secours des ailes? »

Tandis que, la tête inclinée, il méditait sur le chemin à suivre, et que je portais mes regards vers ces cimes élevées, je découvris sur notre gauche une foule d'âmes venant à nous, d'un pas si lent, qu'à peine on eût cru qu'elles venaient.

« Lève les yeux, dis-je à mon maître ; voici de qui prendre conseil, si tu n'en peux avoir de toi-même. »

Guardommi allora, e con libero piglio
   Rispose: Andiamo in là, ch' ei vegnon piano,
   E tu ferma la speme, dolce figlio.

Ancora era quel popol di lontano,
   I' dico, dopo i nostri, mille passi,
   Quant' un buon gittator trarria con mano,

Quando si strinser tutti a' duri massi
   Dell' alta ripa, e stetter fermi e stretti,
   Com' a guardar, chi va dubbiando, stassi.

O ben finiti, o già spiriti eletti,
   Virgilio incominciò, per quella pace,
   Ch' i' credo, che per voi tutti s' aspetti,

Ditene, dove la montagna giace,
   Sì che possibil sia l' andare in suso:
   Che 'l perder tempo, a chi più sa, più spiace.

Come le pecorelle escon del chiuso
   Ad una, a due, a tre, e l' altre stanno
   Timidette atterrando l' occhio, e 'l muso,

E ciò, che fa la prima, e l' altre fanno,
   Addossandosi a lei, s' ella s' arresta,
   Semplici e quete, e lo 'mperchè non sanno;

Sì vid' io muovere a venir la testa
   Di quella mandria fortunata allotta,
   Pudica in faccia, e nell' andare onesta.

Et alors, me regardant d'un air plus rassuré : « Allons à leur rencontre, dit-il, car elles viennent lentement. Et toi, mon doux fils, raffermis ton espérance. »

Véritablement cette foule était fort loin, et je puis le dire, bien que nous eussions déjà fait mille pas, le jet d'une pierre lancée par un habile frondeur nous séparait encore, au moment où les âmes, au pied des durs rochers de la pente escarpée, se rassemblaient immobiles, comme gens en peine de leur chemin, qui s'arrêtent et regardent.

« O vous, dont le sort est heureusement accompli [5], leur dit Virgile, vous, déjà des élus, au nom de la sainte paix, objet de votre attente, dites-nous par quelle pente moins rapide on peut arriver au sommet de la montagne. A qui sait mieux le prix du temps, la perte en est plus regrettable. »

On voit des brebis sortir du bercail, une d'abord, puis deux, puis trois ; les autres timidement arrêtées, la tête basse, les yeux en terre ; puis ce qu'a fait la première, toutes le font, se pressant derrière elle, si elle s'arrête, toujours simples et douces, et le pourquoi, ne le sachant pas [6]. De même je vis les âmes qui étaient en tête de cette foule bienheureuse, se mettre en marche, venant à nous d'un pas modeste et la pudeur au front.

Come color dinanzi vider rotta
 La luce in terra, dal mio destro canto,
 Sì che l'ombr' era da me alla grotta,

Restaro, e trasser se indiétro alquanto,
 E tutti gli altri, che venieno appresso,
 Non sappiendo 'l perchè, fero altrettanto.

Sanza vostra dimanda i' vi confesso,
 Che questi è corpo uman, che voi vedete,
 Perchè 'l lume del Sole in terra è fesso :

Non vi maravigliate : ma credete,
 Che non senza virtù, che dal Ciel vegna,
 Cerchi di soverchiar questa parete :

Così 'l maestro : e quella gente degna,
 Tornate, disse : intrate innanzi dunque,
 Co' dossi delle man faccendo insegna.

E un di loro incominciò : Chiunque
 Tu se', così andando volgi 'l viso :
 Pon mente, se di là mi vedesti unque.

I' mi volsi ver lui, e guardai 'l fiso :
 Biondo era, e bello, e di gentile aspetto :
 Ma l'un de' cigli un colpo ave' diviso.

Quando i' mi fui umilmente disdetto
 D'averlo visto mai, ei disse : Or vedi ;
 E mostrommi una piaga a sommo 'l petto :

Mais aussitôt que, sur ma droite, elles virent la lumière rompue à terre par l'ombre de mon corps qui s'allongeait sur le rocher, elles s'arrêtèrent, reculant un peu, et toutes celles qui venaient à la suite firent de même sans savoir pourquoi.

« Je n'attends pas votre demande ; c'est bien un corps humain que vous voyez ; voilà pourquoi les rayons du soleil sont ainsi brisés sur la terre. Ne vous en étonnez pas, et, croyez-le bien, sans une puissance venue d'en haut, il n'entreprendrait pas de franchir la montagne. »

Ainsi parla le maître, et alors ces nobles âmes, nous faisant signe de la main : « Retournez-vous, s'écriaient-elles, et marchez devant nous. »

Puis un de ces esprits m'adressa la parole : « Qui que tu sois, dit-il, tout en marchant, tourne sur moi les yeux et cherche à te souvenir : ne m'aurais-tu pas déjà vu sur la terre ? »

Je me retournai, le regardant en face : sa chevelure était blonde ; il était beau et de noble aspect ; seulement une cicatrice traversait l'un de ses sourcils. Je lui avouai en toute humilité que je ne l'avais jamais vu, et alors : « Regarde, » me dit-il ; et en même temps, il me montrait au haut de sa poitrine la trace d'une blessure. Puis, en souriant : « Je suis Manfred, le neveu de l'Impératrice

Poi disse, sorridendo: I' son Manfredi
   Nipote di Gostanza Imperadrice:
   Ond' i' ti priego, che quando tu riedi,

Vadi a mia bella figlia, genitrice
   Dell' onor di Cicilia, e d' Aragona,
   E dichi a lei il ver, s' altro si dice.

Poscia ch' i' ebbi rotta la persona
   Di duo punte mortali, i' mi rendei,
   Piangendo, a quei, che volentier perdona.

Orribil furon li peccati miei:
   Ma la Bontà 'nfinita ha sì gran braccia,
   Che prende ciò, che si rivolve a lei.

Se 'l Pastor di Cosenza, ch' alla caccia
   Di me fu messo per Clemente, allora,
   Avesse 'n Dio ben letta questa faccia,

L' ossa del corpo mio sarieno ancora
   In co del ponte, presso a Benevento,
   Sotto la guardia della grave mora:

Or le bagna la pioggia, e muove 'l vento
   Di fuor dal regno, quasi lungo 'l Verde,
   Ove le trasmutò a lume spento.

Per lor maladizion sì non si perde,
   Che non possa tornar l' eterno amore,
   Mentre che la speranza ha fior del verde.

Constance[7]. Quand tu retourneras sur la terre, je t'en prie, va trouver ma fille si belle, dont les fils sont devenus l'honneur de la Sicile et de l'Aragon, et dis-lui la vérité, si le contraire lui fut dit : au moment où je fus percé de deux coups mortels, je m'abandonnai, en gémissant, à celui qui aime à pardonner. Mes péchés furent horribles ; mais Dieu ouvre, si larges, les bras de sa miséricorde, qu'il reçoit quiconque revient à lui. Si l'évêque de Cosenza, lorsqu'il fut envoyé par le pape Clément à la chasse de mon cadavre, avait pu lire dans la pensée de Dieu, mes ossements, à l'abri des lourdes pierres qui pesaient sur eux, reposeraient encore à la tête du pont, près de Bénévent ; et maintenant ils sont battus par la pluie et roulés par les vents, hors du royaume, jusqu'aux bords du Verde, où ils furent dispersés à la lumière éteinte [8].

« Mais sous les malédictions d'un pontife, l'âme n'est pas si abattue, que la divine bonté ne la puisse relever, tant que fleurit encore une espérance de repentir. Le

Ver' è, che quale in contumacia muore
 Di Santa Chiesa, ancor ch' al fin si penta,
 Star li convien da questa ripa in fuore

Per ogni tempo, ch' egli è stato, trenta,
 In sua presunzion, se tal decreto
 Più corto, per buon prieghi, non diventa.

Vedi oramai, se tu mi puoi far lieto,
 Revelando alla mia buona Gostanza,
 Come m' ha' visto, e anco esto divieto:

Che qui, per quei di là, molto s' avanza.

pécheur pourtant qui meurt séparé de l'Église, bien qu'il se soit repenti à son dernier moment, est condamné à passer en dehors de cette rive, trente fois autant d'années qu'a persisté sa résistance, à moins que des prières efficaces n'abrégent la durée de cette sentence. Vois, à présent, combien tu ferais pour mon bonheur en apprenant à ma bonne Constance comment tu m'as vu et quel obstacle me retient encore ici :. les mérites de vos prières nous profitent beaucoup. »

CANTO QUARTO

Quando per dilettanze, ovver per doglie,
  Che alcuna virtù nostra comprenda,
  L' anima bene ad essa si raccoglie,

Par, ch' a nulla potenzia più intenda:
  E questo è contra quello error, che crede
  Ch' un' anima sovr' altra in noi s' accenda.

E però, quando s' ode cosa, o vede,
  Che tenga forte a se l' anima volta,
  Vassene 'l tempo, e l' uom non se n' avvede:

Ch' altra potenzia è quella, che l' ascolta,
  E altra è quella, ch' ha l' anima intera:
  Questa è quasi legata, e quella è sciolta.

Di ciò ebb' io esperienzia vera,
  Udendo quello spirto, e ammirando,
  Che ben cinquanta gradi salit' era

CHANT QUATRIÈME

S'il arrive qu'une vive impression de plaisir ou de peine affecte une de nos facultés, l'âme s'y absorbe tout entière, et semble devenir étrangère à toutes les autres; ce qui défend de croire que la flamme de plusieurs âmes s'allume en nous.

Ainsi, quand une chose, vue ou entendue, tient vers elle l'âme fortement attirée, le temps s'enfuit, et nous n'avons pas le sentiment de sa fuite; car autre est la faculté qui recueille les sons, autre celle qui occupe toute la puissance de l'âme; celle-ci est comme enchaînée par l'attention et celle-là reste libre [1].

C'est ce que j'éprouvai moi-même : tandis qu'avec admiration j'écoutais cet esprit, le soleil avait bien parcouru cinquante degrés, sans que j'y prisse garde, lors-

CANTO QUARTO.

Lo Sole : ed io non m' era accorto, quando
  Venimmo dove quell' anime ad una
  Gridaro a noi, Quì è vòstro dimando.

Maggiore aperta molte volte impruna,
  Con una forcatella di sue spine,
  L' uom della villa, quando l' uva imbruna,

Che non erà la calla, onde salìne
  Lo duca mio ed io appresso soli,
  Come da noi la schiera si partìne.

Vassi in Sanleo, e discendesi in Noli :
  Montasi su Bismantova in cacume,
  Con esso i piè : ma quì convien, ch' uom voli,

Dico con l' ale snelle e con le piume
  Del gran disio, diretro a quel condotto,
  Che speranza mi dava, e facea lume.

Noi salavám per entro 'l sasso rotto,
  E d' ogni lato ne stringea lo stremo,
  E piedi, e man voleva 'l suòl di sotto.

Quando noi fummo in su l' orlo supremo
  Dell' alta ripa, alla scoverta piaggia,
  Maestro mio, diss' io, che via faremo?

Ed egli a me : nessun tuo passo caggia.
  Pur su al monte dietro a me acquista,
  Fin che n' appaja alcuna scorta saggia.

que nous arrivâmes en un lieu où toutes ces âmes nous crièrent à la fois : « Voilà ce que vous cherchiez ! »

Souvent il arrive que le vigneron, au moment où brunit la grappe, bouche d'un seul fagot d'épines une ouverture plus large que ne l'était le sentier par où il nous fallut monter mon guide et moi, en nous séparant de la foule des âmes.

Qu'on veuille aller à San Leo; qu'on entreprenne de descendre à Noli ou de gravir les sommets de Bismantua[2], on le peut, et les pieds y suffisent; mais il fallait ici des ailes, je veux dire les ailes d'un ardent désir, pour suivre ce guide qui me donnait bon espoir et me montrait la route.

Nous gravissions à travers les brisures du rocher, étroitement pressés, de chaque côté, par ses flancs, et nous aidant des pieds et des mains sur ce sol rocailleux.

Arrivés au bord le plus élevé de cet escarpement, et en pleine vue de la plage : « Quel chemin suivrons-nous? » dis-je à mon maître.

Et lui à moi : « Garde-toi de reculer d'un seul pas; continue de monter et de me suivre, jusqu'à ce que s'offre à nous une escorte sûre. »

CANTO QUARTO.

Lo sommo er' alto, che vincea la vista,
 E la costa superba, più assai,
 Che da mezzo quadrante a centro lista.

Io era lasso; quando i' cominciai:
 O dolce padre, volgiti, e rimira,
 Com' i' rimango sol, se non ristai.

O figliuol, disse, insin quivi ti tira,
 Additandomi un balzo, poco in sue,
 Che da quel lato il poggio tutto gira.

Sì mi spronaron le parole sue,
 Ch' i' mi sforzai, carpando appresso lui,
 Tanto che.'l cinghio sotto i piè mi fue.

A seder ci ponemmo ivi amendui
 Volti a levante, ond' eravam saliti,
 Che suole a riguardar giovare altrui.

Gli occhi prima drizzai a' bassi liti,
 Poscia gli alzai al Sole, e ammirava,
 Che da sinistra n' eravam feriti.

Ben s' avvide 'l Poeta, che io stava
 Stupido tutto al carro della luce,
 Ove tra noi e Aquilone intrava.

Ond' egli a me: se Castore, e Polluce
 Fossero 'n compagnia di quello specchio,
 Che su e giù del suo lume conduce,

Or la cime du mont était si élevée, qu'elle défiait ma vue, et la pente, rapide, se rapprochait d'une verticale plus que ne le fait la ligne qui, partant du centre, divise un quart de cercle en deux parties égales [3].

Harassé de fatigue, je m'écriai : « Retourne-toi, ô mon doux père, et regarde; je vais rester seul si tu ne t'arrêtes un instant ! »

« Efforce-toi, mon fils, me dit-il, de monter jusqu'ici », et il me montrait un rebord qui, en cet endroit, fait le tour de la montagne.

Aiguillonné par ses paroles, je fis un tel effort pour ramper jusqu'à lui, que bientôt j'eus sous les pieds cette roche circulaire.

Là, tous les deux nous nous assîmes, tournés vers le Levant et regardant (chacun se plaît à le faire) le chemin que nous avions parcouru.

Mes regards, que d'abord je tenais abaissés, se dirigèrent vers le soleil, et à mon grand étonnement, je vis que ses rayons nous frappaient du côté gauche.

Le poëte s'aperçut combien j'étais émerveillé en voyant rouler le char de la lumière entre nous et l'Aquilon : « Si la constellation de Castor et de Pollux, me dit-il, faisait cortége à cet astre qui resplendit sur l'un et l'autre hémisphère, tu verrais le Zodiaque (pourvu qu'il suivît sa route accoutumée) rapprocher des deux Ourses son cercle flamboyant [4]. Comment il en est ainsi, en y réflé-

Tu vedresti 'l Zodiaco rubecchio
   Ancora all' Orse più stretto rotare,
   Se non uscisse fuor del cammin vecchio.

Come ciò sia, se 'l vuoi poter pensare,
   Dentro raccolto immagina Sion,
   Con questo monte in su la terra stare,

Sì ch' amendue hann' un solo orizon,
   E diversi emisperi : ond' è la strada,
   Che mal non seppe carreggiar Feton.

Vedrai com" a costui convien che vada
   Dall' un, quando a colui dall' altro fianco,
   Se lo 'ntelletto tuo ben chiaro bada.

Certo, maestro mio, diss' io, unquanco
   Non vid' io chiaro, sì com' io discerno,
   Là dove mio 'ngegno parea manco :

Che 'l mezzo cerchio del moto superno,
   Che si chiama Equatore in alcun' arte,
   E che sempre riman tra 'l Sole e 'l Verno,

Per la ragion, che dì, quinci si parte,
   Verso Settentrion, quando gli Ebrei
   Vedevan lui, verso la calda parte.

Ma, s' a te piace, volentier saprei,
   Quanto avemo ad andar, che 'l poggio sale
   Più, che salir non posson gli occhi miei.

chissant bien, tu peux le comprendre : figure-toi que sur la terre la montagne de Sion et celle où nous sommes se correspondent, ayant le même horizon, quoique situées dans des hémisphères différents, et alors si ton intelligence est nette, tu verras que le chemin où s'égara Phaéton paraît suivre deux directions contraires [5]. »

« Certes, mon maître, je n'ai jamais si bien compris qu'en ce moment même, où mon esprit me paraissait en défaut. Tu l'expliques clairement : ce cercle autour duquel s'accomplit le mouvement des corps célestes, ce cercle que la science appelle l'Équateur, et qui reste toujours entre le Nord et le Midi, paraît d'ici s'écarter vers le Septentrion, alors que les Hébreux le peuvent voir du côté des chaudes régions. Mais, de grâce, dis-le-moi, nous faut-il marcher longtemps encore? Ma vue ne peut monter aussi haut que s'élève le sommet de cette montagne. »

Ed egli a me: Questa montagna è tale,
   Che sempre al cominciar di sotto è grave,
   E quanto uom più va su, e men fa male.

Però quand' ella ti parrà soave,
   Tanto, che 'l su andar ti sia leggiero,
   Com' a seconda giù l' andar per nave:

Allor sarai al fin d' esto sentiero:
   Quivi, di riposar l' affanno, aspetta:
   Più non rispondo, e questo so per vero.

E, com' egli ebbe sua parola detta,
   Una voce di presso sonò: Forse,
   Che di sedere in prima avrai distretta.

Al suon di lei ciascun di noi si torse,
   E vedemmo a mancina un gran petrone,
   Del qual ned io, ned ei prima s' accorse.

Là ci traemmo: ed ivi eran persone,
   Che si stavano all' ombra dietro al sasso,
   Come l' uom per negghienza a star si pone.

E un di lor, che mi sembrava lasso,
   Sedeva, e abbracciava le ginocchia,
   Tenendo 'l viso giù, tra esse, basso.

O dolce signor mio, diss' io, adocchia
   Colui, che mostra se più negligente,
   Che se pigrizia fosse sua sirocchia.

« Elle est ainsi faite, répliqua-t-il, que les bords seuls en sont rudes : plus on avance, moins pénible est la route. Quand sur la pente devenue plus douce, il te semblera que ta marche est tout aussi facile que celle du bateau qui suit le fil de l'eau, alors tu seras au bout de ce sentier. Là, tu trouveras le repos de ta fatigue. Ne t'attends pas à d'autre réponse : je t'ai dit vrai, sache-le bien. »

A peine il achevait, une voix près de nous se fit entendre : « Peut-être devras-tu t'asseoir auparavant ! »

Au bruit de ces paroles, chacun de nous se retourne, et nous découvrons, sur notre gauche, une grande pierre que nous n'avions pas encore aperçue, et vers laquelle nous nous avançons.

Là s'étaient abritées, à l'ombre du rocher, des âmes assises et nonchalantes. L'une d'elles, sans doute accablée de fatigue, appuyait la tête sur ses genoux qu'elle entourait de ses bras.

« O mon doux Seigneur, dis-je, regarde donc celui-là : à son indolence, ne dirait-on pas que la paresse est sa sœur ? »

Allor si volse a noi, e pose mente,
   Movendo 'l viso pur su per la coscia,
   E disse: Va su tu, che se' valente.

Conobbi allor chi era: e quell' angoscia,
   Che m' avacciava un poco ancor la lena,
   Non m' impedì l' andare a lui: e poscia,

Ch' a lui fu' giunto, alzò la testa appena,
   Dicendo, hai ben veduto, come 'l Sole
   Dall' omero sinistro il carro mena.

Gli atti suoi pigri, e le corte parole
   Mosson le labbra mie un poco a riso:
   Po' cominciai: Belacqua, a me non duole

Di te omai: ma dimmi, perchè assiso
   Qui ritta se': attendi tu iscorta,
   O pur lo modo usato t' ha' ripriso?

Ed ei: Frate, l' andare in su che porta?
   Che non mi lascerebbe ire a' martiri
   L' uscier di Dio, che siede 'n su la porta.

Prima convien, che tanto 'l Ciel m' aggiri
   Di fuor da essa, quanto fece in vita,
   Perch' io 'ndugiai al fin li buon sospiri,

Se orazione in prima non m' aita,
   Che surga su di cuor, che 'n grazia viva:
   L' altra che val, che 'n Ciel non è gradita?

CHANT QUATRIÈME.

A ces mots, il soulève péniblement sa tête, se retourne et nous regarde : « Monte donc, dit-il, toi qui fais le vaillant ! »

Je le reconnus aussitôt, et malgré la fatigue qui m'essoufflait encore, j'allai à lui, et quand je fus plus rapproché : « As-tu compris, me dit-il, levant à peine la tête, comment le char du soleil roule sur ta gauche ? »

A cette parole brève, à ce geste indolent, je ne pus retenir un sourire.

« Belacqua [6], lui dis-je, ton sort ne m'inquiète plus ; mais pourquoi rester assis ? Attends-tu là une escorte, ou plutôt ne reprends-tu pas tes vieilles habitudes ? »

Et lui : « Frère, que me servirait de monter ? L'ange du Seigneur me laisserait-il entrer dans le lieu d'expiation dont il garde la porte ? Comme j'ai attendu le dernier moment, pour écouter les bonnes inspirations de la pénitence, la loi du Ciel veut que je reste dehors aussi longtemps qu'a duré ma vie, à moins que ne m'assistent les prières d'un cœur en état de grâce. Que me vaudraient les autres qui ne sont point écoutées là-haut ? »

E già 'l poeta innanzi mi saliva,
　E dicea : Vienne omai : vedi ch' è tocco
　Meridian dal Sole, e dalla riva,

Cuopre la Notte già col piè Marrocco.

Mais déjà le poëte était devant moi, qui montait : « Viens donc maintenant, me dit-il. Regarde ; voilà le soleil au méridien, et la nuit va poser son pied ténébreux sur la côte du Maroc. »

CANTO QUINTO

Io era già da quell' ombre partito,
   E seguitava l' orme del mio duca,
   Quando diretro a me, drizzando 'l dito,

Una gridò : Ve', che non par che luca
   Lo raggio da sinistra a quel di sotto,
   E, come vivo, par che si conduca.

Gli occhi rivolsi al suon di questo motto,
   E vidile guardar per maraviglia
   Pur me, pur me, e 'l lume, ch' era rotto.

Perchè l' animo tuo tanto s' impiglia,
   Disse 'l maestro, che l' andare allenti?
   Che ti fa ciò, che quivi si pispiglia?

Vien dietro a me, e lascia dir le genti :
   Sta, come torre ferma, che non crolla
   Giammai la cima per soffiar de' venti :

CHANT CINQUIÈME

A la suite de mon maître, je m'éloignais de ces âmes, quand l'une d'elles, me montrant du doigt par derrière : « Eh quoi ! dit-elle, ne semble-t-il pas que sur la gauche de celui qui va le dernier, le soleil n'éclaire plus? A sa démarche, on dirait un vivant. »

A ces paroles, je me retournai; et toutes ces âmes de me regarder avec étonnement, moi seul et la lumière supprimée par mon corps.

« De quoi, dit le maître, s'occupe donc tant ton esprit, pour ralentir ainsi ta marche? Que t'importe tout ce babillage? Suis mes pas et laisse-les dire. Sois comme une tour solide, dont le sommet reste inébranlable au souffle des vents. L'esprit, offusqué par des pensées diverses, dont l'une nuit à l'autre, s'éloigne toujours de son objet.

Che sempre l' uomo, in cui pensier rampolla
    Sovra pensier, da se dilunga il segno,
    Perchè la foga l'un dell' altro insolla.

Che potev' io ridir, se non l' vegno?
    Dissilo, alquanto del color consperso,
    Che fa l' uom di perdon tal volta degno :

E 'ntanto per la costa, da traverso,
    Venivan genti innanzi a noi un poco,
    Cantando *Miserere* a verso a verso.

Quando s' accorser ch' i' non dava loco
    Per lo mio corpo al trapassar de' raggi,
    Mutar lor canto in un O lungo e roco :

E duo di loro, in forma di messaggi,
    Corsero 'ncontra noi, e dimandarne;
    Di vostra condizion fatene saggi.

E 'l mio maestro : Voi potete andarne,
    E ritrarre a color, che vi mandaro,
    Che 'l corpo di costui è vera carne.

Se per veder la sua ombra restaro,
    Com' io avviso; assai è lor risposto :
    Faccianli onore; ed esser può lor caro.

Vapori accesi non vid' io sì tosto
    Di prima notte mai fender sereno,
    Nè sol calando, nuvole d' Agosto,

CHANT CINQUIÈME.

Qu'avais-je à dire, sinon, je viens? Ainsi répondis-je avec cette rougeur au front qui sait, parfois, obtenir le pardon d'une faute.

Cependant par les détours de la montagne, venaient à nous des âmes, chantant verset à verset le *Miserere*. Dès qu'elles s'aperçoivent que mon corps ne donne point passage aux rayons, plus de chants, mais un O long et rauque! Et comme des messagers, deux d'entre elles se détachent et viennent à nous, disant : « Faites-nous savoir qui vous êtes. »

« Retournez vers les âmes qui vous envoient, dit le maître, et affirmez, vous le pouvez, que le corps de celui-ci est vraiment de la chair. Si c'est (et je le crois bien) pour mieux voir son ombre, qu'elles se sont arrêtées, ce que j'ai dit suffit; cependant qu'elles lui fassent honneur; il leur peut être cher un jour. »

Plus rapides que les vapeurs enflammées qui traversent un ciel pur, à la tombée de la nuit, plus vite que le soleil, à son déclin, ne perce les nuages d'août[1], ces deux âmes

Che color non tornasser suso in meno:
 E giunto là, con gli altri, a noi dier volta,
 Come schiera, che corre senza freno.

Questa gente, che preme a noi, è molta,
 E vengonti a pregar, disse 'l poeta:
 Però pur va, ed in andando ascolta.

O anima, che vai, per esser lieta,
 Con quelle membra, con le quai nascesti,
 Venian gridando, un poco 'l passo queta.

Guarda s'alcun di noi unque vedesti,
 Sì che di lui, di là, novelle porti:
 Deh perchè vai? deh perchè non t'arresti?

No' fummo già tutti per forza morti,
 E peccatori, infino all' ultim' ora:
 Quivi lume del Ciel ne fece accorti

Sì, che, pentendo e perdonando, fuora
 Di vita uscimmo a Dio pacificati,
 Che del disio di se veder n'accuora.

Ed io: Perchè ne' vostri visi guati,
 Non riconosco alcun: ma s'a voi piace
 Cosa ch'i' possa, spiriti ben nati,

Voi dite, ed io farò per quella pace,
 Che dietro a' piedi di sì fatta guida,
 Di mondo in mondo cercar mi si face.

s'en retournent vers les autres, et avec elles, reviennent à nous comme une troupe qui galope à toute bride.

« Cette foule d'esprits qui accourt est nombreuse, dit le poëte; ils ont quelque prière à te faire; va donc, et, tout en marchant, écoute-les. »

« Ame, qui viens chercher la béatitude avec le même corps qui t'enveloppait à ta naissance, disaient-elles en venant, suspends un peu ta marche; vois qui tu reconnais parmi nous, pour en parler sur la terre. Mais tu t'en vas toujours! Hélas! ne t'arrêteras-tu pas?

« Chacun de nous a fini par une mort violente : tous pécheurs jusqu'à la dernière heure. Mais alors, éclairés par une grâce d'en haut qui nous inspira le repentir et le pardon, nous sommes morts dans la paix du Seigneur, et il allume en nos cœurs le désir de sa présence. »

Et moi : « J'ai beau vous regarder; parmi vous je n'en reconnais aucun. Mais s'il est un de vos souhaits que je puisse accomplir, ô âmes prédestinées, parlez; je promets de le faire au nom de cette paix que je vais cherchant de monde en monde, sur les pas de mon guide. »

E uno incominciò : Ciascun si fida
  Del beneficio tuo senza giurarlo,
  Pur che 'l voler, non possa, non ricida :

Ond' io, che solo innanzi agli altri parlo,
  Ti prego, se mai vedi quel paese,
  Che siede tra Romagna e quel di Carlo,

Che tu mi sie de' tuoi prieghi cortese
  In Fano sì, che ben per me s' adori,
  Perch' i' possa purgar le gravi offese.

Quindi fu' io : ma gli profondi fori,
  Ond' uscì 'l sangue, in sul quale io sedea,
  Fatti mi furo in grembo agli Antenóri,

Là dov' io più sicuro esser credea :
  Quel da Esti 'l fe' far, che m' avea in ira
  Assai più là, che dritto non volea.

Ma s' i' fossi fuggito inver la Mira,
  Quand' i' fu' sovraggiunto ad Oriáco,
  Ancor sarei di là, dove si spira.

Corsi al palude, e le cannucce e 'l braco
  M' impigliar sì, ch' i' caddi, e lì vid' io
  Delle mie vene farsi in terra laco.

Poi disse un' altro : Deh se quel disio
  Si compia, che ti tragge all' alto monte,
  Con buona pietate ajuta 'l mio.

CHANT CINQUIÈME.   61

« On se fie, dit l'un d'eux, à ta courtoisie ; tout serment serait superflu ; seulement auras-tu le pouvoir avec le bon vouloir ? » Moi, qui parle avant les autres, voici ma prière : « Si tu revois jamais la contrée qui s'étend entre la Romagne [2] et le royaume de Charles, fais-moi cette grâce que l'on prie bien pour moi dans Fano, afin que je sois purifié de mes énormes péchés.

« J'y suis né, à Fano, et c'est dans la cité d'Anténor [3] (là je me croyais bien en sûreté !) que je reçus les profondes blessures par où s'échappa le sang qui nourrissait ma vie. Azzo d'Este [4], qui m'avait en haine au delà de ce que permet toute justice, fit commettre ce crime. Que n'eus-je l'idée de m'enfuir à la Mira, quand je fus découvert à Oriaco [5] ! Je serais encore du monde où l'on respire. Mais je me réfugiai dans un marais ; là, embarrassé par les joncs et la vase, je tombai, et bientôt je vis couler de mes veines sur la terre un lac de sang [6]. »

« Puisses-tu, dit un autre esprit, voir s'accomplir le désir qui te pousse vers le sommet de la montagne, et daigne alors, dans ce que je souhaite, m'accorder un charitable secours.

I' fui di Montefeltro : i' fui Buonconte :
   Giovanna, o altri non ha di me cura,
   Perch i' vo' tra costor con bassa fronte.

Ed io a lui : Qual forza, o qual ventura
   Ti traviò sì fuor di Campaldino,
   Che non si seppe mai tua sepoltura?

Oh, rispos' egli, appiè del Casentino
   Traversa un' acqua, ch' ha nome l' Archiano,
   Che sovra l' Ermo nasce in Apennino.

Là, 've 'l vocabol suo diventa vano,
   Arriva' io, forato nella gola,
   Fuggendo a piede, e sanguinando 'l piano.

Quivi perde' la vista, e la parola :
   Nel nome di Maria finî, e quivi
   Caddi, e rimase la mia carne sola.

I' dirò 'l vero, e tu 'l ridî tra i vivi :
   L'Angel di Dio mi prese, e quel d' Inferno
   Gridava : O tu, dal Ciel, perchè mi privi?

Tu te ne porti di costui l' eterno,
   Per una lagrimetta, che 'l mi toglie :
   Ma i' farò dell' altro altro governo.

Ben sai come nell' aer si raccoglie
   Quell' umido vapor, che in acqua riede,
   Tosto che sale dove 'l freddo il coglie.

« Je suis Bonconte, de Montefeltro[7] : Jeanne n'a souci de moi, ni les autres non plus ; et je vais ici parmi ces âmes, le front baissé ! »

« Quel hasard, lui dis-je, ou quel acte violent a fait ainsi disparaître ton corps de Campaldino, que jamais on n'ait connu le lieu de ta sépulture ? »

« Au pied du Casentino, répliqua-t-il, passe un fleuve (on l'appelle l'Archiano), dont la source est dans l'Apennin, sur les hauteurs du Saint Ermitage[8]. En ce lieu même où il perd son nom, j'arrivai avec une large blessure à la gorge, fuyant à pied, inondant la plaine de mon sang ; là, ma vue se troubla et je perdis la parole ; là, m'éteignant dans le nom de Marie[9], je tombai, et il ne resta de moi sur la terre que mon cadavre.

Alors (ce que je dis est la vérité ; redis-la aux vivants) l'ange du Seigneur me prit et l'ange de l'enfer s'écria : « Oh ! l'envoyé du Ciel, pourquoi me faire tort ? Tu m'emportes de ce pécheur tout ce qu'il a d'éternel, et c'est une pauvre larme qui m'en prive[10] ! J'userai bien autrement de ce qu'il en reste !

« Condensée dans l'air, l'humide vapeur, tu le sais, se résout en pluie dès qu'en montant elle atteint une région plus froide ; c'est là qu'unissant l'effort de son intelli-

Giunse quel mal voler, che pur mal chiede,
    Con lo 'ntelletto, e mosse 'l fumo e 'l vento
    Per la virtù, che sua natura diede.

Indi la valle, come 'l dì fu spento,
    Da Pratomagno, al gran giogo, coperse
    Di nebbia, e 'l Ciel di sopra fece intento,

Sì, che 'l pregno aere in acqua si converse:
    La pioggia cadde, e a' fossati venne
    Di lei ciò, che la terra non sofferse:

E come a' rivi grandi si convenne,
    Ver lo fiume real, tanto veloce,
    Si ruinò, che nulla la ritenne.

Lo corpo mio gelato in su la foce
    Trovò l'Archian rubesto: e quel sospinse
    Nell'Arno, e sciolse al mio petto la croce,

Ch'i' fe' di me quando 'l dolor mi vinse:
    Voltommi per le ripe, e per lo fondo,
    Poi di sua preda mi coperse, e cinse.

Deh quando tu sarai tornato al mondo,
    E riposato della lunga via,
    Seguitò 'l terzo spirito al secondo,

Ricorditi di me, che son la Pia:
    Siena mi fe': disfecemi Maremma:
    Salsi colui, che 'nnanellata pria

Disposando m'avea con la sua gemma.

gence à ce mauvais vouloir qui ne se plaît qu'au mal, l'esprit maudit, avec la puissance qui lui est donnée, assemble les vents et les nuées. La nuit venue, de Pratomagno jusqu'aux cimes de l'Apennin, il couvre la vallée d'un sombre nuage; les vapeurs dont l'air est surchargé se changent en eau; la pluie tombe, des torrents se forment de celle que la terre n'a pu recevoir, et, comme font les courants impétueux, elle se précipite vers le fleuve royal [41], si rapide, que nul obstacle ne la peut arrêter.

« Mon corps glacé fut emporté jusqu'à l'embouchure de l'Archiano furieux, qui le précipita dans l'Arno, et déforma sur ma poitrine la croix que de mes bras j'avais faite, en succombant à la douleur. Rejeté d'une rive à l'autre, le fleuve me roula dans ses profondeurs, et, sous le sable dont il avait fait sa proie, il m'ensevelit! »

« Oh! dit alors un troisième esprit, lorsque, reposé de ta longue route, tu seras retourné dans le monde, souviens-toi de moi, de la Pia [42] : à Sienne mon berceau, ma tombe dans la Maremme [43] ! Celui-là le sait, qui, un peu auparavant, avait mit son brillant anneau à mon doigt d'épousée. »

CANTO SESTO

Quando si parte 'l giuoco della zara,
  Colui, che perde, si riman dolente,
  Ripetendo le volte, e tristo impara:

Con l'altro se ne va tutta la gente:
  Qual va dinanzi, e qual dirietro 'l prende,
  E qual da lato li si reca a mente:

Ei non s'arresta, e questo, e quello 'ntende:
  A cui porge la man, più non fa pressa:
  E così dalla calca si difende.

Tal'era io, in quel la turba spessa,
  Volgendo a loro, e qua e là, la faccia,
  E promettendo mi sciogliea da essa.

Quivi era l'Aretin, che dalle braccia
  Fiere di Ghin di Tacco ebbe la morte,
  E l'altro, ch'annegò correndo 'n caccia.

CHANT SIXIÈME

La partie finie au jeu de la Zara [1], le perdant, tout chagrin, reprend les coups avec tristesse, cherchant à se les apprendre; tout le monde est avec le gagnant, qui s'en va; celui-ci le tire par devant, celui-là par derrière; cet autre, par côté, se rappelle à son souvenir. Et lui, sans s'arrêter, écoute l'un, écoute l'autre; à un troisième, il serre la main pour qu'il s'éloigne, et se débarrasse ainsi de la foule importune.

Ainsi étais-je au milieu de cette multitude pressée autour de moi; me retournant à gauche, me détournant à droite, et, promettant à tous, je parvins à m'en dégager.

Là était l'Arétin, à qui la main du féroce Ghin de Tacco [2] arracha la vie, et cet autre [3] qui, à la poursuite de ses ennemis, se noya. Là, aussi Frédéric de Novello [4]

Quivi pregava con le mani sporte,
  Federigo Novello, e quel da Pisa,
  Che fè parer lo buon Marzucco forte.

Vidi Cont' Orso, e l'anima divisa
  Dal corpo suo per astio e per inveggia,
  Come dicea, non per colpa commisa:

Pier dalla Broccia dico: e qui provveggia,
  Mentr' è di quà, la donna di Brabante,
  Sì che però non sia di peggior greggia.

Come libero fui da tutte quante
  Quell' ombre, che pregar pur, ch' altri preghi,
  Sì che s' avacci 'l lor divenir sante,

I' cominciai: E' par che tu mi nieghi,
  O luce mia, espresso in alcun testo,
  Che decreto del Cielo orazion pieghi:

E queste genti pregan pur di questo.
  Sarebbe dunque loro speme vana?
  O non m' è 'l detto tuo ben manifesto?

Ed egli a me: La mia scrittura è piana,
  E la speranza di costor non falla,
  Se ben si guarda con la mente sana:

Che cima di giudicio non s' avvalla,
  Perchè fuoco d' amor compia in un punto
  Ciò, che dee soddisfar chi qui s' astalla:

en prières et les mains jointes, et le Pisan, dont la mort fit éclater la force d'âme du généreux Marzucco [5]; puis encore le comte Orso [6], et une autre âme traîtreusement arrachée à son corps par l'envie et non (elle le disait bien!) en punition d'aucune faute. C'était Pierre de La Brosse [7]. Que son accusatrice, la princesse de Brabant, pourvoie à son salut, pendant qu'elle est sur terre, pour n'être pas un jour confondue dans le troupeau lamentable! »

Débarrassé de toutes ces âmes qui suppliaient qu'on priât pour elles (tant il leur tardait de devenir saintes), je dis au maître : « O toi, qui toujours m'éclaires, il me semble que dans tes vers, tu ne reconnais à la prière aucune efficacité pour fléchir les arrêts du Ciel [8]. Pourquoi ces âmes désirent-elles donc des prières? N'y placent-elles qu'une espérance vaine, ou, plutôt, n'ai-je pas mal compris ta pensée?

Et lui : « Pour qui a l'entendement sain, le sens de mon écrit est fort clair, et l'espérance de ces âmes n'est pas une espérance trompeuse. La hauteur des jugements éternels ne s'abaisse pas quand l'élan d'une ardente charité obtient, en un instant, ce qui n'est ici réservé qu'à une longue expiation. Et lorsque j'ai dit autrement, alors la prière, venant d'un cœur séparé de Dieu, était inefficace pour racheter la faute [9].

E là, dov' i' fermai cotesto punto,
  Non s'ammendava, per pregar, difetto,
  Perchè 'l prego da Dio era disgiunto.

Veramente a così alto sospetto
  Non ti fermar, se quella nol ti dice,
  Che lume fia tra 'l vero e lo 'ntelletto :

Non so se 'ntendi : i' dico di Beatrice :
  Tu la vedrai di sopra, in su la vetta
  Di questo monte, ridente e felice.

Ed io : Buon duca, andiamo a maggior fretta :
  Che già non m'affatico, come dianzi :
  E vedi omai, che 'l poggio l'ombra getta.

Noi anderem con questo giorno innanzi,
  Rispose, quanto più potremo, omai :
  Ma 'l fatto è d'altra forma, che non stanzi.

Prima che sii lassù, tornar vedrai
  Colui, che già si cuopre della costa,
  Sì che i suo' raggi tu romper non fai.

Ma vedi là un'anima, ch'a posta,
  Sola soletta, verso noi riguarda :
  Quella ne 'nsegnerà la via più tosta.

Venimmo a lei : o anima Lombarda,
  Come ti stavi altera e disdegnosa,
  E nel muover degli occhi onesta e tarda !

« N'affermis pas ton esprit dans un doute si grave; attends la parole de celle qui sera comme une lumière entre ton intelligence et la vérité. Sans doute tu m'entends : je parle de Béatrix; bientôt sur les hauteurs de ce mont, tu la verras souriante dans son bonheur. »

Et moi : « Mon guide chéri, allons d'un pas plus vite : je n'ai plus la fatigue de tout à l'heure; vois aussi comme déjà l'ombre nous vient de la montagne [10]. »

« Nous irons aujourd'hui, répondit-il, tout aussi loin que nous le pourrons; mais l'entreprise n'est pas telle que tu l'imagines : il faut, avant d'atteindre là-haut, que tu voies revenir celui qui se dérobe à ta vue derrière le rocher, et dont les rayons ne sont plus brisés par ton corps.

« Tiens, voici une âme, là, qui se tient à l'écart, toute seule et les regards tournés vers nous : elle nous dira le chemin le plus facile. »

Et nous allons à elle. O âme Lombarde, quel dédain dans ta fière attitude! Quelle dignité dans le calme de ton regard! Sans dire une parole, elle nous laissait venir,

Ella non ci diceva alcuna cosa :
   Ma lasciavane gir, solo guardando,
   A guisa di leon, quando-si posa.

Pur Virgilio si trasse a lei, pregando,
   Che ne mostrasse la miglior salita :
   E quella non rispose al suo dimando :

Ma di nostro paese, e della vita
   C'inchiese : e 'l dolce duca incominciava,
   Mantova : e l'ombra, tutta in se romita,

Surse ver lui, del luogo, ove pria stava,
   Dicendo, O Mantovano, io son Sordello
   Della tua terra : e l'un l'altro abbracciava.

Ahi serva Italia, di dolore ostello,
   Nave senza nocchiero, in gran tempesta,
   Non donna di provincie, ma bordello;

Quell' anima gentil fu così presta,
   Sol per lo dolce suon della sua terra,
   Di fare al cittadin suo quivi festa :

Ed ora in te non stanno senza guerra
   Li vivi tuoi, e l'un l'altro si rode
   Di quei, ch'un muro e una fossa serra.

Cerca, misera, intorno dalle prode
   Le tue marine, e poi ti guarda in seno,
   S'alcuna parte in te di pace gode.

fixant sur nous des yeux immobiles : on eût dit un lion au repos.

Virgile s'avance et la prie de nous montrer la bonne route. Sans répondre à cette prière, elle demande qui nous fûmes, et quel est notre pays. A peine le bon guide a-t-il commencé de dire, Mantoue, l'ombre, jusque-là tout entière à elle-même, se lève, quitte sa place et court à lui : « O Mantouan, je suis Sordello [11], je suis de ton pays ! » et ils s'embrassent.

Oh ! Italie, misérable esclave, rendez-vous de toutes les douleurs, navire sans pilote quand gronde la tempête, non plus comme jadis, dominatrice du monde, mais sale prostituée [12], oh ! qu'elle fut prompte cette âme généreuse, rien qu'au doux nom de la patrie, à fêter la venue de son concitoyen ! Et, à cette heure, entre tous tes enfants la guerre est allumée ; ceux-là mêmes se dévorent entre eux qu'abrite le même mur, qu'enferme le même fossé. Cherche au loin sur tes rivages, regarde ensuite en toi-même, malheureuse, et vois s'il est encore un lieu qu'habite la douce paix.

Che val, perchè ti racconciasse 'l freno
   Giustiniano, se la sella è vota?
   Sanz' esso fora la vergogna meno.

Ahi gente, che dovresti esser devota,
   E lasciar seder Cesar nella sella,
   Se bene intendi ciò, che Dio ti nota.

Guarda com' esta fiera è fatta fella,
   Per non esser corretta dagli sproni,
   Poi che ponesti mano alla predella.

O Alberto Tedesco, ch' abbandoni
   Costei ch' è fatta indomita e selvaggia,
   E dovresti inforcar li suoi arcioni:

Giusto giudicio dàlle stelle caggia,
   Sovra 'l tuo sangue, e sia nuovo, e aperto,
   Tal che 'l tuo successor temenza n' aggia:

Ch' avete tu, e 'l tuo padre sofferto,
   Per cupidigia di costà distretti,
   Che 'l giardin dello 'mperio sia diserto.

Vieni a veder Montecchi, e Cappelletti,
   Monaldi, e Filippeschi, uom senza cura,
   Color già tristi, e costor con sospetti.

Vien, crudel, vieni, e vedi l' oppressura
   De' tuoi gentili, e cura lor magagne,
   E vedra' Santafior, com' è sicura.

Justinien te mit un frein [13], mais à quoi bon, si le cavalier n'est plus en selle ! Il n'a fait ainsi qu'ajouter à ta honte. Que ne laisses-tu César s'asseoir à sa place, toi qui devrais être obéissante, race toujours sourde aux avertissements de Dieu !

O Albert de Germanie [14], la cavale ne serait pas si rétive, si elle eût senti tes éperons au moment où la bride fut dans ta main ! Pourquoi l'avoir abandonnée à elle-même, sauvage et indomptée, au lieu de la monter et de t'affermir sur les arçons ? Puisse tomber sur toi et les tiens, de ce ciel étoilé, une réprobation méritée, éclatante, inouïe, telle que ton successeur en soit épouvanté !

Vous avez souffert, ton père et toi, quand l'ambition vous entraînait au loin, que le jardin de l'Empire devînt un désert. Viens à présent, homme sans cœur : regarde les Montaigus et les Capulets, les Monaldi et les Filippeschi ; ceux-ci déjà dans l'affliction, ceux-là, dans la crainte ; viens, cruel, viens contempler l'abaissement de tes nobles, tâche de remédier à leurs misères, et vois comme on est en sécurité à Santa-Fiora [15] !

Vieni a veder la tua Roma, che piagne,
 Vedova, sola, e dì e notte chiama,
 Cesare mio, perchè non m' accompagne?

Vieni a veder la gente, quanto s' ama :
 E se nulla di noi pietà ti muove,
 A vergognar ti vien della tua fama.

E se licito m' è, o sommo Giove,
 Che fosti 'n terra per noi crucifisso,
 Son li giusti occhi tuoi rivolti altrove?

O è preparazion, che nell' abisso
 Del tuo consiglio fai, per alcun bene,
 In tutto dall' accorger nostro scisso?

Che le terre d'Italia tutte piene
 Son di tiranni; e un Marcel diventa
 Ogni villan, che parteggiando viene.

Fiorenza mia, ben puoi esser contenta
 Di questa digression, che non ti tocca :
 Mercè del popol tuo, che sì argomenta.

Molti han giustizia in cuor, ma tardi scocca,
 Per non venir, sanza consiglio, all' arco :
 Ma 'l popol tuo l' ha in sommo della bocca.

Molti rifiutan lo comune incarco :
 Ma 'l popol tuo sollecito risponde
 Senza chiamare, e grida, I' mi sobbarco.

Et ta Rome délaissée, viens la voir ; écoute-la, veuve et désolée, criant la nuit, le jour : « Mon César, pourquoi m'abandonner? »

Viens voir comme on s'aime parmi nous ; et si nulle pitié ne te prend pour nos maux, que ta renommée, du moins, te fasse honte !

Et toi, Dieu tout-puissant, toi qui, sur la terre, fus pour nous mis en croix, ta justice (permets que je le dise) n'a-t-elle donc plus les yeux sur nous? ou n'est-ce qu'une préparation à quelque bien réservé dans la profondeur de tes conseils, et inaccessible à toute humaine prévoyance? Car, en vérité, la tyrannie est partout sur cette terre d'Italie : l'homme le plus vil, dès qu'il est factieux, devient un Marcellus [46].

Réjouis-toi, ma Florence, rien de cette digression n'est pour toi, grâce à ton peuple qui raisonne si bien. Il en est ailleurs qui ont la justice dans leur cœur, et comme un trait lancé avec prudence, elle n'en sort que sous l'impulsion d'un bon conseil : mais ton peuple, lui, en a toujours le nom sur les lèvres. Il en est qui répugnent aux charges publiques; mais ton peuple dévoué, qu'on lui offre ou non, accepte toujours, et s'écrie : « Je m'y soumets ! »

Or ti fa lieta, che tu hai ben' onde :
    Tu ricca : tu con pace : tu con senno.
    S' i' dico ver, l' effetto nol nasconde.

Atene e Lacedemona, che fenno
    L' antiche leggi, e furon sì civili,
    Fecero al viver bene un picciol cenno,

Verso di te, che fai tanto sottili
    Provvedimenti, ch' a mezzo Novembre
    Non giunge quel, che tu d'Ottobre fili.

Quante volte del tempo, che rimembre,
    Legge, moneta, e uficio, e costume
    Ha' tu mutato, e rinnovato membre?

E se ben ti ricorda, e vedi lume,
    Vedrai te simigliante a quella 'nferma,
    Che non può trovar posa in su le piume,

Ma con dar volta suo dolore scherma.

Donc, sois joyeuse, il y a de quoi : tu es riche, tu as la paix, la sagesse est dans tes conseils! Les effets sont là pour montrer si je dis vrai!

Athènes et Lacédémone, si policées, si renommées par leurs antiques institutions, en donnant des règles à la vie publique, montrèrent bien peu de sens, comparées à toi, qui prends de si ingénieuses mesures, que la loi fabriquée en octobre, ne dure pas jusqu'à la mi-novembre.

Dans ces derniers temps (tu peux t'en souvenir) combien de fois n'as-tu pas renouvelé les membres de tes conseils, et tout changé, lois, monnaies, offices et coutumes?

Si peu qu'il te reste de mémoire et de clairvoyance, tu te verras semblable à un malade qui s'agite sans repos sur sa couche, et croit, en se tournant, apaiser sa souffrance.

CANTO SETTIMO

Posciachè l'accoglienze oneste e liete
   Furo iterate tre e quattro volte,
   Sordel si trasse, e disse: Voi chi siete?

Prima ch'a questo monte fosser volte
   L'anime degne di salire a Dio,
   Fur l'ossa mie per Ottavian sepolte:

I' son Virgilio: e per null'altro rio
   Lo Ciel perdei, che per non aver fè:
   Così rispose allora il duca mio.

Qual'è colui, che cosa innanzi a sè
   Subita vede, ond'ei si maraviglia,
   Che crede, e nò, dicendo, Ell'è, non è,

Tal parve quegli: e poi chinò le ciglia,
   E umilmente ritornò ver lui,
   E abbracciollo ove 'l minor s'appiglia.

CHANT SEPTIÈME

Par trois et quatre fois le flatteur et joyeux accueil fut répété. Puis Sordello, se reculant un peu : « Qui êtes-vous ? » nous dit-il.

« Les âmes dignes de s'élever jusqu'à Dieu ne savaient pas encore le chemin de cette montagne [1], lorsque, par les soins d'Octave, ma dépouille fut ensevelie. Je suis Virgile ; aucune faute ne m'a privé du Ciel ; la foi seule m'a manqué. »

Ainsi répondit le maître.

Celui à qui tout à coup apparaît une chose qui l'émerveille, doute et croit en même temps, se disant : « Est-elle ? n'est-elle pas ? » Ainsi fait Sordello ; puis, le front baissé, il s'approche de Virgile, et s'incline avec humilité, embrassant ses genoux [2].

O gloria de' Latin, disse, per cui
   Mostrò ciò, che potea la lingua nostra:
   O pregio eterno del luogo, ond' i' fui:

Qual merito, o qual grazia mi ti mostra?
   S' i' son d' udir le tue parole degno,
   Dimmi se vien' d' inferno, e di qual chiostra.

Per tutti i cerchi del dolente regno,
   Rispose lui, son' io di quà venuto:
   Virtù del Ciel mi mosse, e con lei vegno.

Non per far, ma per non fare ho perduto
   Di veder l' alto Sol, che tu disiri,
   E che fu tardi da me conosciuto.

Luogo è laggiù non tristo da martiri,
   Ma di tenebre solo, ove i lamenti
   Non suonan come guai, ma son sospiri.

Quivi sto io co' parvoli innocenti,
   Da' denti morsi della morte avante
   Che fosser dall' umana colpa esenti.

Quivi sto io con quei, che le tre sante
   Virtù non si vestiro, e senza vizio
   Conobber l' altre, e seguir tutte quante.

Ma se tu sai, e puoi, alcuno indizio
   Dà noi, perchè venir possiam più tosto
   Là, dove 'l Purgatorio ha dritto inizio.

« O gloire des Latins ! s'écria-t-il, toi, par qui fut révélée toute la puissance de notre langue ; ô éternel honneur du lieu qui m'a vu naître, quels mérites ou quelle faveur me valent ta présence ? Si je ne suis pas indigne de tes paroles, réponds-moi ; viens-tu de l'Enfer, et de quel cercle sors-tu ? »

« C'est à travers toutes les vallées de l'Empire des douleurs, que j'arrive jusqu'ici, répondit Virgile : une puissance du ciel m'a conduit et m'amène. Pour n'avoir pas fait ce qu'il fallait, et non pour avoir mal fait [3], je fus privé de ce soleil éternel dont tu souhaites la présence et que je connus trop tard.

« Là-dessous est un lieu qu'attristent, non pas les tourments, mais seulement les ténèbres, un lieu où les lamentations ne s'exhalent pas en cris, et ne sont que des soupirs. Là, je suis au milieu de ces petits innocents qui furent déchirés par les dents de la mort, avant d'avoir été lavés du premier péché de l'homme. Là, je suis avec ceux qui, ne pouvant se parer des trois saintes vertus [4], vécurent, exempts de vice, dans la connaissance et la pratique de toutes les autres.

« Maintenant, si tu le sais, peux-tu nous dire quel sentier conduit plus vite à la véritable entrée du Purgatoire ? »

Rispose : Luogo certo non c'è posto :
   Licito m'è andar suso ed intorno :
   Per quanto ir posso, a guida mi t'accosto.

Ma vedi già, come dichina 'l giorno,
   E andar su di notte non si puote :
   Però è buon pensar di bel soggiorno.

Anime sono a destra qua remote :
   Se mi consenti, i' ti merrò ad esse,
   E non senza diletto ti fier note.

Com'è ciò? fu risposto : chi volesse
   Salir di notte, fora egli impedito
   D'altrui? o non sarria, che non potesse?

E' l' buon Sordello in terra fregò 'l dito,
   Dicendo : Vedi, sola questa riga
   Non varcheresti, dopo 'l Sol partito :

Non però, ch'altra cosa desse briga,
   Che la notturna tenebra, ad ir suso :
   Quella col non poter la voglia intriga.

Ben si poria con lei tornare in giuso,
   E passeggiar la costa intorno errando,
   Mentre che l'orizzonte il dì tien chiuso.

Allora 'l mio signor, quasi ammirando,
   Menane, disse, dunque, là 've dici,
   Ch'aver si può diletto, dimorando.

« Aucun lieu ne nous est assigné, répondit-il ; toute liberté nous est laissée d'aller ici à l'entour et au-dessus : je serai ton guide aussi loin que je le pourrai.

« Mais voici déjà le jour qui décline, il ne se peut que nous montions pendant la nuit : le mieux est de songer à quelque bon abri. Là, sur notre droite, des âmes se sont retirées : si tu le veux, je te conduirai vers elles ; peut-être trouveras-tu quelque charme à les connaître. »

« Qu'est-ce à dire? lui fut-il répondu. Quelqu'un s'oppose-t-il à ce que l'on monte pendant la nuit? ou bien serait-ce qu'on n'en a pas la force? »

Et le bon Sordello, promenant un doigt sur la terre : « Vois, dit-il, au delà de cette trace légère, tu ne pourrais aller après le départ du soleil : nul autre obstacle que l'obscurité de la nuit ne s'oppose à ton voyage là-haut ; mais il suffit pour rendre toute volonté impuissante. Tant que sous l'horizon le jour se tient caché, on ne peut que retourner au bas de la montagne, et en parcourir la côte. »

Alors mon maître, comme émerveillé de ce qu'il entendait : « Conduis-nous donc, répliqua-t-il, là où tu dis qu'avec plaisir on peut s'arrêter »

Poco allungati c'eravám di lici,
   Quando i' m'accorsi, che 'l monte era scemo
   A guisa, che i valloni sceman quici.

Colà, disse quell'ombra, n'anderemo,
   Dove la costa face di se grembo,
   E quivi 'l nuovo giorno attenderemo.

Tra erto e piano er' un sentiere sghembo,
   Che ne condusse in fianco della lacca,
   Là ove più ch'a mezzo muore il lembo.

Oro, e argento fino, e cocco, e biacca,
   Indico legno lucido, e sereno,
   Fresco smeraldo, in l'ora, che si fiacca,

Dall'erba e dalli fior dentro a quel seno
   Posti, ciascun saria di color vinto,
   Come dal suo maggiore è vinto 'l meno.

Non avea pur natura ivi dipinto,
   Ma di soavità di mille odori
   Vi facea un' incognito indistinto.

Salve, regina, in sul verde, e 'n su' fiori
   Quindi seder, cantando, anime vidi,
   Che per la valle non parén di fuori:

Prima che 'l poco Sole omai s'annidi,
   Cominciò 'l Mantovan, che ci avea volti,
   Tra color non vogliate, ch' i' vi guidi.

CHANT SEPTIÈME.

Nous avions déjà fait peu de chemin, quand je m'aperçus que dans la montagne se creusait une vallée semblable aux vallées d'ici-bas.

« Rendons-nous, dit Sordello, à cet endroit où la côte forme un enfoncement : nous y attendrons le jour nouveau. »

Au point où finit la plaine, et sur le bord de la montée, un sentier qui tourne nous conduisit au flanc de cette vallée, là où la pente s'incline, plus douce qu'au milieu.

De même que le faible est vaincu par le fort, ainsi l'or, l'argent affiné, la pourpre et la blanche céruse, le bois de l'Inde, d'un brillant si vif et si pur, et la fraîche cassure de l'émeraude ne sauraient lutter de couleur et d'éclat avec les plantes et les fleurs qui naissent dans ce séjour. La nature ne se contente pas d'y prodiguer ses peintures : mille parfums s'en exhalent, inconnus et d'une indéfinissable suavité.

Là je découvris des âmes qu'on ne pouvait apercevoir de l'extérieur de la vallée : assises sur l'herbe, au milieu des fleurs, elles chantaient le *Salve, Regina.*

« Avant que ce dernier rayon de soleil soit éteint, dit le Mantouan, devenu notre guide, n'exigez pas que je vous mène parmi ces âmes. Du lieu plus élevé où nous

CANTO SETTIMO.

Da questo balzo meglio gli atti e i volti
   Conoscerete voi di tutti quanti,
   Che nella lama giù tra essi accolti.

Colui, che più sied' alto, e fa sembianti
   D' aver negletto ciò, che far dovea,
   E che non muove bocca agli altrui canti,

Ridolfo Imperador fu, che potea
   Sanar le piaghe, ch' hanno Italia morta,
   Sì che tardi per altro si ricrea.

L' altro, che nella vista lui conforta,
   Resse la terra, dove l' acqua nasce,
   Che Molta in Albia, e Albia in mar ne porta:

Ottachero ebbe nome, e nelle fasce
   Fu meglio assai, che Vincislao suo figlio
   Barbuto, cui lussuria ed ozio pasce.

E quel nasetto, che stretto a consiglio
   Par con colui, ch' ha sì benigno aspetto,
   Morì fuggendo, e disfiorando 'l giglio:

Guardate là, come si batte 'l petto.
   L' altro vedete, ch' ha fatto alla guancia
   Della sua palma, sospirando, letto.

Padre, e suocero son del mal di Francia:
   Sanno la vita sua viziata e lorda,
   E quindi viene 'l duol, che sì gli lancia.

sommes, vous pourrez mieux distinguer leur figure et leurs mouvements, que si vous étiez au milieu d'elles, dans le fond de la vallée.

« Celui que vous voyez assis au-dessus des autres, qui, la bouche fermée, ne se mêle pas à leurs chants, et dont l'attitude dit assez que, par négligence, il n'a pas fait ce qu'il devait faire, c'est l'Empereur Rodolphe [5]. Il aurait pu fermer les plaies dont l'Italie se meurt; et il est bien tard pour qu'un autre la guérisse.

« Celui dont les regards semblent l'encourager, régna sur la terre où naissent les eaux que la Molda verse dans l'Elbe, et que l'Elbe porte à la mer. Il eut nom Ottocare [6] : encore à son berceau, il valait mieux déjà que ne valut, devenu homme, son fils Venceslas, qui s'engraisse dans la luxure et l'oisiveté.

Voyez cet autre, au nez écrasé, qui paraît être en confidences avec celui dont la figure annonce tant de bonté ; c'est le déshonneur des lis : il mourut en fuyant [7] ! Aussi comme il se frappe la poitrine!
Regardez son voisin qui soupire, la joue posée sur sa main comme sur une couche. L'un est le père, l'autre le beau-père du fléau de la France [8] ; ce qu'ils savent des vices et des souillures de sa vie, leur cause cette douleur poignante.

Quel, che par sì membruto, e che s'accorda
   Cantando con colui dal maschio naso,
   D'ogni valor portò cinta la corda:

E se Re, dopo lui, fosse rimaso
   Lo giovinetto, che retro a lui siede,
   Bene andava 'l valor di vaso in vaso:

Che non si puote dir dell'altre rede:
   Jacomo, e Federigo hanno i reami:
   Del retaggio miglior nessun possiede.

Rade volte risurge, per li rami,
   L'umana probitate: e questo vuole
   Quei, che la dà, perchè da lui si chiami.

Anco al nasuto vanno mie parole
   Non men, ch'all'altro Pier, che con lui canta:
   Onde Puglia, e Proenza già si duole.

Tant'è del seme suo miglior la pianta,
   Quanto più che Beatrice, e Margherita,
   Gostanza di marito ancor si vanta.

Vedete il Re della semplice vita
   Seder là solo, Arrigo d'Inghilterra:
   Questi ha ne' rami suoi minore uscita.

Quel, che più basso tra costor s'atterra
   Guardando 'n suso, è Guglielmo Marchese,
   Per cui Alessandria, e la sua guerra

Fa pianger Monferrato, e 'l Canavese.

« Celui dont le corps paraît si robuste [9], et qui, en chantant, s'accorde avec cet autre, remarquable par son long nez, portait en lui tous les sentiments généreux ; si le jeune prince [10], assis derrière lui, fût devenu roi, il aurait hérité de ses vertus. On n'en saurait dire autant de ses autres successeurs : ils jouissent bien des royaumes, Jacques et Frédéric ; mais le plus précieux de l'héritage, ni l'un ni l'autre ne le possède. Rarement la sève de l'humaine vertu revit dans les rameaux : ainsi le veut celui qui la distribue, pour qu'on l'obtienne de lui.

« Ils peuvent s'appliquer mes paroles, et celui dont le nez est si gros, et ce Pierre qui chante à côté de lui, ce Pierre qui fait le désespoir de la Pouille et de la Provence.

« Autant ici la plante a dégénéré, infidèle à sa semence, autant (et à plus juste titre que Béatrix et Marguerite [11]) Constance se fait encore honneur de son mari.

« Voyez maintenant, assis à l'écart, tout seul, Henri d'Angleterre [12] : ce roi, ami de la simplicité, eut plus de bonheur dans sa descendance.

« Enfin voilà, étendu au-dessous des autres, et regardant en haut, le marquis Guillaume [13] : il est cause que les guerriers d'Alexandrie désolent Montferrat et le Canavèse. »

CANTO OTTAVO

Era già l'ora, che volge 'l disio
   A' naviganti, e 'ntenerisce 'l cuore
   Lo dì, ch' han detto a' dolci amici A Dio:

E che lo nuovo peregrin d'amore
   Punge, se ode squilla di lontano,
   Che paja 'l giorno pianger, che si muore;

Quand' io 'ncominciai a render vano
   L' udire, e a mirare una dell' alme
   Surta, che l' ascoltar chiedea con mano.

Ella giunse, e levò ambo le palme,
   Ficcando gli occhi verso l' Oriente,
   Come dicesse a Dio, D' altro non calme.

Te lucis ante sì devotamente
   Le uscì di bocca, e con sì dolci note,
   Che fece me a me uscir di mente:

CHANT HUITIÈME

C'était l'heure qui ravive le regret au cœur attendri des navigateurs, le jour où ils ont dit adieu à leurs doux amis; l'heure où le pèlerin, nouvellement parti, tressaille d'amour s'il entend la cloche tinter au loin, comme si elle pleurait le jour qui se meurt [1].

A ce moment où le sens de l'ouïe me devenait inutile, j'aperçus une âme qui s'était levée, demandant, par un signe, à être écoutée. Ses mains jointes levées au ciel, elle tournait ses yeux vers l'Orient, comme pour dire à Dieu : « Toi seul es tout pour moi! »

Puis elle se mit à chanter le *Te lucis ante*, si dévotement et d'une si douce voix, que j'en fus hors de moi. Les âmes, ses compagnes, avec la même piété et la même

E l'altre poi dolcemente e devote
  Seguitar lei per tutto l'inno intero,
  Avendo gli occhi alle superne ruote.

Aguzza qui, Lettor, ben gli occhi al vero:
  Che 'l velo è ora ben tanto sottile,
  Certo, che 'l trapassar dentro è leggiero.

I' vidi quello esercito gentile
  Tacito poscia riguardare in súe,
  Quasi aspettando, pallido e umile:

E vidi uscir dell'alto, e scender giúe
  Du' Angeli con duo spade affocate,
  Tronche e private delle punte sue.

Verdi come fogliette pur mo nate
  Erano 'n veste, che da verdi penne
  Percosse traén dietro e ventilate.

L'un poco sovra noi a star si venne,
  E l'altro scese nell'opposta sponda,
  Sì che la gente in mezzo si contenne.

Ben discerneva in lor la testa bionda:
  Ma nelle facce l'occhio si smarria,
  Come virtù, ch'a troppo si confonda.

Ambo vegnon del grembo di Maria,
  Disse Sordello, a guardia della valle,
  Per lo serpente, che verrà via via:

douceur, les yeux tournés vers les sphères célestes, reprenaient l'hymne sacrée jusqu'à la fin.

Ici, ô lecteur, redouble d'attention : la vérité s'enveloppe d'un voile si finement tissé, qu'il faut un regard bien perçant pour le traverser.

Je vis cette charmante troupe d'âmes, devenue silencieuse, regarder vers le ciel, pâle d'humilité, et comme dans l'attente.

Et bientôt apparurent deux anges sortis du ciel, qui descendirent vers nous, tenant deux épées flamboyantes, mais brisées et désarmées de leur pointe.

Verts comme la feuille à peine éclose, leurs vêtements flottaient derrière eux, doucement agités par les plumes vertes de leurs ailes.

L'un se posa un peu au-dessus de nous, l'autre sur le bord opposé de la vallée, la foule des âmes ainsi entre les deux.

Aisément on distinguait leur tête blonde ; mais, à les regarder en face, la vue se troublait, comme si trop d'éclat eût confondu sa puissance.

« Ils sortent l'un et l'autre du sein de Marie, dit Sordello, pour défendre la vallée contre le serpent qui bientôt va venir [2]. »

Ond'io, che non sapeva per qual calle,
  Mi vols'intorno, e, stretto, m'accostai
  Tutto gelato alle fidate spalle.

E Sordello anche: Ora avvalliamo omai
  Tra le grandi ombre, e parleremo ad esse:
  Grazioso fia lor vedervi assai.

Solo tre passi credo ch'io scendesse,
  E fui di sotto, e vidi un, che mirava
  Pur me, come conoscer mi volesse.

Temp'era già, che l'aer s'annerava,
  Ma non sì, che tra gli occhi suoi e' miei
  Non dichiarasse ciò, che pria serrava.

Ver me si fece, ed io ver lui mi fei:
  Giudice Nin gentil, quanto mi piacque,
  Quando ti vidi non esser tra i rei!

Nullo bel salutar tra noi si tacque:
  Poi dimandò, Quant'è, che tu venisti
  Appiè del monte per le lontan'acque?

O, dissi lui, per entro i luoghi tristi
  Venni stamane, e sono in prima vita,
  Ancor che l'altra sì, andando, acquisti.

E come fu la mia risposta udita,
  Sordello ed egli indietro si raccolse,
  Come gente di subito smarrita.

Ne sachant de quel côté il venait, je me retournai, transi de peur, pour me serrer contre le guide fidèle.

« Maintenant, continua Sordello, descendons vers ces grandes ombres, et allons parler avec elles : notre présence leur sera bien douce. »

Il me semble que je n'avais pas encore descendu plus de trois pas, lorsque j'en vis une qui ne regardait que moi, comme si elle cherchait à me reconnaître.

A ce moment, de plus en plus, l'air devenait obscur ; pas assez cependant, pour ôter toute lumière aux objets que nous avions devant les yeux.

Cette âme vint à moi, comme j'allai vers elle. O Nino[3], noble juge! quelle fut ma joie, en voyant que tu n'étais pas parmi les réprouvés!

Nulle marque de joyeuse bienvenue ne fut omise entre nous, et il me dit : « Depuis quand, apporté par les ondes lointaines, te trouves-tu au pied de la montagne? »

« Oh! lui répondis-je, que de lieux désolés j'ai traversés pour arriver ici ce matin! Je suis encore dans les liens de la première vie, et j'entreprends ce voyage pour mieux mériter l'autre. »

A peine ma réponse entendue, Sordello et lui se reculent, comme frappés d'un étonnement soudain.

L'uno a Virgilio, e l'altro a un si volse
  Che sedea lì, gridando, Su Currado,
  Vieni a veder che Dio per grazia volse:

Poi volto a me, per quel singular grado,
  Che tu dei a colui, che si nasconde
  Lo suo primo perchè, che non gli è guado,

Quando sarai di là dalle larghe onde,
  Dì a Giovanna mia, che per me chiami
  Là dove agli 'nnocenti si risponde.

Non credo, che la sua madre più m'ami,
  Poscia che trasmutò le bianche bende,
  Le quai convien, che misera ancor brami.

Per lei assai, di lieve, si comprende
  Quanto in femmina fuoco d'amor dura,
  Se l'occhio, o 'l tatto spesso nol raccende.

Non le farà sì bella sepoltura
  La vipera, che i Melanesi accampa,
  Com' avria fatto il gallo di Gallura.

Così dicea, segnato della stampa
  Nel suo aspetto, di quel dritto zelo,
  Che misuratamente in cuore avvampa.

Gli occhi miei ghiotti andavan pure al Cielo,
  Pur là, dove le stelle son più tarde,
  Sì come ruota più presso allo stelo.

CHANT HUITIÈME.

Le premier se tourne près de Virgile, et l'autre vers une âme qui se tenait assise, en s'écriant : « Lève-toi, Conrad, viens voir ce que Dieu, dans sa grâce, a voulu. »

Puis, se tournant vers moi : « Au nom de ce que tu dois de gratitude à Celui qui tient si secrète la cause de ses desseins, que nul ne la peut pénétrer, je t'en prie, quand tu seras par delà les grandes eaux, dis à ma Jeanne d'intercéder pour moi, en ce lieu où les prières innocentes ne restent pas sans réponse. Sa mère, je dois le croire, ne m'aime plus. La malheureuse, elle a quitté ces voiles blancs [4], qu'un jour elle devra désirer ! Elle fait bien voir que le feu de l'amour s'éteint vite dans le cœur d'une femme, quand le regard et les caresses ne sont plus là pour le rallumer. La vipère de l'écusson Milanais [5] fera moins d'honneur à ses funérailles, que ne l'eût fait le coq de Gallura. »

Ainsi il parla, et tout, en sa personne, respirait ce zèle d'équité qui, dans une sage mesure [6], anime un cœur honnête.

Cependant mes regards avides parcouraient le ciel, là où se ralentit la marche des étoiles, ainsi qu'il arrive aux points de la roue les plus rapprochés de son axe.

E 'l duca mio: Figliuol, che lassù guarde?
  Ed io a lui: A quelle tre facelle,
  Di che 'l polo di qua tutto quanto arde.

Ed egli a me: Le quattro chiare stelle,
  Che vedevi staman, son di là basse,
  E queste son salite ov' eran quelle.

Com' i' parlava, e Sordello a se 'l trasse,
  Dicendo, Vedi là il nostr' avversaro,
  E drizzò 'l dito, perchè in là guatasse.

Da quella parte, onde non ha riparo
  La picciola vallea, er' una biscia,
  Forse qual diede ad Eva il cibo amaro.

Tra l'erba e i fior venia la mala striscia,
  Volgendo ad or ad or la testa, e 'l dosso
  Leccando, come bestia, che si liscia.

I' nol vidi, e però dicer nol posso,
  Come mosser gli astor celestiali:
  Ma vidi bene e l'uno e l'altro mosso.

Sentendo fender l'aere alle verdi ali,
  Fuggìo 'l serpente, e gli Angeli dier volta
  Suso alle poste, rivolando, iguali.

L'ombra, che s'era a Giudice raccolta,
  Quando chiamò, per tutto quell' assalto,
  Punto non fu da me guardare sciolta.

CHANT HUITIÈME.

« Que regardes-tu, cher fils? » dit mon guide.

Et moi : « Ces trois flambeaux dont la clarté embrase tout le pôle. »

Et lui : « Les quatre étoiles que tu voyais ce matin, descendues là-dessous, ont cédé leur place à celles-ci. »

Tandis qu'il me parlait ainsi, Sordello l'attire à lui : « Voici notre ennemi! » dit-il, et il leva le doigt pour le lui montrer.

Dans cette partie de l'étroite vallée où l'accès paraît plus facile, se tenait un serpent; le même sans doute qui offrit à Ève le fruit plein d'amertume. Au milieu de l'herbe et des fleurs venait l'affreux reptile, tournant, retournant sa tête, et se léchant le dos, comme une bête qui se lisse.

Comment prirent leur vol les célestes oiseaux, je ne le saurais dire; car je ne l'ai pas vu. Seulement, je les vis l'un et l'autre en mouvement.

Dès que, dans l'air, il entendit le frémissement des ailes vertes, le serpent prit la fuite, et les anges, d'un vol égal, regagnèrent leurs demeures d'en haut.

Durant tout cet assaut, l'ombre qui était venue à l'appel du Juge, n'avait cessé de me regarder.

Se la lucerna, che ti mena in alto,
  Truovi nel tuo arbitrio tanta cera,
  Quant' è mestiero insino al sommo smalto;

Cominciò ella: se novella vera
  Di Valdimagra, o di parte vicina
  Sai, dilla a me, che già grande là era.

Chiamato fui Currado Malaspina.
  Non son l'antico, ma di lui discesi:
  A' miei portai l'amor, che qui raffina.

O, dissi lui, per li vostri paesi
  Giammai non fui: ma dove si dimora,
  Per tutta Europa, ch'ei non sien palesi?

La fama, che la vostra casa onora,
  Grida i signori, e grida la contrada,
  Sì che ne sa chi non vi fu ancora

Ed io vi giuro, s'io di sopra vada,
  Che vostra gente onrata non si sfregia,
  Del pregio della borsa, e della spada.

Uso, e natura sì la privilegia,
  Che perchè 'l capo reo lo mondo torca,
  Sola va dritta, e 'l mal cammin dispregia.

Ed egli: Or va; che 'l Sol non si ricorca
  Sette volte nel letto, che 'l Montone
  Con tutti e quattro i piè cuopre, ed inforca

« Puisse, se prit-elle à dire, le flambeau qui te conduit là-haut, ranimant sa lumière à ta bonne volonté, en trouver assez pour te faire voir les sommets émaillés !

« Dis-moi, si tu en sais, des nouvelles vraies du Val de Magra, ou de la terre voisine : dans ces contrées naguère ma puissance était grande. Je fus Conrad Malaspina [7], non pas l'ancien de ce nom, mais un de sa descendance. L'excès d'amour que j'eus pour les miens, ici se purifie. »

« Jamais, lui dis-je, votre pays ne m'a vu : mais à qui, en Europe, sa renommée n'est-elle pas parvenue ?

« La gloire qui resplendit sur votre maison, honore vos seigneurs, et porte le nom de la contrée à ceux-là même qui n'y furent jamais.

« Je vous le jure (et puisse-t-il être aussi vrai que j'arriverai là-haut !) votre race, toujours honorée, n'a point défailli à sa bonne renommée de valeur et de générosité. Par un heureux privilége de la nature et de l'habitude, elle seule, tandis que le monde s'égare sous des maîtres coupables, elle seule, méprisant les voies mauvaises, marche dans sa droiture. »

Et lui : « Va maintenant : à moins que le cours des jugements éternels ne soit suspendu, le soleil ne se couchera pas sept fois dans ce lit que le bélier recouvre et

Che cotesta cortese opinione
   Ti fia chiavata in mezzo della testa
   Con maggior chiovi, che d'altrui sermone :

Se corso di giudicio non s'arresta.

enserre de ses quatre pieds, avant que ce sentiment si plein de courtoisie soit affermi dans ton esprit plus solidement qu'il n'a pu l'être par de simples récits. »

CANTO NONO

La concubina di Titone antico,
   Già s'imbiancava al balzo d'Oriente,
   Fuor delle braccia del suo dolce amico:

Di gemme la sua fronte era lucente,
   Poste 'n figura del freddo animale,
   Che con la coda percuote la gente:

E la Notte de' passi, con che sale,
   Fatti avea duo nel luogo, ov'eravamo,
   E 'l terzo già chinava 'ngiuso l'ale:

Quand'io, che meco avea di quel d'Adamo,
   Vinto dal sonno, in su l'erba inchinai,
   Là 've già tutt'e cinque sedavamo.

Nell'ora, che comincia i tristi lai
   La rondinella presso alla mattina,
   Forse a memoria de' suoi primi guai.

CHANT NEUVIÈME

L'amante du vieux Tithon, s'échappant des bras de son doux ami, se montrait toute blanche déjà, aux bords de l'Orient[1] : son front étincelait de pierreries imitant la figure de cet animal glacé[2], qui mord avec sa queue.

De ces mêmes pas[3] dont elle monte, la nuit en avait fait deux dans le lieu où nous étions, et son aile déjà sur le troisième se penchait ; alors (car j'avais en moi ce qui nous vient d'Adam), vaincu par le sommeil, je m'inclinai sur l'herbe où tous les cinq nous étions assis.

A l'heure matinale où l'hirondelle commence son chant plaintif, en souvenance peut-être de ses premiers malheurs[4]; à cette heure, où notre âme, plus séparée des sens

E che la mente nostra pellegrina
   Più dalla carne, e men da' pensier presa,
   Alle sue vision quasi è divina;

In sogno mi parea veder sospesa
   Un' aquila nel Ciel con penne d' oro,
   Con l' ale aperte, ed a calare intesa:

Ed esser mi parea là dove foro
   Abbandonati i suoi da Ganimede,
   Quando fu ratto al sommo concistoro.

Fra me pensava: Forse questa fiede
   Pur qui per uso, e forse d' altro loco
   Disdegna di portarne suso in piede.

Poi mi parea, che più rotata un poco,
   Terribil, come folgor, discendesse,
   E me rapisse suso infino al foco.

Ivi pareva, ch' ella ed io ardesse,
   E sì lo 'ncendio immaginato cosse,
   Che convenne, che 'l sonno si rompesse.

Non altrimenti Achille si riscosse,
   Gli occhi svegliati rivolgendo in giro,
   E non sappiendo, là dove si fosse:

Quando la madre da Chirone a Schiro
   Trafugò lui dormendo in le sue braccia,
   Là onde poi gli Greci il dipartiro:

CHANT NEUVIÈME.

et moins assiégée de pensées, devient presque divine dans ses visions, il m'apparut en songe un aigle au plumage d'or, les ailes déployées, planant dans les airs, et se préparant à descendre. Je croyais être au lieu même où Ganymède[5] abandonna les siens, quand il fut emporté dans la céleste assemblée. Peut-être, me disais-je, cet aigle, dédaignant de s'abattre sur un autre lieu, continue-t-il de chercher ici sa proie.

Puis il me sembla (la foudre est moins terrible) que, tournoyant sur lui-même, il fondait sur moi et m'enlevait dans les régions du feu. Là il me sembla que l'incendie nous embrasait l'aigle et moi, et l'ardeur de ce feu imaginaire était si cuisante, que mon sommeil en fut rompu.

Emporté, tout endormi, dans les bras de sa mère qui le ravissait à Chiron, pour le conduire à Scyros, d'où les Grecs le devaient emmener, Achille s'éveilla en frémissant, roulant autour de lui des regards étonnés, et ne sachant où il était. Ainsi je tressaillis quand le sommeil ne pesa plus sur ma tête; et je devins pâle, comme l'homme glacé de peur.

Che mi scoss'io, sì come dalla faccia
   Mi fuggío 'l sonno, e diventai smorto,
   Come fa l'uom, che spaventato agghiaccia.

Dallato m'era solo il mio conforto,
   E 'l Sole er' alto già, più che du' ore,
   E 'l viso m'era alla marina torto:

Non aver tema, disse 'l mio signore:
   Fatti sicur, che noi siamo a buon punto:
   Non stringer, ma rallarga ogni vigore.

Tu se' omai al Purgatorio giunto:
   Vedi là il balzo, che 'l chiude dintorno:
   Vedi l'entrata, là 've par disgiunto.

Dianzi nell'alba che precede al giorno,
   Quando l'anima tua dentro dormia,
   Sopra li fiori, onde laggiù è adorno,

Venne una donna, e disse: I' son Lucía:
   Lasciatemi pigliar costui, che dorme:
   Sì l'agevolerò per la sua via.

Sordel rimase, e l'altre gentil forme:
   Ella ti tolse, e come 'l dì fu chiaro,
   Sen' venne suso, ed io per le su' orme.

Quì ti posò: e pria mi dimostraro
   Gli occhi suoi belli quell'entrata aperta:
   Poi ella e 'l sonno ad una se n'andaro.

A ce moment, Virgile, mon soutien, était seul auprès de moi ; depuis plus de deux heures, le soleil montait, et je me trouvai regardant du côté de la mer.

« Sois sans crainte, dit le maître, et reprends confiance : nous sommes près du but. Donc, au lieu de s'éteindre, que toute vigueur se ranime en toi.

« Tu arrives enfin au Purgatoire : vois le rocher qui en forme l'enceinte ; vois la brèche qui en permet l'entrée.

« Tout à l'heure, avant l'aube qui annonce le jour, au moment où, sur ces fleurs qui parent la vallée, en toi-même ton âme dormait, une Dame est venue : « Je suis Lucie [6], dit-elle, laissez-moi emporter celui-là qui dort : je rendrai son voyage facile. »

« Tandis qu'elle t'enlevait, Sordello resta ; toutes ces charmantes âmes aussi ; dès qu'il fut jour, elle s'en vint sur ces hauteurs, et moi j'étais sur ses traces. En te posant ici, d'un regard de ses beaux yeux, elle me fit voir cette entrée tout ouverte, et alors Lucie et ton sommeil s'envolèrent ensemble. »

A guisa d'uom, che in dubbio si raccerta,
  E che muti 'n conforto sua paura,
  Poi che la verità gli è discoverta,

Mi cambia' io : e come sanza cura
  Videmi 'l duca mio, su per lo balzo
  Si mosse, ed io diretro, 'nver l'altura.

Lettor, tu vedi ben, com' io innalzo
  La mia materia, e però, con più arte
  Non ti maravigliar s'i' la rincalzo.

Noi ci appressammo, ed eravamo in parte,
  Che là, dove pareami in prima un rotto,
  Pur com' un fesso, che muro diparte,

Vidi una porta, e tre gradi di sotto,
  Per gire ad essa, di color diversi,
  Ed un portier, ch' ancor non facea motto.

E come l'occhio più e più v' apersi,
  Vidil seder sopra 'l grado soprano,
  Tal nella faccia, ch' i' non lo soffersi :

E una spada nuda aveva in mano,
  Che riflettea i raggi sì ver noi,
  Ch' i' dirizzava spesso il viso in vano.

Ditel costinci, che volete voi?
  Cominciò egli a dire : ov' è la scorta?
  Guardate, che 'l venir su non vi noi.

CHANT NEUVIÈME.

A ces mots (quel changement!) je devins comme celui qui, du doute, passant à la certitude, découvre la vérité et met l'assurance à la place de la peur.

Me voyant ainsi libre d'inquiétude, mon guide prend sa route vers le rocher, et je monte tout en suivant ses pas.

Tu vois, lecteur, comme s'élève le sujet de mes chants; ne t'étonne pas s'il me faut plus d'art pour le tenir à cette hauteur.

Nous approchons : arrivés à cet endroit, où il me semblait que la brèche du rocher formait comme une fente dans un mur, je vis une porte; pour y monter, trois degrés de couleur différente, et un portier immobile et silencieux. Mes yeux venant à s'ouvrir davantage, il m'apparut assis sur la marche la plus élevée, et je ne pus soutenir son aspect imposant. En sa main était une épée nue : il en jaillissait de tels éclairs que je m'efforçai vainement d'y attacher ma vue.

« Répondez d'où vous êtes, commença-t-il à dire? que voulez-vous? qui vous a conduits? Prenez garde, qu'il ne vous en coûte d'être venus! »

Donna del Ciel, di queste cose accorta,
   Rispose 'l mio maestro a lui, pur dianzi
   Ne disse, Andate là, quivi è la porta.

Ed ella i passi vostri in bene avanzi,
   Ricominciò 'l cortese portinajo :
   Venite dunque a' nostri gradi innanzi.

Là ne venimmo : e lo scaglion primajo
   Bianco marmo era, sì pulito e terso,
   Ch' i' mi specchiava in esso, quale i' pajo.

Era 'l secondo tinto, più che perso,
   D' una petrina ruvida e arsiccia,
   Crepata per lo lungo, e per traverso,

Lo terzo, che di sopra s' ammassiccia,
   Porfido mi parea sì fiammeggiante,
   Come sangue, che fuor di vena spiccia.

Sopra questo teneva ambo le piante
   L' Angel di Dio, sedendo in su la soglia,
   Che mi sembiava pietra di diamante.

Per li tre gradi su di buona voglia
   Mi trasse 'l duca mio, dicèndo, Chiedi
   Umilemente, che 'l serrame scioglia.

Divoto mi gittai a' santi piedi :
   Misericordia chiesi, che m' aprisse,
   Ma pria nel petto tre fiate mi diedi.

« Une femme bénie dans le ciel, lui répondit mon maître, est venue à nous, instruite de toutes choses : Allez, nous a-t-elle dit, voici la porte ! »

« Qu'elle protége donc vos pas vers le bien, reprit le portier avec courtoisie ; venez et montez par nos degrés.

Alors nous avançons. La première de ces marches était de marbre blanc, si claire et si lisse, que, fidèle comme un miroir, elle reproduisait mon image. La seconde, teinte d'un pourpre sombre, était formée d'une pierre rude et calcinée, de toutes parts crevassée. Le sang qui jaillit de la veine n'est pas d'un rouge plus foncé que le porphyre dont est faite la marche la plus élevée.

Les pieds posés sur cette marche [7], l'ange se tenait sur le seuil, qui me semblait de diamant.

De bonne volonté, par ces trois degrés mon guide me fit monter en disant : « Demande humblement que la serrure soit ouverte. »

Dévotement, je me prosternai aux pieds de l'ange, me frappant trois fois la poitrine, et, par miséricorde, je demandai qu'il m'ouvrît.

Sette P nella fronte mi descrisse
  Col punton della spada, e, Fa che lavi,
  Quando se' dentro, queste piaghe, disse.

Cenere, o terra, che secca si cavi,
  D'un color fora col suo vestimento:
  E di sotto da quel trasse duo chiavi.

L'un' era d'oro, e l'altra era d'argento:
  Pria con la bianca, e poscia con la gialla
  Fece alla porta sì, ch'i' fui contento.

Quandunque l'una d'este chiavi falla,
  Che non si volga dritta per la toppa,
  Diss' egli a noi, non s'apre questa calla.

Più cara è l'una, ma l'altra vuol troppa
  D'arte e d'ingegno, avanti che disserri,
  Perch' ell' è quella, che 'l nodo disgroppa.

Da Pier le tengo: e dissemi, ch'i' erri
  Anzi ad aprir, ch'a tenerla serrata,
  Pur che la gente a' piedi mi s'atterri.

Poi pinse l'uscio alla porta sacrata,
  Dicendo, Intrate: ma facciovi accorti,
  Che di fuor torna, chi 'ndietro si guata.

E quando fur ne' cardini distorti
  Gli spigoli di quella regge sacra
  Che di metallo son sonanti e forti,

La pointe de son épée sept fois traça sur mon front la lettre **P** [8].

Puis : « Ne manque pas, me dit-il, quand tu seras entré, de laver ces plaies. »

Des plis de son vêtement, qui avait la couleur de la cendre ou de la poussière, il tira deux clés : l'une était d'or, et l'autre d'argent [9]. La blanche clé d'abord fut essayée à la porte, puis la jaune : et il me rendit content.

« Quand il arrive, me dit-il, que l'une de ces clés ne peut tourner dans la serrure, ce sentier ne s'ouvre point. L'une est plus précieuse, mais il faut plus d'art et d'industrie pour ouvrir avec l'autre, qui fait jouer des ressorts cachés.

« Pierre me les confia, me recommandant, si je devais me tromper, d'être plus facile à ouvrir la porte qu'à la tenir fermée, pourvu que le pécheur à mes pieds s'humiliât.

Puis, poussant la porte sacrée : « Entrez, nous dit-il, mais, faites-y bien attention, qui regarde en arrière, à l'instant doit sortir. »

Au moment où roulèrent sur leurs gonds les battants composés d'un métal dur et sonore, il se fit un affreux rugissement. Les portes forcées de la Tarpéienne [10]

Non ruggío sì, nè si mostrò sì acra
   Tarpea, come tolto le fu 'l buono
   Metello, donde poi rimase macra.

I' mi rivolsi attento al primo tuono,
   E *Te Deum laudamus*, mi parea
   Udire in voce mista al dolce suono.

Tale immagine appunto mi rendea
   Ciò, ch'i' udía, qual prender si suole,
   Quando a cantar con organi si stea:

Ch' or sì, or nò s'intendon le parole.

furent moins rudes et moins criantes, alors qu'après la violence faite au bon Métellus, le trésor resta vide.

Au premier bruit, je me retournai tout ému, et bientôt il me sembla que des voix, au milieu d'une douce harmonie, chantaient *Te Deum laudamus*. Et ce que j'entendais me donnait l'idée d'un chant répondu par l'orgue, quand les voix tour à tour se font entendre et se taisent.

CANTO DECIMO

Poi fummo dentro al soglio della porta,
  Che 'l mal' amor dell' anime disusa,
  Perchè fa parer dritta la via torta,

Sonando la sentî esser richiusa:
  E s' i' avessi gli occhi volti ad essa,
  Qual fora stata al fallo degna scusa?

Noi salavam per una pietra fessa,
  Che si moveva d' una, e d' altra parte,
  Sì come l' onda, che fugge, e s' appressa.

Qui si convien' usare un poco d' arte,
  Cominciò 'l duca mio, in accostarsi
  Or quinci or quindi al lato, che si parte.

E ciò fece li nostri passi scarsi
  Tanto, che pria lo stremo della luna
  Rigiunse al letto suo, per ricorcarsi.

CHANT DIXIÈME

Nous franchissons le seuil de cette porte désaccoutumée de s'ouvrir, tant nos penchants coupables nous font prendre souvent la mauvaise voie pour la bonne. Aussitôt un nouveau bruit m'annonce qu'elle se referme. Tourner alors ses regards en arrière, n'eût-ce pas été une faute sans excuse ?

Nous montions par une fente creusée dans le rocher, sinueuse, allant et venant comme un ruisseau qui fuit et revient sur lui-même.

« Ici, dit le maître, il faut un peu s'ingénier, en se rapprochant, tantôt d'ici, tantôt de là, du côté qui s'écarte le plus. »

Mais nos pas en devinrent plus lents, et déjà le disque entamé de la lune était descendu dans sa couche, et se reposait, que nous étions encore au fond de cette gorge étroite.

Che noi fossimo fuor di quella cruna.
  Ma quando fummo liberi e aperti
  Su, dove 'l monte indietro si rauna,

Io stancato, e amendue incerti
  Di nostra via, ristemmo su 'n un piano
  Solingo più, che strade per diserti.

Dalla sua sponda, ove confina il vano,
  Appiè dell'alta ripa, che pur sale,
  Misurrebbe in tre volte un corpo umano:

E quanto l'occhio mio potea trar d'ale,
  Or dal sinistro, e or dal destro fianco:
  Questa cornice mi parea cotale.

Lassù non eran mossi i piè nostri anco,
  Quand'io conobbi quella ripa intorno,
  Che dritto di salita aveva manco,

Esser di marmo candido, e adorno
  D'intagli sì, che non pur Policreto,
  Ma la natura gli averebbe scorno.

L'Angel, che venne in terra col decreto
  Della molt'anni lagrimata pace,
  Ch'aperse 'l Ciel dal suo lungo divieto,

Dinanzi a noi pareva sì verace,
  Quivi intagliato in un'atto soave.
  Che non sembiava immagine, che tace.

CHANT DIXIÈME.

Libres enfin et parvenus en un lieu plus ouvert, où le flanc de la montagne se rejette en arrière, nous nous arrêtons, moi, accablé de fatigue, tous les deux en peine de notre route, sur une plate-forme plus solitaire que les chemins perdus à travers le désert.

Du bord extrême où elle confine au vide, jusqu'au pied de la roche escarpée, on mesurerait trois fois à peine la hauteur d'un homme; et il en était de même tout le long de cette corniche, à gauche ou à droite, aussi loin que ma vue pouvait s'envoler.

Nous n'avions pas encore fait un pas en avant, quand je reconnus que les flancs inaccessibles de cette rampe étaient de marbre blanc, et ornés de sculptures, dont la beauté eût fait honte, non pas à Polyclète[1] seulement, mais à la nature elle-même.

L'ange qui vint sur la terre, annonçant la nouvelle de cette paix souhaitée dans les siècles avec tant de larmes, l'ange qui ouvrit du ciel la voie si longtemps fermée, il était là, devant nous, reproduit avec une telle vérité, et dans une attitude si charmante, qu'on ne pouvait croire que ce fût une image qui se tait. Vous auriez juré qu'il disait : *Ave*, car là aussi se trouvait celle[2] qui tourna les

Giurato si saria, ch'ei dicesse *Ave*:
    Perchè quivi era immaginata quella,
    Ch'ad aprir l'alto amor volse la chiave.

Ed avea in atto impressa esta favella,
    Ecce ancilla Dei sì propriamente,
    Come figura in cera si suggella.

Non tener pure ad un luogo la mente,
    Disse 'l dolce maestro, che m'avea
    Da quella parte, onde 'l cuore ha la gente:

Perch'io mi mossi col viso, e vedea
    Diretro da Maria, per quella costa,
    Onde m'era colui, che mi movea,

Un'altra storia nella roccia imposta:
    Perch'io varcai Virgilio, e femmi presso,
    Acciocchè fosse agli occhi miei disposta.

Era intagliato lì nel marmo stesso
    Lo carro, e i buoi, traendo l'arca santa,
    Perchè si teme uficio non commesso.

Dinanzi parea gente; e tutta quanta
    Partita in sette cori, a' duo miei sensi
    Facea dicer l'un Nò, l'altro Sì canta.

Similemente al fummo degl'incensi,
    Che v'era immaginato, e gli occhi e 'l naso,
    E al sì e al nò discordi fensi.

clés pour ouvrir un passage au suprême Amour. Tout, dans sa pose, rappelait cette modeste réponse : *Ecce Ancilla Dei*, aussi fidèlement qu'une figure donne à la cire son empreinte.

« Il ne faut pas que sur un seul point s'arrête ta pensée, » dit le bon maître, qui m'avait près de lui du côté où bat le cœur de l'homme.

Je tourne donc mes regards dans le sens qui m'était indiqué, et je vois derrière la figure de Marie une autre histoire écrite sur la pierre.

Afin de l'avoir mieux sous mes yeux, je devance Virgile, et je m'approche.

Sur un char traîné par des bœufs, était gravée dans le marbre l'arche sainte, juste sujet d'effroi pour qui usurpe un sacré ministère [3]. Une grande foule marchait devant, divisée en sept chœurs, et, de deux de mes sens, l'un disait : « Oui, elle chante » ; l'autre : « Non, elle ne chante pas. »

De même la fumée de l'encens était exprimée avec tant de vérité, que la vue et l'odorat étaient en querelle aussi sur le oui et le non.

Lì precedeva al benedetto vaso,
   Trescando, alzato, l' umile Salmista,
   E più e men, che Re era 'n quel caso.

Di contra effigiata ad una vista
   D' un gran palazzo Micol ammirava,
   Sì come donna dispettosa e trista.

I' mossi i piè del luogo, dov' io stava,
   Per avvisar da presso un' altra storia,
   Che diretro a Micol mi biancheggiava.

Quiv' era storiata l' alta gloria
   Del Roman Prince, lo cui gran valore
   Mosse Gregorio alla sua gran vittoria:

E dico di Trajano imperadore:
   E una vedovella gli er' al freno
   Di lagrime atteggiata e di dolore.

Dintorno a lui parea calcato e pieno
   Di cavalieri, e l' aguglie nell' oro
   Sovr' esso in vista, al vento si movieno.

La miserella, infra tutti costoro,
   Parea dicer: Signor, fammi vendetta
   Del mio figliuol, ch' è morto, ond' io m' accoro.

Ed egli a lei rispondere: Ora aspetta,
   Tanto, ch' i' torni: ed ella: Signor mio,
   Come persona, in cui dolor s' affretta:

En avant de l'arche bénie, l'humble psalmiste [4] s'en allait dansant, tout à la fois moins et plus qu'un roi. A la fenêtre d'un grand palais, était représentée Michol, qui regardait, triste et dédaigneuse.

Je m'avançai encore pour voir de plus près, derrière Michol, une autre scène éclatante de blancheur. Là était racontée sur le marbre, la glorieuse histoire du prince romain, dont la vertu préparait à Grégoire un si beau triomphe [5]. C'est l'Empereur Trajan que je veux dire.

Suspendue à la bride de son cheval, on voyait une veuve toute en larmes et désolée; autour de lui, un grand mouvement de cavaliers, au-dessus de sa tête les étendards à l'aigle d'or flottant au gré des vents; et la malheureuse semblait s'écrier du milieu de cette foule : « Seigneur, fais-moi justice : mon fils est mort et je suis navrée ! » Et il semblait répondre : « Attends que je sois de retour. » Mais elle, comme exaspérée par la douleur : « Et si tu ne revenais pas, ô mon Seigneur ! » — « Celui-là te fera justice qui sera ce que je suis. » — « Eh ! que te vaudra la justice faite par un autre, quand tu mets la tienne en oubli ? » — « Rassure-toi donc, semblait-il lui répondre; avant d'aller plus loin, je ferai mon devoir; il le faut : la justice le veut et la pitié me retient. »

Se tu non torni? ed ei : Chi fia, dov'io,
  La ti farà : ed ella : L'altrui bene
  A te che fia, se 'l tuo metti in obblio?

Ond'elli : Or ti conforta : che conviene,
  Ch'i' solva il mio dovere, anzi ch'i' muova :
  Giustizia vuole, e pietà mi ritiene.

Colui, che mai non vide cosa nuova,
  Produsse esto visibile parlare,
  Novello a noi, perchè qui non si truova.

Mentr'io mi dilettava di guardare
  L'immagini di tante umilitadi,
  E per lo fabbro loro a veder care;

Ecco di qua, ma fanno i passi radi,
  Mormorava 'l poeta, molte genti :
  Questi ne 'nvieranno agli alti gradi.

Gli occhi miei, ch'a mirar erano intenti,
  Per veder novitadi, onde son vaghi,
  Volgendosi ver lui non furon lenti.

Non vo' però, Lettor, che tu ti smaghi
  Di buon proponimento, per udire,
  Come Dio vuol, che 'l debito si paghi.

Non attender la forma del martire :
  Pensa la succession : pensa ch'a peggio,
  Oltre la gran sentenzia non puo' ire.

Celui qui jamais ne vit rien qui lui fût nouveau [6], put seul dicter ces paroles devenues intelligibles à la vue ; paroles toutes nouvelles, inconnues à la terre.

Tandis qu'avec délices je contemplais ces grandes images d'humilité [7], si adorables pour qui en connaît le divin artisan, le poëte se mit à dire tout bas : « Voici venir une foule d'âmes qui marchent à pas lents : elles nous guideront vers les degrés supérieurs. »

Mes yeux, si occupés alors à regarder, mais toujours avides de nouveautés, ne tardèrent pas à se tourner vers lui.

Maintenant, ô lecteur, ne sois pas ébranlé dans tes bonnes résolutions, en apprenant comment Dieu entend que nos dettes se paient. Ne prends pas garde à la nature du châtiment ; considère plutôt ce qui vient après, et souviens-toi que, tout au plus, il peut durer jusqu'à la grande sentence.

I' cominciai: Maestro, quel, ch' i' veggio
    Muover ver noi, non mi semblan persone,
    E non so che, sì nel veder vaneggio.

Ed egli a me: La grave condizione
    Di lor tormento a terra gli rannicchia,
    Sì, che i mie' occhi pria n' ebber tenzione.

Ma guarda fiso là, e disviticchia
    Col viso quel, che vien sotto a quei sassi:
    Già scorger puoi, come ciascun si picchia.

O superbi Cristian miseri lassi,
    Che della vista della mente infermi,
    Fidanza avete ne' ritrosi passi:

Non v' accorgete voi, che noi siam vermi,
    Nati a formar l' angelica farfalla,
    Che vola alla giustizia senza schermi?

Di che l' animo vostro in alto galla?
    Poi siete quasi entomata in difetto,
    Sì come verme, in cui formazion falla.

Come per sostentar solajo, o tetto,
    Per mensola talvolta una figura
    Si vede giunger le ginocchia al petto,

La qual fa del non ver vera rancura
    Nascere, a chi la vede; così fatti
    Vid' io color, quando posi ben cura.

CHANT DIXIÈME.

« Maître, commençai-je, ce ne peut être, il me semble, une troupe d'âmes humaines que je vois venir à nous : ce que c'est, je l'ignore, tant ma vue en est troublée. »

Et lui à moi : « L'énorme poids de leur châtiment les tient si affaissés vers la terre, qu'en les voyant, j'ai moi-même hésité : mais regarde avec plus d'attention, et redresse par un effort de ta vue ce qui marche courbé sous ces pierres : déjà tu peux juger comme chacun d'eux est puni. »

O chrétiens superbes, misérables créatures, allant, avec la courte vue de votre esprit, par des sentiers qui vous ramènent en arrière, ne voyez-vous pas que nous sommes des vers destinés à produire l'angélique papillon [8] qui s'envole, désarmé, vers l'éternelle justice ? De quoi votre esprit gonflé peut-il tant se vanter ? Qu'êtes-vous donc autre chose que des insectes inachevés, vermine informe et avortée ?

En guise de console, soutenant une solive ou un entablement, on voit souvent une figure dont les genoux touchent à la poitrine ; et devant cette position tourmentée, on éprouve, à l'occasion d'un mal qui n'est pas véritable, une véritable douleur.

Ver' è, che più e meno eran contratti,
　Secondo ch' avean più e meno addosso:
　E qual più pazienzia avea negli atti,

Piangendo parea dicer, Più non posso.

Ainsi m'apparurent ces âmes, au moment où je les pus mieux distinguer. La vérité est que toutes elles étaient courbées plus ou moins, selon le poids du fardeau qui les chargeait, et que celle-là même dont l'attitude montrait le plus de patience, pleurait cependant et semblait dire : « Je n'en peux plus [9]. »

CANTO DECIMOPRIMO

O Padre nostro, che ne' Cieli stai,
  Non circonscritto, ma per più amore,
  Ch' a' primi effetti di lassù tu hai,

Laudato sia 'l tuo nome, e 'l tuo valore
  Da ogni creatura, com' è degno
  Di render grazie al tuo dolce vapore.

Vegna ver noi la pace del tuo regno,
  Che noi ad essa non potem da noi,
  S' ella non vien, con tutto nostro 'ngegno.

Come del suo voler gli Angeli tuoi
  Fan sacrificio a te, cantando Osanna,
  Così facciano gli uomini de' suoi.

Dà oggi a noi la cotidiana manna,
  Sanza la qual, per questo aspro diserto,
  A retro va, chi più di gir s' affanna.

CHANT ONZIÈME

« O notre père qui es dans les cieux, non qu'ils te puissent contenir, mais à cause d'un amour plus grand pour tes premières créations, bénis soient ton nom et ta puissance par toute créature, et grâces soient rendues à ta sagesse pleine de bonté.

« Que la paix de ton règne nous advienne, car si elle ne vient à nous, tout effort de notre esprit est vain pour aller jusqu'à elle.

« Comme tes anges te font le sacrifice de leur vouloir en chantant *Hosanna*, qu'ainsi fassent les hommes de toutes leurs volontés.

« Donne-nous aujourd'hui la manne quotidienne, qui, seule, dans cet âpre désert, préserve d'un retour en arrière celui qui s'efforce le plus d'avancer [1].

E come noi lo mal, ch' avem sofferto,
   Perdoniamo a ciascuno, e tu perdona
   Benigno, e non guardare al nostro merto.

Nostra virtù, che di leggier s' adona,
   Non spermentar con l' antico avversaro,
   Ma libera da lui, che sì la sprona.

Quest' ultima preghiera, Signor caro,
   Già non si fa per noi, che non bisogna,
   Ma per color, che dietro a noi restaro.

Così a se e noi buona ramogna
   Quell' ombre orando, andavan sotto 'l pondo
   Simile a quel, che tal volta si sogna,

Disparmente angosciate tutte a tondo,
   E lasse su per la prima cornice,
   Purgando le caligini del Mondo.

Se di là sempre ben per noi si dice,
   Di qua, che dire e far per lor si puote
   Da quei, ch' hanno al voler buona radice?

Ben si dee loro atar lavar le note,
   Che portar quinci, sì che mondi e lievi
   Possano uscire alle stellate ruote.

Deh se giustizia e pietà vi disgrevi
   Tosto, sì che possiate muover l' ala,
   Che secondo 'l disio vostro vi levi,

« Pardonne-nous nos offenses avec bonté, sans regarder à nos mérites, comme nous pardonnons nous-mêmes le mal que nous avons souffert.

« Délivre-nous des tentations de l'antique adversaire, et ne permets pas que notre vertu, si chancelante, soit aux prises avec lui.

« O Seigneur bien-aimé, que cette dernière prière, dont nous n'avons plus besoin, te soit faite pour ceux qui sont restés derrière nous ! »

Ainsi, implorant pour elles et pour nous une bonne arrivée, s'en allaient ces âmes courbées sous un fardeau, semblable à celui que, parfois, un songe fait peser sur nous; inégalement chargées, mais toutes également harassées de fatigues et d'angoisses, elles cheminaient sur la première corniche, se purifiant des vaines fumées de ce monde.

Si là tant de prières sont dites pour notre bien, que ne doivent pas dire et faire ici, pour ces âmes, les cœurs où la bonne volonté s'enracine? Faisons donc par notre assistance, qu'elles se lavent plus vite des souillures de ce monde, et qu'elles s'envolent, pures et légères, aux sphères étoilées.

« Oh! puissiez-vous bientôt, soulagées par la justice et la pitié, vous laisser emporter sur l'aile de vos désirs!

Mostrate, da qual mano, inver la scala
  Si va più corto, e se c'è più d'un varco,
  Quel ne 'nsegnate, che men' erto cala:

Che questi, che vien meco, per lo 'ncarco
  Della carne d'Adamo, onde si veste,
  Al montar su contra sua voglia è parco.

Le lor parole, che rendero a queste,
  Che dette avea colui, cu' io seguiva,
  Non fur da cui venisser manifeste:

Ma fu detto: A man destra, per la riva,
  Con noi venite, e troverrete 'l passo,
  Possibile a salir persona viva.

E s'i' non fossi impedito dal sasso,
  Che la cervice mia superba doma,
  Onde portar conviemmi 'l viso basso:

Cotesti, ch' ancor vive, e non si noma,
  Guardere' io, per veder s'io 'l conosco,
  E per farlo pietoso a questa soma.

I' fui Latino, e nato d'un gran Tosco:
  Guiglielmo Aldobrandesco fu mio padre:
  Non so, se 'l nome suo giammai fu vosco.

L' antico sangue, e l' opere leggiadre
  De' miei maggior mi fer sì arrogante,
  Che, non pensando alla comune madre,

« Dites-nous par quel chemin plus prompt on arrive là-haut, et s'il est plus d'un passage, montrez-nous le moins escarpé. Celui qui m'accompagne, encore vêtu de cette lourde chair d'Adam, malgré son bon vouloir, est lent à monter. »

Les paroles dites en réponse à cette question de mon guide, nous ne pûmes savoir de qui elles venaient ; mais il fut dit :

« Suivez-nous sur la rive droite : là est un passage par où peut monter une personne vivante. Sans le poids de ce rocher, qui courbe mon front superbe, et me force à tenir la tête baissée, je chercherais, par mes regards, à reconnaître celui de vous qui est encore vivant, et qui ne se nomme pas : peut-être le rendrais-je compatissant à la peine qui m'accable. Je fus Latin : un grand de Toscane, Guillaume Aldobrandeschi [2], fut mon père : j'ignore si ce nom est venu jusqu'à vous. L'antiquité de ma race, et les hauts faits de mes ancêtres, me rendirent arrogant et oublieux de notre mère commune ; j'eus en tel mépris toute l'humanité, que j'en mourus ; les Siennois le savent bien, et il n'est pas dans tout le Campagnatico un enfant qui l'ignore.

Ogni uomo ebbi 'n dispetto tanto avante,
   Ch' i' ne morî, come i Senesi sanno,
   E sallo in Campagnatico ogni fante.

I' sono Omberto : e non pure a me danno
   Superbia fè, che tutti i miei consorti
   Ha ella tratti seco nel malanno :

E qui convien ch' i' questo peso porti
   Per lei, tanto ch' a Dio si soddisfaccia,
   Poi ch' io nol fe' tra' vivi, qui tra' morti.

Ascoltando chinai in giù la faccia :
   E un di lor (non questi, che parlava)
   Si torse sotto 'l peso, che lo 'mpaccia :

E videmi, e conobbemi, e chiamava,
   Tenendo gli occhi con fatica fisi
   A me, che tutto chin con loro andava,

O, dissi lui, non se' tu Oderisi,
   L' onor d' Agobbio, e l' onor di quell' arte,
   Ch' alluminare è chiamata in Parisi?

Frate, diss' egli, più ridon le carte,
   Che pennelleggia Franco Bolognese :
   L' onore è tutto or suo, e mio in parte.

Ben non sare' io stato sì cortese,
   Mentre ch' i' vissi, per lo gran disio
   Dell' eccellenza, ove mio core intese.

« Je m'appelle Humbert : l'orgueil, qui fit mon malheur, causa aussi la ruine de tous les miens. Il faut maintenant, jusqu'à ce que la justice de Dieu soit satisfaite, que je porte ici mon fardeau : faisant ainsi parmi les morts, ce que, vivant, j'aurais dû faire. »

En l'écoutant, j'inclinais un peu la tête ; alors un autre esprit que celui qui parlait, se retourne, sous le poids qui l'oppressait, me voit, me reconnaît et m'appelle, s'efforçant avec peine de tenir les yeux fixés sur moi qui marchais courbé.

« Oh! ne serais-tu pas, lui dis-je, cet Oderisi [3] dont Agobbio se glorifie, et qui met en honneur cet art, qu'on appelle enluminure à Paris? »

« Frère, dit-il, le succès est aujourd'hui pour les pages coloriées de Franco Bolognèse [4]. A lui toute la gloire ; à moi une bien faible part. Vivant, j'aurais parlé de lui avec moins de courtoisie, tant mon cœur était enflammé du désir d'exceller. Mais ici un tel orgueil s'expie ; et même je n'y serais pas encore, si je n'étais revenu à Dieu, quand je pouvais retomber dans ce péché.

Di tal superbia qui si paga 'l fio :
  E ancor non sarei qui, se non fosse,
  Che, possendo peccar, mi volsi a Dio.

O vana gloria dell' umane posse,
  Com' poco verde in su la cima dura,
  Se non è giunta dall' etati grosse!

Credette Cimabue nella pintura
  Tener lo campo : ed ora ha Giotto il grido,
  Sì che la fama di colui oscura.

Così ha tolto l' uno all' altro Guido
  La gloria della lingua : e forse è nato
  Chi l' uno e l' altro caccerà di nido.

Non è il mondan romore altro, ch' un fiato
  Di vento, ch' or vien quinci, e or vien quindi,
  E muta nome, perchè muta lato.

Che fama avrai tu più, se vecchia scindi
  Da te la carne, che se fossi morto
  Innanzi, che lasciassi il pappo e 'l dindi;

Pria che passin mill' anni? ch' è più corto
  Spazio all' eterno, ch' un muover di ciglia,
  Al cerchio, che più tardi in cielo è torto.

Colui, che del cammin sì poco piglia
  Dinanzi a me, Toscana sonò tutta,
  Ed ora a pena in Siena sen' pispiglia;

CHANT ONZIÈME

« O vaine gloire des œuvres du génie ! et que la verdure sèche vite à la cime de cette plante, si elle ne pousse pas dans un siècle de barbarie ! Cimabué [5] crut tenir le sceptre de la peinture, et voilà que sa renommée pâlit : le cri de la faveur est pour Giotto [6].

« De même un second Guido [7] est venu enlever au premier la gloire du bien dire, et un troisième est né peut-être, qui les chassera l'un et l'autre du nid.

« La renommée, ce bruit du monde, n'est qu'une bouffée de vent qui souffle tantôt par-ci, tantôt par-là, et change de nom en changeant de côté.

« Que tu aies laissé, chargé d'années, une vieille dépouille, ou que tu sois mort, balbutiant encore les premières paroles d'un marmot, quel renom plus grand t'en restera, avant que dix siècles aient passé? dix siècles, un instant pour l'éternité, plus rapide qu'un frémissement des paupières, comparé au mouvement de la sphère qui trace dans le ciel le cercle le plus lent [8].

« Celui qui s'en va devant moi, faisant si peu de chemin, son nom a retenti dans toute la Toscane; à Sienne maintenant à peine on le murmure ; pourtant il en était

Ond' era sire, quando fu distrutta
  La rabbia Fiorentina, che superba
  Fu a quel tempo, sì com' ora è putta.

La vostra nominanza è color d'erba,
  Che viene, e va, e quei la discolora,
  Per cui ell' esce della terra acerba.

Ed io a lui : Lo tuo ver dir m'incuora
  Buona umiltà, e gran tumor m'appiani :
  Ma chi è quei, di cu' tu parlavi ora?

Quegli è, rispose, Provenzan Salvani,
  Ed è qui, perchè fu presuntuoso,
  A recar Siena tutta alle sue mani.

Ito è così, e va senza riposo,
  Poi che morì : cotal moneta rende
  A soddisfar, chi è di là tropp'oso.

Ed io : Se quello spirito, ch'attende,
  Pria che si penta, l'orlo della vita,
  Laggiù dimora, e quassù non ascende,

Se buona orazion lui non aita,
  Prima che passi tempo, quanto visse,
  Come fu la venuta a lui largita?

Quando vivea più glorioso, disse,
  Liberamente nel campo di Siena,
  Ogni vergogna deposta, s'affisse :

le seigneur à l'époque où fut domptée la rage de Florence, superbe alors autant qu'elle est aujourd'hui avilie.

« Votre gloire est comme l'herbe des champs, qui verdit et se fane, décolorée par celui qui la fit sortir de terre, jeune et verdoyante. »

Et moi à lui : « Avec tes paroles si vraies, une salutaire humilité pénètre dans mon cœur, et tout gonflement d'orgueil s'y affaisse : mais dis-moi quel est celui dont tu viens de parler. »

« C'est, me répondit-il, Provenzano Salvani [9], retenu ici pour avoir eu la présomption de maîtriser Sienne à sa guise. Il marche ainsi sans repos depuis qu'il est mort : de la sorte rachète ici sa faute, qui trop osa sur la terre. » Et moi : « Comment lui est venue la faveur d'être ici, puisque pour tout esprit qui ne se repent qu'au dernier moment, c'est une loi de rester au bas de la montagne autant d'années qu'il a vécu, et de ne pouvoir monter plus tôt, à moins qu'une prière efficace ne lui vienne en aide? »

« Quand il était dans toute sa gloire, répondit cette âme, il abaissa son orgueil au point de se prosterner sur la place de Sienne, et là (son sang en frémissait dans ses

Egli, per trar l'amico suo di pena,
   Che sostenea nella prigion di Carlo,
   Si condusse a tremar per ogni vena.

Più non dirò, e scuro so che parlo :
   Ma poco tempo andrà, che i tuo' vicini
   Faranno sì che tu potrai chiosarlo :

Quest' opera gli tolse quei confini.

veines), il supplia en faveur de son ami renfermé dans la prison de Charles.

« Cette bonne action a suffi pour le retirer des confins du purgatoire. J'ai tout dit : mon langage est obscur, je le sais ; mais le jour n'est pas loin où tes concitoyens se chargeront de t'en faire comprendre le sens [10]. »

CANTO DECIMOSECONDO

Di pari, come buoi, che vanno a giogo,
  M'andava io con quella anima carca,
  Fin che 'l sofferse il dolce pedagogo.

Ma quando disse, Lascia lui, e varca,
  Che qui è buon, con la vela e co' remi,
  Quantunque può ciascun, pinger sua barca:

Dritto, sì com' andar vuolsi, rifemi
  Con la persona, avvegna che i pensieri
  Mi rimanessero e chinati e scemi.

I' m'era mosso, e seguía volentieri
  Del mio maestro i passi, e amendue
  Già mostravám, com' eravam leggieri,

Quando mi disse: Volgi gli occhi in giúe:
  Buon ti sarà, per alleggiar la via,
  Veder lo letto delle piante tue.

CHANT DOUZIÈME

Ainsi que vont des bœufs unis sous le même joug, ainsi je m'en allai avec cette âme chargée de son fardeau, tant que le permit mon doux maître.

Mais tout à coup il me dit : « Laisse-le et hâte-toi : le moment est venu où chacun de son mieux doit s'aider de la voile et des rames, pour faire avancer sa barque. »

Mon corps se redressa comme celui d'un homme tout prêt à marcher; tandis que ma pensée, plus humble, demeurait inclinée.

J'avançais, en suivant, docile, les traces de mon maître, son pas et le mien également légers, lorsqu'il me dit :

« Tourne un peu tes regards en bas; il est bon que tu voies le sol où se posent tes pieds : le chemin t'en paraîtra moins pénible. »

Come, perchè di lor memoria sia,
  Sovr' a' sepolti le tombe terragne
  Portan segnato quel, ch' egli era pria:

Onde lì molte volte se ne piagne,
  Per la puntura della rimembranza,
  Che solo a' pii da delle calcagne:

Sì vid' io lì, ma di miglior sembianza,
  Secondo l' artificio, figurato,
  Quanto per via di fuor dal monte avanza.

Vedea colui, che fu nobil creato
  Più d' altra creatura, giù dal Cielo,
  Folgoreggiando, scender da un lato.

Vedeva Briareo, fitto dal telo
  Celestial, giacer dall' altra parte,
  Grave alla terra per lo mortal gielo.

Vedea Timbréo, vedea Pallade, e Marte
  Armati ancora, intorno al padre loro,
  Mirar le membra de' Giganti sparte.

Vedea Nembrotte appiè del gran lavoro,
  Quasi smarrito, e riguardar le genti,
  Che 'n Sennaar, con lui, superbi foro.

O Niobe, con che occhi dolenti
  Vedev' io te, segnata in su la strada,
  Tra sette e sette tuoi figliuoli spenti!

Sur la tombe des morts endormis sous la terre, s'élèvent des monuments qui perpétuent leur mémoire en reproduisant leur image, et plus d'une fois au souvenir qu'ils réveillent, et dont la pointe ne pénètre bien avant que dans les âmes pieuses, on se prend à pleurer.

De même ici, le long du chemin qui fait saillie sur l'abîme, étaient gravées des figures que l'art avait produites encore plus ressemblantes.

D'un côté, je voyais celui qui fut créé beau entre toutes les créatures, tomber du ciel comme tombe la foudre [1]; d'un autre côté, c'était Briarée [2] percé du trait céleste et gisant sur la terre, qui porte avec tristesse ce corps glacé [3].

Je voyais Tymbrée; je voyais, auprès de leur père, Pallas et Mars encore tout armés et contemplant les membres dispersés des Titans.

Je voyais aussi Nembrod au pied du grand monument de son orgueil : il regardait, tout hors de lui, cette foule que le Sennaar vit venir à sa suite.

Quelle désolation dans tes yeux, ô Niobé [4], toi que je vis là, sur ce chemin, entourée de sept et de sept encore de tes enfants!

O Saul, come 'n su la propria spada,
   Quivi parevi morto in Gelboè,
   Che poi non sentì pioggia, nè rugiada!

O folle Aragne, sì vedea io te,
   Già mezza ragna, trista, in su gli stracci,
   Dell' opera, che mal per te si fè.

O Roboan, già non par che minacci
   Quivi il tuo segno: ma, pien di spavento,
   Nel porta un carro prima ch' altri 'l cacci.

Mostrava ancor lo duro pavimento,
   Come Almeone a sua madre fè caro
   Parer lo sventurato adornamento.

Mostrava come i figli si gittaro
   Sovra Sennacherib dentro dal tempio,
   E come, morto lui, quivi 'l lasciaro.

Mostrava la ruina, e 'l crudo scempio
   Che fè Tamiri, quando disse a Ciro,
   Sangue sitisti, ed io di sangue t' empio.

Mostrava, come in rotta si fuggiro
   Gli Assiri, poi che fu morto Oloferne,
   E anche le reliquie del martiro.

Vedeva Troja in cenere e 'n caverne:
   O Ilion, come te basso e vile
   Mostrava 'l segno, che lì si discerne!

O Saül! comme tu me paraissais bien mort, percé de ton épée sur ce Gelboë, qui désormais ne connaîtra ni la pluie, ni la rosée [5]!.

Et toi, présomptueuse Arachné [6], comme je te voyais triste et à moitié araignée déjà, sur les fils brisés de cette toile tissue pour ton malheur!

O Roboam [7]! qu'est devenu ton air menaçant? Te voilà plein d'épouvante, emporté sur un char qui fuit avant qu'on te poursuive!

Ce rude pavé racontait aussi combien Alcméon [8] fit payer cher à sa mère la fatale parure; il montrait comment, assailli dans le temple même par ses fils, Sennachérib [9] y fut laissé privé de vie; il montrait le supplice cruel de Cyrus, tombant sous les coups de Tomyris, qui lui disait : « Tu as eu soif de sang, je te gorge de sang! »

Il montrait aussi la déroute des Assyriens, et les débris du carnage qu'on en fit après la mort d'Holopherne [10].

Enfin on y voyait les ruines de Troie en cendres. O Ilion! que tu étais représenté, là, misérable et déchu!

Qual di pennel fu maestro, e di stile,
    Che ritraesse l'ombre e i tratti, ch'ivi
    Mirar farieno uno 'ngegno sottile?

Morti li morti, e i vivi parén vivi.
    Non vide me' di me, chi vide 'l vero,
    Quant'io calcai, fin che chinato givi.

Or superbite, e via, col viso altiero,
    Figliuoli d'Eva, e non chinate 'l volto,
    Sì che veggiate 'l vostro mal sentiero.

Più era già per noi del monte volto,
    E del cammin del Sole assai più speso,
    Che non stimava l'animo non sciolto;

Quando colui, che sempre innanzi atteso
    Andava, cominciò: Drizza la testa:
    Non è più tempo da gir sì sospeso.

Vedi colà un'Angel, che s'appresta,
    Per venir verso noi: vedi, che torna
    Dal servigio del dì l'ancella sesta.

Di riverenza gli atti e 'l viso adorna,
    Sì ch'ei diletti lo 'nviarci 'n suso:
    Pensa che questo dì mai non raggiorna.

I' era ben del suo ammonir' uso,
    Pur di non perder tempo, sì che 'n quella
    Materia non potea parlarmi chiuso.

CHANT DOUZIÈME.

Quel maître du burin ou du pinceau traça ces lignes, jeta ces ombres, sujet d'admiration pour le génie le plus pénétrant! Là, les morts sont bien morts, et les vivants, pleins de vie. Jamais les véritables témoins de toutes ces scènes ne les virent mieux que moi, qui n'en foulais que les images, la face inclinée vers la terre.

Redressez-vous maintenant, orgueilleux fils d'Ève, et portez haut votre front superbe : en baissant la tête, vous verriez trop bien le sentier de vos misères !

L'esprit ainsi occupé, nous avions fait un plus long circuit, et le soleil lui-même beaucoup plus de chemin que nous ne le pensions, quand celui qui, tout attentif, s'en allait devant moi : « Lève la tête à présent, me dit-il ; le moment ne convient plus à de telles distractions. Déjà, sa tâche remplie, la sixième servante du jour [11] retourne sur ses pas, et voici un ange qui se prépare à venir vers nous. Afin qu'il se complaise mieux à nous conduire là-haut, aie soin que tout sur ton visage et dans ton maintien se pare de respect : pense que pareil jour ne renaîtra plus pour toi. »

Accoutumé à ne pas perdre un instant dès qu'il m'avertissait, sa parole me parut bien facile à comprendre.

A noi venía la creatura bella,
  Bianco vestita, e nella faccia, quale
  Par, tremolando, mattutina stella.

Le braccia aperse, e indi aperse l'ale:
  Disse: Venite: qui son presso i gradi,
  E agevolemente omai si sale.

A questo annunzio vegnon molto radi:
  O gente umana, per volar su nata,
  Perchè a poco vento così cadi?

Menocci ove la roccia era tagliata:
  Quivi mi battéo l'ale per la fronte,
  Poi mi promise sicura l'andata.

Come a man destra, per salire al monte,
  Dove siede la Chiesa, che soggioga
  La ben guidata sopra Rubaconte,

Si rompe del montar l'ardita foga,
  Per le scalee, che si fero ad etade,
  Ch'era sicuro 'l quaderno e la doga:

Così s'allenta la ripa, che cade
  Quivi ben ratta dall'altro girone:
  Ma quinci, e quindi l'alta pietra rade.

Noi volgend'ivi le nostre persone,
  Beati pauperes spiritu, voci
  Cantaron sì, che nol diria sermone.

Vers nous venait la belle créature vêtue de blanc : on aurait cru voir sur sa figure la scintillante lumière de l'étoile du matin. Elle ouvrit les bras, puis elle ouvrit ses ailes : « Venez, disait-elle, ici près sont les degrés; facile à présent vous sera la montée. Oh! combien peu de créatures viennent répondre à cet appel! O race humaine, toi qui fus destinée à voler en haut, pourquoi le moindre vent te fait-il tomber? »

L'ange nous conduisit au point où les degrés sont taillés dans le roc; là, d'un bout de son aile, il me frappa le front et me prédit un heureux voyage.

Au-dessus de Rubaconte, sur la droite, pour gravir la montagne jusqu'à l'église [12] qui domine la cité si bien gouvernée [13], la pente abrupte est adoucie par un escalier, qui fut construit au temps où il y avait encore sûreté pour les registres et les mesures publiques [14].

De même ici devient moins rude la rampe qui descend du cercle supérieur; mais, de chaque côté, elle rase la haute muraille des rochers.

À notre entrée dans ce défilé, des voix furent entendues, chantant : *Beati pauperes spiritu*, avec un accent que ne saurait exprimer aucune parole humaine.

Ahi quanto son diverse quelle foci
 Dall' Infernali! che quivi per canti
 S'entra, e laggiù per lamenti feroci.

Già montavám su per li scaglion santi,
 Ed esser mi parea troppo più lieve,
 Che per lo pian non mi parea davanti:

Ond' io: Maestro, dì, qual cosa greve
 Levata s'è da me, che nulla quasi
 Per me fatica andando si riceve?

Rispose: Quando i P, che son rimasi
 Ancor nel volto tuo presso che stinti,
 Saranno, come l'un, del tutto rasi.

Fien li tuo' piè dal buon voler sì vinti,
 Che non pur non fatica sentiranno,
 Ma fia diletto loro esser su pinti.

Allor fec' io come color, che vanno
 Con cosa in capo, non da lor saputa,
 Se non che i cenni altrui sospicciar fanno:

Perchè la mano ad accertar s'ajuta,
 E cerca, e truova, e quell' uficio adempie,
 Che non si può fornir per la veduta:

E con le dita della destra scempie
 Trovai pur sei le lettere, che 'ncise
 Quel dalle chiavi a me sovra le tempie:

A che guardando il mio duca sorrise.

CHANT DOUZIÈME.

Oh! que ces sentiers ressemblent peu aux chemins de l'enfer! Ici, des chants mélodieux, là-bas d'atroces hurlements!

Déjà nous montions par les saints degrés, et mon pas me semblait plus léger même que dans la plaine.

« Maître, dis-je alors, de quel fardeau suis-je donc soulagé, pour marcher ainsi, presque sans effort [15]? »

Il répondit : « Quand tous les P, dont la trace, déjà plus légère, est encore à ton front, seront effacés, comme l'a été le premier, tes pieds et ta volonté seront si bien d'accord, qu'à la place de la fatigue, c'est du plaisir que tu éprouveras en montant. »

Des gens s'en vont qui, à leur insu, portent à la tête quelque marque dont les gestes et l'attention des passants leur font soupçonner la présence ; aussitôt, avec la main, ils cherchent à s'en assurer, et finissent par trouver ce que la vue ne pouvait leur faire découvrir.

De même, sous les doigts étendus de ma main droite, je ne trouvai plus que six des lettres qu'avait gravées sur mon front le porteur des saintes clés : et mon guide, qui voyait tout, se prit à sourire.

CANTO DECIMOTERZO

Noi eravamo al sommo della scala,
   Ove secondamente si risega
   Lo monte, che, salendo, altrui dismala :

Ivi così una cornice lega
   Dintorno 'l poggio, come la primaja,
   Se non che l' arco suo più tosto piega.

Ombra non gli è, nè segno, che si paja :
   Par sì la ripa, e par sì la via schietta,
   Col livido color della petraja.

Se qui, per dimandar, gente s'aspetta,
   Ragionava 'l Poeta, i' temo forse,
   Che troppo avrà d'indugio nostra eletta :

Poi fisamente al Sole gli occhi porse :
   Fece del destro lato al muover centro,
   E la sinistra parte di se torse.

CHANT TREIZIÈME

Au sommet de cet escalier, la montagne des purifications se divise pour la seconde fois : une autre corniche circule à l'entour, mais en traçant un arc moins ouvert que la première. Là, plus de dessins, plus de figures : un chemin tout uni, semblable aux parois du rocher, et de toutes parts une pierre de couleur livide.

« Attendre ici quelqu'un, dit le poëte, qui nous enseigne le chemin, ce serait, je le crains, beaucoup trop tarder à prendre un parti. »

Puis les yeux fixés sur le soleil, et se faisant comme un point d'appui de sa jambe droite, il se tourne à gauche.

O dolce lume, a cui fidanza i' entro
  Per lo nuovo cammin, tu ne conduci,
  Dicea, come condur si vuol quinc' entro:

Tu scaldi 'l mondo: tu sovr'esso luci:
  S'altra cagione in contrario non pronta,
  Esser den sempre li tuo' raggi duci.

Quanto di qua per un migliajo si conta,
  Tanto di là eravám noi già iti
  Con poco tempo, per la voglia pronta:

E verso noi volar furon sentiti,
  Non però visti, spiriti, parlando
  Alla mensa d'amor cortesi inviti.

La prima voce, che passò, volando,
  Vinum non habent, altamente disse,
  E dietro a noi l'andò reiterando.

E prima, che del tutto non s'udisse,
  Per allungarsi, un'altra, I' sono Oreste,
  Passò gridando, ed anche non s'affisse.

O, diss'io, padre, che voci son queste?
  E com'io dimandai: ecco la terza,
  Dicendo, Amate, da cui male aveste.

Lo buon maestro: Questo cinghio sferza
  La colpa della 'nvidia, e però sono
  Tratte da amor le corde della ferza.

« O douce lumière, à qui je me confie en pénétrant dans cette route inconnue, conduis-nous, disait-il, au lieu où il nous faut aller. Toi qui luis sur le monde, et qui le réchauffes, que tes rayons, si rien ne s'y oppose, nous servent toujours de guides ! »

Ce qu'ici-bas vous comptez pour un mille, nous l'avions, grâce à notre bon vouloir, rapidement parcouru, et voilà que nous entendons voler vers nous, mais sans les voir, des esprits dont les paroles courtoises nous conviaient au banquet d'amour.

« *Vinum non habent* [1], » disait tout haut, dans son vol, la première voix qui passa près de nous, et elle s'en allait répétant cette parole.

Elle ne s'était pas encore éteinte dans l'éloignement, qu'une autre voix passa en criant : « Je suis Oreste [2] », et elle ne s'arrêta pas davantage.

« Quelles sont ces voix, ô mon père ? » Et comme je le demandais, en voici une troisième qui s'en allait, disant : « Aimez ceux qui vous ont fait du mal ! »

« Dans ce cercle, dit le bon maître, est flagellé le péché d'envie ; mais l'instrument de correction est tressé par la charité ; un sentiment tout contraire impose le frein [3]

CANTO DECIMOTERZO.

Lo fren vuol' esser del contrario suono:
   Credo, che l' udirai, per mio avviso,
   Prima, che giunghi al passo del perdono.

Ma ficca gli occhi per l' aer ben fiso,
   E vedrai gente innanzi a noi sedersi,
   E ciascun' è lungo la grotta assiso.

Allora più che prima gli occhi apersi:
   Guardámi innanzi, e vidi ombre con manti
   Al color della pietra non diversi.

E poi che fummo un poco più avanti,
   Udî gridar, Maria, ora per noi,
   Gridar, Michele, e Pietro, e tutti i Santi.

Non credo, che per terra vada ancoi
   Uomo sì duro, che non fosse punto,
   Per compassion di quel, ch' i' vidi poi:

Che quando fu' sì presso di lor giunto,
   Che gli atti loro a me venivan certi,
   Per gli occhi, fui di grave dolor munto.

Di vil ciliccio mi parean coperti,
   E l' un sofferia l' altro, con la spalla,
   E tutti dalla ripa eran sofferti:

Così li ciechi, a cui la roba falla,
   Stanno a' perdoni a chieder lor bisogna,
   E l' uno 'l capo sovra l' altro avvalla,

qui détourne des rechutes. Tu t'en apercevras, je pense,
avant d'arriver au lieu où se donne le pardon.

« Regarde cependant avec attention de ce côté, et tu
découvriras devant nous une foule d'âmes assises au pied
du rocher. »

Je dirigeai devant moi mes yeux plus ouverts, et j'aperçus des ombres vêtues de manteaux d'une couleur pareille à celle de la pierre.

Un peu plus rapproché d'elles, je les entendis s'écrier :
« Marie, priez pour nous ; Michel, Pierre et tous les saints,
priez pour nous ! »

Il n'est, je crois, homme au cœur dur, marchant encore sur la terre, que ne touchât de compassion ce que je vis ensuite.

Arrivé assez près de ces esprits pour que leur attitude me devînt plus distincte, une grande douleur me prit et s'échappa par mes yeux.

Ils me paraissaient couverts d'un grossier cilice ; chacun d'eux se soutenait sur l'épaule d'un autre, et tous étaient soutenus par le rocher.

A la porte des pardons [4], on voit ainsi de pauvres aveugles qui demandent l'aumône, l'un sur l'autre penchant la tête, afin d'exciter la pitié tout à la fois par le

Perchè in altrui pietà tosto si pogna,
　Non pur per lo sonar delle parole,
　Ma per la vista, che non meno agogna:

E come agli orbi non approda 'l Sole,
　Così all' ombre, dov' io parlava ora,
　Luce del Ciel di se largir non vuole,

Ch' a tutte un fil di ferro il ciglio fora,
　E cuce, sì com' a sparvier selvaggio
　Si fa, però che queto non dimora.

A me pareva, andando, fare oltraggio,
　Vedendo altrui, non essendo veduto:
　Perch' i' mi volsi al mio consiglio saggio.

Ben sapev' ei, che volea dir lo muto:
　E però non attese mia dimanda:
　Ma disse: Parla, e sii breve e arguto.

Virgilio mi venia da quella banda
　Della cornice, onde cader si puote,
　Perchè da nulla sponda s' inghirlanda:

Dall' altra parte m'eran le devote
　Ombre, che, per l'orribile costura,
　Premevan sì, che bagnavan le gote.

Volsimi a loro, ed, O gente sicura,
　Incominciai, di veder l'alto lume,
　Che 'l disio vostro solo ha in sua cura:

son de leur voix et par leur aspect non moins émouvant.

Et de même que le soleil ne luit pas pour les aveugles, de même aux ombres dont je parlais tout à l'heure, la lumière du ciel refuse ses rayons. Leurs paupières, en effet, sont cousues par un fil de fer, comme celles d'un épervier sauvage qu'on veut rendre docile [5].

Persuadé que c'était une insulte faite à ces esprits, de les regarder ainsi sans qu'ils me pussent voir, je me retournai vers mon sage conseil.

A mon silence même, il savait me deviner : aussi, sans attendre ma demande : « Parle, me dit-il, mais sois bref et net. »

Virgile me suivait du côté de la chaussée où, découronnée de rebord, elle rendait la chute plus facile ; de l'autre côté étaient les pieuses âmes, les joues inondées de larmes, tant était grande la souffrance de cette horrible couture.

« O vous, commençai-je à dire, en me tournant vers elles, vous qui avez l'assurance de voir la lumière du ciel, seule aspiration de vos désirs, puisse la grâce, écar-

Se tosto grazia risolva le schiume
    Di vostra coscienzia, sì che chiaro
    Per essa scenda della mente il fiume,

Ditemi (che mi fia grazioso e caro)
    S'anima è qui tra voi, che sia Latina:
    E forse a lei sarà buon, s'i' l'apparo.

O frate mio, ciascuna è cittadina
    D'una vera città: ma tu vuoi dire,
    Che vivesse in Italia peregrina.

Questo mi parve per risposta udire
    Più innanzi alquanto, che là dov'io stava:
    Ond'io mi feci ancor più là sentire.

Tra l'altre vidi un'ombra, ch'aspettava
    In vista; e se volesse alcun dir: Come:
    Lo mento a guisa d'orbo in su levava.

Spirto, diss'io, che per salir ti dome,
    Se tu se' quelli che mi rispondesti,
    Fammiti conto, o per luogo, o per nome.

I' fui Senese, rispose, e con questi
    Altri rimondo qui la vita ria,
    Lagrimando a colui, che sè ne presti.

Savia non fui, avvegna che Sapía
    Fossi chiamata, e fu' degli altrui danni
    Più lieta assai, che di ventura mia.

tant une écume impure, faire de votre conscience une source limpide et sereine! Dites-moi (ce me sera une faveur bien douce) se trouve-t-il parmi vous une âme italienne? Si je la connaissais, peut-être lui serais-je utile. »

« O mon frère, la vraie cité est pour nous toutes une commune patrie. Tu veux dire sans doute, une âme qui ait passé en Italie le temps de son pèlerinage? »

Ces paroles, me semblait-il, venaient d'un peu plus loin que le lieu où j'étais, et je m'avançai pour mieux entendre. Parmi toutes ces ombres, j'en vis une dans l'attitude de l'attente ; à quoi je m'en aperçus, c'est à son menton qu'elle tenait levé à la façon des aveugles.

« O toi, lui dis-je, qui te baisses afin de monter plus sûrement, si c'est toi qui m'as répondu, fais que je sache ou ton pays ou ton nom. »

« Je fus de Sienne, répondit-elle ; ici, avec les autres, je me lave des impuretés d'une vie pleine de fautes, aspirant avec larmes à la possession de celui qui se donne.

« Bien que Sapia [6] soit mon nom, je ne fus guère sage : toujours les misères d'autrui me firent plus joyeuse que mon propre bien.

E perchè tu non credi, ch' i' t' inganni,
  Odi se fui, com' i' ti dico, folle:
  Già discendendo l' arco de' mie' anni,

Erano i cittadin miei presso a Colle
  In campo giunti co' loro avversari:
  Ed io pregava Dio di quel, ch' e' volle.

Rotti fur quivi, e volti negli amari
  Passi di fuga, e, veggendo la caccia,
  Letizia presi ad ogni altra dispari:

Tanto ch' i' leva 'n su l' ardita faccia,
  Gridando a Dio, Omai più non ti temo;
  Come fa 'l merlo per poca bonaccia.

Pace volli con Dio in su lo stremo
  Della mia vita: e ancor non sarebbe
  Lo mio dover per penitenzia scemo,

Se ciò non fosse ch' a memoria m' ebbe
  Pier Pettinagno, in sue sante orazioni,
  A cui di me per caritate increbbe.

Ma tu chi se', che nostre condizioni
  Vai dimandando, e porti gli occhi sciolti,
  Sì com' i' credo, e spirando ragioni?

Gli occhi, diss' io, mi fieno ancor qui tolti,
  Ma picciol tempo: che poch' è l' offesa
  Fatta per esser con invidia volti.

« Pour que tu n'en doutes pas, écoute, et tu verras si vraiment je n'étais pas une folle.

« J'arrivais au déclin de mes jours ; alors près de Colle, mes concitoyens étaient aux prises avec leurs ennemis, et l'événement que Dieu voulait déjà, avec prières je le lui demandai. Les Siennois, défaits, se précipitèrent dans les tristes sentiers de la fuite, et moi, les voyant en déroute, je fus prise d'une joie que ne peut égaler aucune joie, et d'une telle audace, que, la tête dressée vers le ciel, je m'écriai : « Dieu, je ne te crains plus maintenant ! » Ainsi fait le merle qu'abuse l'apparence d'un beau jour.

« Sur la fin de ma vie, je cherchai la paix du Seigneur ; mais la pénitence n'eût pas suffi pour acquitter ma dette, si Pierre Pettinagno [7], plein d'une ardente charité, n'avait eu souvenance de moi dans ses saintes prières.

« Mais qui donc es-tu, toi qui vas ainsi t'enquérant de notre condition, toi dont les yeux, je crois, ne sont pas fermés, et qui parles en respirant ? »

« Mes yeux aussi, répliquai-je, devront être cousus un jour, mais pour peu de temps : le péché n'est pas lourd que j'ai pu commettre par des regards d'envie. Je

Troppa è più la paura, ond' è sospesa
  L'anima mia, dal tormento di sotto :
  Che già lo 'ncarco di laggiù mi pesa.

Ed ella a me : Chi t' ha dunque condotto
  Quassù tra noi, se giù ritornar credi?
  Ed io : Costui, ch' è meco, e non fa motto :

E vivo sono : e però mi richiedi,
  Spirito eletto, se tu vuoi ch' i' muova
  Di là per te ancor li morta' piedi.

O quest' è a udir sì cosa nuova,
  Rispose, che gran segno è, che Dio t' ami :
  Però col prego tuo talor mi giova :

E cheggioti per quel, che tu più brami,
  Se mai calchi la terra di Toscana,
  Ch' a' miei propinqui tu ben mi rinfami.

Tu gli vedrai tra quella gente vana,
  Che spera in Talamone, e perderagli
  Più di speranza, ch' a trovar la Diana :

Ma più vi metteranno gli ammiragli.

suis bien autrement effrayé du châtiment qu'on endure ici dessous, et dont le poids accable déjà mon âme. »

« Qui donc, reprit l'esprit, t'a guidé parmi nous sur cette hauteur, toi qui comptes retourner là-bas ? »

Et moi : « Celui qui est près de moi et qui se tait. Je suis encore vivant : dis-moi alors, âme d'un élu, si tu désires que mes pieds mortels rapportent là-bas quelque souvenir de toi ? »

« Ah ! répondit cette âme, ce que j'entends est merveilleux, et fait voir à quel point tu es aimé de Dieu ! Assiste-moi donc de tes prières; et si jamais ton pied foule la terre de Toscane, je t'en conjure au nom de ton plus cher désir, relève ma réputation parmi les miens. Ils sont encore au milieu de cette nation vaniteuse qui fonde tant d'espoir sur le port de Talamone [8], et qui n'y sera pas moins déçue qu'à la recherche de la Diana : mais la plus grande perte sera pour les amiraux. »

CANTO DECIMOQUARTO

Chi è costui, che 'l nostro monte cerchia,
   Prima che morte gli abbia dato il volo,
   E apre gli occhi a sua voglia, e coperchia?

Non so, chi sia : ma so, ch' ei non è solo :
   Dimandal tu, che più gli t' avvicini,
   E dolcemente, sì che parli, accolo :

Così duo spirti, l' uno all' altro chini,
   Ragionavan di me ivi, a man dritta :
   Poi fer li visi, per dirmi, supini :

E disse l' uno : O anima, che fitta
   Nel corpo ancora, inver lo Ciel ten vai,
   Per carità ne consola, e ne ditta,

Onde vieni, e chi se' : che tu ne fai
   Tanto maravigliar della tua grazia,
   Quanto vuol cosa, che non fu più mai.

CHANT QUATORZIÈME

« Quel est celui qui, avant que la mort ait donné le vol à son âme, s'en va, faisant le tour de notre montagne, avec des yeux qui s'ouvrent et se ferment librement ! — Je l'ignore, mais je sais qu'il ne va pas seul ; toi, qui l'approches de plus près, demande-le-lui avec assez de courtoisie pour qu'il te réponde volontiers. »

Ainsi devisaient, à ma droite, l'un sur l'autre appuyés, deux esprits qui levèrent leur visage pour m'adresser la parole.

« O âme, s'écria l'un d'eux, toi qui, toute chargée de ton corps, t'en vas cependant vers le ciel, sois charitable assez pour nous consoler et nous dire qui tu es et d'où tu viens : la grâce qui t'est faite est pour nous merveilleuse autant que le peut être une chose qui ne fut jamais. »

Ed io : Per mezza Toscana si spazia
　Un fiumicel, che nasce in Falterona,
　E cento miglia di corso nol sazia :

Di sovr' esso rech' io questa persona.
　Dirvi chi sia, saria parlare indarno :
　Che 'l nome mio ancor molto non suona.

Se ben lo 'ntendimento tuo accarno
　Con lo 'ntelletto, allora mi rispose
　Quei, che prima dicea, tu parli d'Arno.

E l'altro disse a lui : Perchè nascose
　Questi 'l vocabol di quella riviera,
　Pur com' uom fa dell' orribili cose?

E l' ombra, che di ciò dimandata era,
　Si sdebitò così : Non so; ma degno
　Ben' è, che 'l nome di tal valle pera :

Che dal principio suo, dov' è sì pregno
　L' alpestro monte, ond' è tronco Peloro,
　Che 'n pochi luoghi passa oltra quel segno :

Infin là 've si rende per ristoro
　Di quel, che 'l Ciel della marina asciuga,
　Ond' hanno i fiumi ciò, che va con loro,

Virtù così per nimica si fuga
　Da tutti, come biscia, o per sventura
　Del luogo, o per mal' uso, che gli fruga :

« La Toscane, répondis-je, est traversée par un petit fleuve qui naît à Falterona [1], et que ne rassasie pas un cours de cent milles. Des bords de ce fleuve, je rapporte cette enveloppe mortelle. Vous dire qui je suis ne servirait de rien, car il se fait encore peu de bruit autour de mon nom. »

« Si j'ai bien su entrer dans ta pensée, reprit celui qui m'avait interrogé, tu parles de l'Arno. »

« Pourquoi donc, dit l'autre, taire le nom de ce fleuve comme celui d'une chose abominable ? »

Et l'ombre à qui s'adressait la demande : « Je ne sais, dit-elle, mais ce serait justice, je le crois, que le souvenir d'un tel fleuve fût aboli.

« Depuis sa sortie des flancs de cette montagne sauvage d'où fut détaché Pelore [2], et que peu d'autres égalent en hauteur [3], jusqu'au lieu où il va rendre à la mer ces eaux que le soleil lui ravit pour grossir les fleuves qui s'en alimentent, que ce soit le malheur de cette contrée, ou les mauvais penchants des hommes, là partout la vertu est traitée en ennemie, et on la fuit comme on fuirait un serpent. Vous diriez que les habitants de cette malheureuse vallée ont reçu de Circé [4] la nourriture fatale, tant leur naturel s'est dépravé.

Ond' hanno sì mutata lor natura
  Gli abitator della misera valle,
  Che par che Circe gli avesse in pastura.

Tra brutti porci più degni di galle,
  Che d'altro cibo fatto in umano uso,
  Dirizza prima il suo povero calle.

Botoli truova poi, venendo giuso,
  Ringhiosi più, che non chiede lor possa,
  E a lor disdegnosa torce 'l muso:

Vassi caggendo, e quanto ella più 'ngrossa,
  Tanto più truova di can farsi lupi,
  La maladetta e sventurata fossa.

Discesa poi per più pelaghi cupi,
  Truova le volpi sì piene di froda,
  Che non temono ingegno, che l'occúpi.

Nè lascerò di dir, perch' altri m'oda:
  E buon sarà costui, s'ancor s'ammenta
  Di ciò, che vero spirto mi disnoda.

I' veggio tuo nipote, che diventa
  Cacciator di quei lupi, in su la riva
  Del fiero fiume, e tutti gli sgomenta.

Vende la carne loro, essendo viva:
  Poscia gli ancide, come antica belva:
  Molti di vita, e sè di pregio priva.

« Ainsi, le fleuve commence à creuser son pauvre lit à travers une population de sales pourceaux [5], à qui le gland convient mieux que la nourriture faite pour les hommes. Puis, descendant, il rencontre de vilains roquets [6], hargneux plus que ne le comporte leur chétive taille : aussi comme bien vite il se détourne d'eux !

« A mesure que, pour son malheur, le fleuve détestable se grossit en poursuivant son cours, il trouve un plus grand nombre de chiens qui se sont faits loups [7].

« Arrivé plus bas à travers des gorges profondes, ce sont des renards [8] si fertiles en stratagèmes, qu'il n'est pas de piége qui les puisse prendre.

« Quoique un autre ici m'entende, je ne laisserai pas de dire ; qu'il en fasse son profit, et se souvienne de ce que m'inspire l'esprit de vérité.

« Je vois ton petit-fils [9] ; il chasse les loups le long des rives du fleuve pervers ; il en devient l'épouvante ; il vend leur chair toute vivante ; il les tue comme on tue une vieille bête, et en leur ôtant la vie, il s'ôte à lui-même l'honneur. Tout couvert de sang, voilà qu'il s'enfuit de la forêt malheureuse [10], la laissant en si triste état, que, de mille ans, elle ne reprendra sa première verdure. »

Sanguinoso esce della trista selva:
   Lasciala tal, che di qui a mill'anni
   Nello stato primajo non si rinselva.

Com' all'annunzio de' futuri danni
   Si turba 'l viso di colui, ch'ascolta,
   Da qualche parte il periglio l'assanni:

Così vid'io l'altr'anima, che volta
   Stava a udir, turbarsi, e farsi trista,
   Poi ch'ebbe la parola a se raccolta.

Lo dir dell'una, e dell'altra la vista
   Mi fè voglioso di saper lor nomi,
   E dimanda ne fei con prieghi mista.

Perchè lo spirto, che di pria parlómi,
   Ricominciò: Tu vuoi ch'io mi deduca
   Nel fare a te ciò, che tu far non vuomi.

Ma da che Dio in te vuol che traluca
   Tanta sua grazia, non ti sarò scarso:
   Però sappi ch'io son Guido del Duca.

Fu 'l sangue mio d'invidia sì riarso,
   Che, se veduto avessi uom farsi lieto,
   Visto m'avresti di livore sparso.

Di mia semenza cotal paglia mieto.
   O gente umana, perchè poni 'l cuore,
   Là 'v' è mestier di consorto, o divieto?

De même qu'on écoute avec un visage troublé la prédiction d'un malheur, de quelque côté que le danger menace ; de même je vis, dès qu'elle eut entendu ces paroles, l'âme qui s'était retournée pour les écouter, s'émouvoir et s'attrister.

L'attitude de cette âme, et le langage de l'autre, me donnaient le désir de connaître leur nom, et je leur en fis la demande avec prières.

« Tu veux, reprit alors l'esprit qui m'avait le premier adressé la parole, que j'aie pour toi une complaisance que tu n'as pas eue pour moi ; mais Dieu fait éclater en ta personne un tel effet de sa grâce, que j'y mettrai moins de réserve que toi.

« Sache donc que je fus Guido del Duca. Mon sang fut consumé par l'envie au point qu'à l'aspect d'un homme dans la joie, tu aurais vu mon visage blêmir. Je récolte à présent selon que j'ai semé.

« O pauvre race humaine ! pourquoi ne convoiter avec ardeur que les biens dont la jouissance ne peut être partagée [11] ?

Questi è Rinier : quest' è 'l pregio, e l'onore
  Della casa da Calboli, ove nullo
  Fatto s'è reda poi del suo valore.

E non pur lo suo sangue è fatto brullo
  Tra 'l Pò, e 'l monte, e la marina, e 'l Reno
  Del ben richiesto al vero e al trastullo:

Che dentro a questi termini è ripieno
  Di venenosi sterpi, sì che tardi
  Per coltivare omai verrebber meno.

Ov' è 'l buon Lizio, e Arrigo Manardi,
  Pier Traversaro, e Guido di Carpigna?
  O Romagnuoli tornati in bastardi!

Quando in Bologna un fabbro si ralligna:
  Quando 'n Faenza un Bernardin di Fosco,
  Verga gentil di picciola gramigna.

Non ti maravigliar, s'io piango, Tosco,
  Quando rimembro con Guido da Prata
  Ugolin d' Azzo, che vivette vosco:

Federigo Tignoso, e sua brigata:
  La casa Traversara, e gli Anastagi:
  E l'una gente, e l'altra è diretata.

Le donne e i cavalier, gli affanni, e gli agi,
  Che ne 'nvogliava amore e cortesia,
  Là dove i cuor son fatti sì malvagi.

« Celui-ci est Rinieri [12] : il fut l'honneur et la gloire de la maison des Calboli, où il ne laissa pas d'héritier de sa vertu.

« Entre la montagne et le Pô, entre la mer et le Reno, ce n'est pas sa postérité seule qui se montre dénuée de ce qui fait la dignité et le vrai contentement de la vie; la contrée entière s'est recouverte de rejetons vénéneux, au point que toute culture y serait désormais infructueuse.

« Que sont devenus et le juste Lizio, et Arrigo Manardi, et Pierre Traversaro, et Guido de Carpigna? O Romagnols, ô race de bâtards! Ne voit-on pas à Bologne un forgeron [13] qui se fait de haut lignage? à Faenza, un Bernardin di Fosco, mauvaise herbe qui devient un noble rameau?

« O Toscan! ne t'étonne pas que je pleure, quand le souvenir me vient de Guido de Prata et d'Ugolin d'Azzo, qui vécut parmi nous; de Frédéric Tignoso et des siens, de la maison Traversara et des Anastagi, déplorables familles si déshéritées! quand je me rappelle les dames et les chevaliers d'autrefois; leurs prouesses et leurs nobles passe-temps. C'était le temps de l'amour et de la courtoisie [14], là où les cœurs sont devenus si pervers.

O Brettinoro, che non fuggi via,
  Poichè gita se n'è la tua famiglia,
  E molta gente, per non esser ria?

Ben fa Bagnacaval, che non rifiglia,
  E mal fa Castrocaro, e peggio Conio,
  Che di figliar tai Conti più s'impiglia.

Ben faranno i Pagan, da che 'l Demonio
  Lor sen' girà: ma non però, che puro
  Giammai rimanga d'essi testimonio.

O Ugolin de' Fantolin, sicuro
  È il nome tuo, da che più non s'aspetta
  Chi far lo possa, tralignando, oscuro.

Ma va via, Tosco, omai, ch'or mi diletta
  Troppo di pianger più, che di parlare,
  Sì m'ha vostra ragion la mente stretta.

Noi sapavám, che quell'anime care
  Ci sentivano andar: però, tacendo,
  Facevan noi del cammin confidare.

Poi fummo fatti soli, procedendo,
  Folgore parve, quando l'aer fende,
  Voce, che giunse di contra, dicendo:

Anciderammi qualunque m'apprende.
  E fuggía come tuon, che si dilegua,
  Se subito la nuvola scoscende.

« Que ne t'écroules-tu, ô Brettinoro [15] ! la famille que tu abritais, et tant d'autres avec elle, se sont enfuis, de peur de devenir des coupables !

« Il fait bien Bagnacavallo [16] de n'avoir plus d'enfants ; et il a tort Castrocaro, Conio plus encore, de mettre au monde de tels comtes.

« Que les Pagani [17], pour se reproduire, attendent que leur Diable soit parti : autrement ils ne transmettraient d'eux qu'un impur souvenir.

« Ton nom est bien abrité, ô Ugolin de Fantoli ! tu n'auras pas d'héritier qui en devienne le déshonneur !

« A présent, suis ton chemin, Toscan. Il me sied mieux de pleurer que de parler : le souvenir de notre pays m'a navré ! »

Sachant que ces ombres chéries nous entendaient marcher, nous étions sûrs, puisqu'elles se taisaient, de suivre la bonne route.

Ayant avancé, nous allions seuls, lorsqu'une voix (la foudre qui fend l'air n'est pas plus rapide) vient à nous, s'écriant : « Quiconque me rencontre doit me tuer [18] ! », et elle s'enfuit comme l'éclair qui subitement a déchiré la nue.

Come da lei l'udir nostro ebbe tregua;
　Ed ecco l'altra con sì gran fracasso,
　Che somigliò tonar, che tosto segua:

Io sono Aglauro che divenni sasso.
　E allor, per istringermi al poeta,
　Indietro feci, e non innanzi 'l passo.

Già era l'aura d'ogni parte queta:
　Ed ei mi disse: Quel fu il duro camo,
　Che dovria l'uom tener dentro a sua meta.

Ma voi prendete l'esca, sì che l'amo
　Dell'antico avversario a se vi tira:
　E però poco val freno, o richiamo.

Chiamavi 'l Cielo, e 'ntorno vi si gira,
　Mostrandovi le sue bellezze eterne:
　E l'occhio vostro pure a terra mira:

Onde vi batte chi tutto discerne.

Ce bruit cessait à peine, qu'un autre retentit avec le fracas des coups redoublés du tonnerre : « Je suis Aglaure, qui fus changée en pierre ! »

Je fis alors un pas, non en avant, mais en arrière, pour me serrer contre le poëte.

Cependant le calme de toute part était revenu dans l'air, et Virgile me dit : « Voilà le frein [19] dont la rigidité devrait empêcher l'homme de sortir de ses voies. Mais telle est votre avidité pour l'appât, qu'à l'hameçon de l'antique ennemi vous vous laissez toujours prendre : ainsi servent de peu le frein ou les remontrances.

« En vain le ciel à lui vous rappelle, et resplendit autour de vous de ses éternelles beautés : votre œil jamais ne regarde que la terre ; et vous êtes châtiés par celui qui voit tout. »

CANTO DECIMOQUINTO

Quanto tra l'ultimar dell'ora terza,
  E 'l principio del dì par della spera,
  Che sempre a guisa di fanciullo scherza,

Tanto pareva già inver la sera
  Essere al Sol del suo corso rimaso;
  Vespero là, e qui mezza notte era:

E i raggi ne ferian per mezzo 'l naso,
  Perchè per noi girato era sì 'l monte,
  Che già dritti andavamo inver l'occaso;

Quando io sentî a me gravar la fronte
  Allo splendore assai più che di prima,
  E stupor m'eran le cose non conte:

Ond'io levai le mani inver la cima
  Delle mie ciglia, e fecimi 'l solecchio,
  Che del soverchio visibile lima.

CHANT QUINZIÈME

Pour achever son cours, le char du soleil avait encore à franchir autant d'espace qu'il en est entre la troisième heure et le commencement du jour [1] dans la sphère qui s'ébat sans cesse, comme un enfant dans ses jeux [2]. Là Vesper brillait, et c'était minuit sur la terre [3].

Comme, à ce moment, nous tournions la montagne en allant droit à l'occident, les rayons me frappaient au milieu du visage. Ébloui tout à coup par une clarté plus vive, et dont la cause m'était inconnue, j'en fus tout stupéfait. De mes deux mains je me couvris les paupières, pour me faire une défense contre cet excès de lumière.

CANTO DECIMOQUINTO.

Come quando dall'acqua, o dallo specchio
 Salta lo raggio all'opposita parte,
 Salendo su per lo modo parecchio

A quel, che scende, e tanto si diparte
 Dal cader della pietra, in igual tratta,
 Sì come mostra esperienza e arte :

Così mi parve da luce rifratta
 Ivi dinanzi a me esser percosso :
 Perch'a fuggir la mia vista fu ratta.

Che è quel, dolce padre, a che non posso
 Schermar lo viso, tanto che mi vaglia,
 Diss'io, e pare inver noi esser mosso?

Non ti maravigliar, s'ancor t'abbaglia
 La famiglia del Cielo, a me rispose :
 Messo è, che viene ad invitar ch'uom saglia.

Tosto sarà, ch'a veder queste cose,
 Non ti fia grave, ma fieti diletto,
 Quanto natura a sentir ti dispose.

Poi giunti fummo all'Angel benedetto,
 Con lieta voce disse : Intrate quinci
 Ad un scaléo vie men che gli altri eretto.

Noti montavamo, già partiti línci.
 E *Beati misericordes* fue
 Cantato retro, e godi tu, che vinci.

CHANT QUINZIÈME.

Un rayon réfléchi ou par l'eau ou par la surface d'un miroir (l'expérience et l'art en donnent la preuve) se relève du côté opposé, de la même manière qu'il est descendu, s'écartant ainsi, à distances égales, de la ligne qu'aurait suivie la pierre qui tombe [4]; de même il me sembla qu'une lumière réfléchie me blessait de son éclat, et je fus contraint d'en détourner les yeux.

« O mon doux père, m'écriai-je, quel est donc cet objet que ma vue trop faible ne peut supporter, et qui semble se mouvoir vers nous? »

« Les hôtes du ciel devront t'éblouir encore; ne t'en étonne pas [5]. Celui-ci vient pour nous convier à monter. Bientôt l'aspect de ces êtres, loin de te fatiguer, te sera une cause de plaisir aussi grand que le puisse supporter ta nature. »

Arrivés tout proche de l'ange béni, d'une voix suave il nous dit : « Entrez par ici et suivez ce sentier dont la pente est plus douce. »

Déjà loin de la seconde enceinte, nous montions, lorsque, derrière nous, fut chanté : « *Beati misericordes!* — « Toi qui as vaincu, réjouis-toi! »

Lo mio maestro, ed io soli amendue
  Suso andavamo, ed io pensava, andando,
  Prode acquistar nelle parole sue:

E dirizzámi a lui sì dimandando,
  Che volle dir lo spirto di Romagna,
  E divieto e consorto menzionando?

Perch'egli a me: Di sua maggior magagna
  Conosce 'l danno: e però non s'ammiri,
  Se ne riprende, perchè men sen' piagna.

Perchè s'appuntano i vostri desiri,
  Dove per compagnia parte si scema:
  Invidia muove il mantaco a' sospiri.

Ma se l'amor della spera suprema
  Torcesse 'n suso 'l desiderio vostro,
  Non vi sarebbe al petto quella tema:

Che per quanto si dice più lì nostro,
  Tanto possiede più di ben ciascuno,
  E più di caritate arde 'n quel chiostro.

Io son d'esser contento più digiuno,
  Diss'io, che se mi fosse pria taciuto:
  E più di dubbio nella mente aduno:

Com'esser puote, ch'un ben distributo
  I più posseditor faccia più ricchi
  Di sè, che se da pochi è posseduto?

Nous allions seuls, le maître et moi, et comme, en cheminant, je songeais à tirer profit de ses paroles, je me tournai vers lui, en disant : « L'esprit de la Romagne, que voulait-il donc dire tout à l'heure, en parlant de jouissance non partagée [6] ? »

« Il connaît à présent, répondit le maître, les suites fatales du péché auquel il fut enclin, et il n'y a pas à s'étonner qu'il le réprouve afin d'en détourner les autres.

« C'est parce que nos convoitises s'adressent aux biens qui, partagés entre plusieurs, diminuent, que l'envie arrache tant de soupirs à vos cœurs.

« Si l'amour des choses célestes attirait en haut tous vos désirs, votre âme ne connaîtrait pas cette inquiète jalousie. Car là-haut, plus le nombre est grand de ceux qui disent : « Le nôtre, » plus est grande pour chacun la part du vrai bien, et plus on y est consumé de charité. »

« Je me serais tu jusqu'à présent, lui dis-je, que je ne serais pas plus affamé de tes réponses : jamais tant de doutes ne s'entassèrent dans mon esprit.

« Comment se peut-il qu'un bien, partagé entre plusieurs, rende chacun plus riche que s'il était possédé par un petit nombre ? »

Ed egli a me : Perocchè tu rificchi
La mente pure alle cose terrene,
Di vera luce tenebre dispicchi.

Quello 'nfinito ed ineffabil bene,
Che lassù è, così corre ad amore,
Com' a lucido corpo raggio viene.

Tanto si dà, quanto truova d'ardore :
Sì che quantunque carità si stende,
Cresce sovr' essa l'eterno valore.

E quanta gente più lassù s'intende,
Più v'è da bene amare, e più vi s'ama,
E come specchio l'uno all'altro rende.

E se la mia ragion non ti disfama,
Vedrai Beatrice : ed ella pienamente
Ti torrà questa, e ciascun' altra brama.

Procaccia pur che tosto sieno spente,
Come son già le due, le cinque piaghe,
Che si richiudon per esser dolente.

Com' io voleva dicer : Tu m'appaghe;
Vidimi giunto in su l'altro girone,
Sì che tacer mi fer le luci vaghe.

Ivi mi parve in una visione
Estatica di subito esser tratto,
E vedere in un tempio più persone :

« Et lui : « Courbé vers les choses de la terre, ton esprit fait sortir les ténèbres du sein même de la vraie lumière.

« Ineffable, infini, ce bien qui est là-haut [7] court de lui-même au devant de l'amour, comme la lumière court au corps qui la reflète. Là où il le trouve plus ardent, il se donne plus abondant ; si bien que l'éternelle vertu s'accroît en même temps que l'amour qui l'appelle.

« Ainsi plus elles sont d'âmes là-haut qui s'unissent, plus il y a de causes d'amour, et plus on s'aime ; chacune d'elles est comme un miroir qui reçoit et reflète l'amour [8].

« Si ce raisonnement ne te suffit pas, bientôt tu verras Béatrix qui, sur ce point comme sur beaucoup d'autres, saura satisfaire ton désir.

« Continue cependant afin que soient bientôt effacées, comme deux le sont déjà [9], les cinq plaies que la douleur peut cicatriser. »

J'allais dire : « Tu m'as contenté ; » mais nous arrivions dans un nouveau cercle où mes regards curieux m'imposèrent silence.

Là il me sembla être ravi en extase dans une vision, où m'apparaissaient un temple et une foule de personnes. Et à l'entrée, une femme, avec le doux parler d'une mère,

E una donna in su l'entrar, con atto
   Dolce di madre, dicer: Figliuol mio,
   Perchè hai tu così verso noi fatto?

Ecco dolenti lo tuo padre, ed io
   Ti cercavamo, e come qui si tacque,
   Ciò, che pareva prima, disparío.

Indi m'apparve un'altra con quell'acque
   Giù per le gote, che 'l dolor distilla,
   Quando per gran dispetto in altrui nacque:

E dir: Se tu se' sire della villa,
   Del cui nome ne' Dei fu tanta lite,
   E onde ogni scienzia disfavilla,

Vendica te di quelle braccia ardite,
   Ch' abbracciar nostra figlia, o Pisistrato:
   E 'l signor mi parea benigno, e mite

Risponder lei, con viso temperato,
   Che farem noi a chi mal ne desira,
   Se quei, che ci ama, è per noi condannato?

Poi vidi genti accese in fuoco d'ira,
   Con pietre un giovinetto ancider, forte
   Gridando a se pur, Martira martira:

E lui vedea chinarsi per la morte,
   Che l'aggravava già, inver la terra,
   Ma degli occhi facea sempre al Ciel porte;

disait : « Mon fils, pourquoi en avoir agi de la sorte envers nous? Voilà que ton père et moi, tout éplorés, nous te cherchions [10] ! » Comme elle achevait ces paroles, tout à mes yeux s'évanouit.

Puis une autre femme m'apparut, les joues inondées de ces gouttes d'eau que la douleur arrache à un violent dépit.

« Si vraiment, disait-elle, tu es seigneur de la cité dont le nom fut entre les Dieux un sujet de querelle, et d'où jaillit toute étincelle de science, ô Pisistrate, venge-toi de ces bras insolents qui ont eu l'audace d'étreindre notre fille. »

Et lui, seigneur doux et clément, avec sérénité me semblait lui répondre : « Si nous condamnons qui nous aime, que ferons-nous à qui nous veut du mal [11] ? »

Je vis ensuite des gens tout enflammés de colère : ils tuaient à coups de pierres un jeune homme, en se jetant l'un à l'autre ce cri : « Tue ! tue [12] ! »

Et lui, je le voyais, s'inclinant sous le poids de la mort, qui déjà le terrassait; mais ses yeux s'ouvrant comme des portes du côté du ciel [13], avec un accent

Orando all'alto Sire, in tanta guerra,
  Che perdonasse a' suoi persecutori,
  Con quell'aspetto che pietà disserra.

Quando l'anima mia tornò di fuori
  Alle cose, che son fuor di lei vere,
  Io riconobbi i miei non falsi errori.

Lo duca mio: che mi potea vedere
  Far sì com' uom, che dal sonno si slega,
  Disse: Che hai, che non ti puoi tenere?

Ma se' venuto più che mezza lega,
  Velando gli occhi, e con le gambe avvolte,
  A guisa di cui vino, o sonno piega?

O dolce padre mio, se tu m'ascolte,
  I' ti dirò, diss' io, ciò che m'apparve
  Quando le gambe mi furon sì tolte.

Ed ei: Se tu avessi cento larve
  Sovra la faccia, non mi sarien chiuse
  Le tue cogitazion, quantunque parve.

Ciò che vedesti fu, perchè non scuse
  D'aprir lo cuore all'acque della pace,
  Che dall'eterno fonte son diffuse.

Non dimandai, Che hai, per quel, che face
  Chi guarda pur con l'occhio, che non vede,
  Quando disanimato il corpo giace:

qui appelle la pitié, au milieu de cette agonie [14], il priait le Seigneur tout-puissant de pardonner à ses bourreaux.

Mon âme revenue à la réalité des choses du dehors, je m'aperçus que la vérité se cachait sous les erreurs de mon rêve [15].

Cependant mon guide, qui put s'apercevoir que j'allais me débattant encore contre le sommeil : « Tu peux à peine te tenir, me dit-il, qu'as-tu? Voici plus d'une demi-lieue que tu vas les yeux fermés et chancelant sur tes jambes, comme alourdi par le vin ou le sommeil? »

« Écoute-moi, ô mon doux père, lui répondis-je, et je te dirai quelles furent mes visions quand mes jambes ainsi fléchissaient. »

Et lui : « Eusses-tu cent masques sur le visage, que la plus fugitive de tes pensées me serait encore visible. Ces choses te sont apparues afin que ton cœur, amolli, s'ouvre plus facilement aux eaux de la paix, qui s'épanchent de la source éternelle. En te disant, qu'as-tu? mon regard n'était pas le regard de cet œil mortel qui s'éteint quand le corps gît inanimé [16]. Je t'ai questionné pour relever tes forces : c'est ainsi qu'on stimule ceux que la paresse détourne d'un bon emploi du temps destiné à la veille.

Ma dimandai, per darti forza al piede :
  Così frugar conviensi i pigri lenti,
  Ad usar lor vigilia, quando riede.

Noi andavám per lo vespero attenti
  Oltre, quanto potén gli occhi allungarsi,
  Contra i raggi serotini e lucenti :

Ed ecco a poco a poco un fummo farsi,
  Verso di noi, come la notte oscuro,
  Nè da quello era luogo da cansarsi :

Questo ne tolse gli occhi, e l'aer puro.

Nous cheminions ainsi par cette fin du jour, regardant aussi loin que le pouvaient nos yeux arrêtés par l'éclat des rayons du soir, et voilà que vers nous peu à peu s'avance une vapeur aussi sombre que la nuit; et rien pour nous en garantir! En peu d'instants l'air pur nous manqua aussi bien que la vue.

CANTO DECIMOSESTO

Bujo d'inferno, e di notte privata
   D'ogni pianeta sotto pover Cielo,
   Quant'esser può di nuvol tenebrata,

Non fero al viso mio sì grosso velo,
   Come quel fummo, ch'ivi ci coperse,
   Nè a sentir di così aspro pelo:

Che l'occhio stare aperto non sofferse:
   Onde la scorta mia saputa, e fida
   Mi s'accostò, e l'omero m'offerse.

Sì come cieco va dietro a sua guida
   Per non smarrirsi, e per non dar di cozzo
   In cosa, che 'l molesti, o forse ancida,

M'andava io per l'aere amaro e sozzo,
   Ascoltando 'l mio duca, che diceva
   Pur: Guarda, che da me tu non sie mozzo.

CHANT SEIZIÈME

Dans la nuit veuve de toute étoile, sous un ciel nu, l'obscurité de l'enfer répand des ténèbres épaisses; mais cette fumée qui nous enveloppait jeta sur ma vue un rideau plus sombre encore et comme plus rude au toucher. Tenir les yeux ouverts était impossible ; alors mon sage et fidèle compagnon, s'approchant de moi, m'offrit l'appui de son épaule.

Craignant de s'égarer et de se heurter à quelque obstacle qui le blesse ou le tue, l'aveugle suit docilement son conducteur; ainsi je m'en allais, par ce brouillard âpre et malfaisant, toujours attentif à ces paroles de mon guide : « Prends garde : ne t'écarte pas de moi! »

I' sentía voci, e ciascuna pareva
　Pregar per pace, e per misericordia,
　L'Agnél di Dio, che le peccata leva.

Pure *Agnus Dei* eran le loro esordia:
　Una parola era in tutti, e un modo,
　Sì che parea tra esse ogni concordia.

Quei sono spirti, maestro, ch'i' odo?
　Diss'io. Ed egli a me: Tu vero apprendi,
　E d'iracondia van solvendo 'l nodo.

Or tu chi se', che 'l nostro fummo fendi,
　E di noi parli pur come se tue
　Partissi ancor lo tempo per calendi?

Così per una voce detto fue:
　Onde 'l maestro mio disse: Rispondi,
　E dimanda se quinci si va sue.

Ed io: O creatura, che ti mondi,
　Per tornar bella a colui, che ti fece,
　Maraviglia udirai, se mi secondi.

I' ti seguiterò, quanto mi lece,
　Rispose: e se veder fummo non lascia,
　L'udir ci terrà giunti in quella vece.

Allora incominciai: Con quella fascia,
　Che la morte dissolve, men' vo suso,
　E venni qui per la 'nfernale ambascia:

Autour de nous des voix se faisaient entendre ; il semblait que chacune d'elles implorait paix et miséricorde, en priant l'Agneau de Dieu qui efface les péchés.

Agnus Dei! ainsi était leur exorde ; et toutes n'avaient que cette parole sur un même ton ; tant la concorde de ces âmes était parfaite.

« Maître, ce sont des esprits que j'entends ? »

Et lui : « Tu dis vrai : ils vont se délivrant des liens de la colère. »

« Qui donc es-tu, toi, qui, traversant notre brouillard, parles de nous, comme si tu mesurais encore le temps par calendes ? »

Ainsi parlait une de ces voix : « Réponds, me dit le maître, et demande si nous montons par la bonne route ? »

Et moi alors : « O créature bientôt assez pure pour t'offrir dans ta beauté à celui qui t'a faite, tu entendras, si tu veux me suivre, des choses merveilleuses. »

« Autant que je le puis, répliqua-t-il, je te suivrai ; et si cette vapeur nous empêche de voir, à défaut de la vue, la parole nous rapprochera. »

Et je commençai : « Avec cette forme corporelle qu'un jour la mort doit dissoudre, je m'en vais là-haut après avoir passé à travers les désolations de l'enfer. Et puis-

E se Dio m' ha in sua grazia richiuso,
   Tanto ch' e' vuol ch' io veggia la sua corte
   Per modo tutto fuor del modern'uso,

Non mi celar chi fosti anzi la morte,
   Ma dilmi, e dimmi s'io vo bene al varco:
   E tue parole fien le nostre scorte.

Lombardo fui, e fu' chiamato Marco:
   Del mondo seppi, e quel valore amai,
   Al quale ha or ciascun disteso l' arco:

Per montar su, dirittamente vai:
   Così rispose; e soggiunse: Io ti prego,
   Che per me preghi, quando su sarai.

Ed io a lui: Per fede mi ti lego
   Di far ciò, che mi chiedi: ma io scoppio
   Dentro a un dubbio, s'i non me ne spiego.

Prima era scempio, e ora è fatto doppio
   Nella sentenzia tua, che mi fa certo
   Qui e altrove quello, ov'io l'accoppio.

Lo Mondo è ben così tutto diserto
   D'ogni virtute come tu mi suone,
   E di malizia gravido e coverto:

Ma prego, che m'additi la cagione,
   Sì ch'io la vegga, e ch'io la mostri altrui:
   Che nel Cielo uno, e un quaggiù la pone.

que Dieu, par un don de sa grâce, permet que j'arrive à sa cour, en suivant des voies si en dehors de la route commune, dis-moi qui tu étais avant ta mort ; parle, et apprends-moi si ce chemin conduit au véritable passage ; tes paroles seront notre plus sûre escorte. »

« Je fus un Lombard et j'eus nom Marco [1]. Habile aux affaires du monde, j'aimai cette probité qui ne sert plus de but aux efforts de personne. Quant à toi, pour gravir jusque là-haut, tu suis la voie droite. »

Ainsi il répondit ; puis : « Je t'en conjure, ajouta-t-il, quand tu seras arrivé, prie pour moi. »

Et moi à lui : « Je t'en donne ma foi : ce que tu demandes sera fait ; mais il est un doute qui m'obsède et dont il faut que je m'éclaircisse. Simple d'abord, il se complique à mesure que je rapproche de ton opinion, qui me paraît sûre, ce qui me fut dit ailleurs.

« Tu le dis avec vérité : le monde, vide de toute vertu, est plein et surchargé d'iniquités ; fais-m'en connaître la raison, je te prie, et qu'elle soit assez claire pour que je la puisse donner à mon tour, car l'un au ciel la place, et l'autre ici-bas. »

Alto sospir, che duolo strinse in Hui,
  Mise fuor prima: e poi cominciò: Frate,
  Lo mondo è cieco, e tu vien' ben da lui:

Voi che vivete, ogni cagion recate
  Pur suso al Cielo, sì come se tutto
  Movesse seco, di necessitate.

Se così fosse, in voi fora distrutto
  Libero arbitrio, e non fora giustizia
  Per ben letizia, e per male aver lutto.

Lo Cielo i vostri movimenti inizia,
  Non dico tutti: ma posto ch'io 'l dica,
  Lume v'è dato a bene, e a malizia:

E libero voler; che se fatica
  Nelle prime battaglie del Ciel dura,
  Poi vince tutto, se ben si notrica.

A maggior forza, e a miglior natura
  Liberi soggiacete, e quella cria
  La mente in voi, che 'l Ciel non ha in sua cura.

Però se 'l mondo presente vi svia,
  In voi è la cagione, in voi si cheggia:
  Ed io te ne sarò or vera spia.

Esce di mano a lui, che la vagheggia,
  Prima che sia, a guisa di fanciulla,
  Che, piangendo e ridendo, pargoleggia,

Après un long soupir, dont la douleur fit un Hélas ! l'ombre se mit à dire : « Frère, il est bien aveugle, le monde, et que tu en viennes, on le voit assez ! Vous qui vivez, vous attribuez tout à l'influence du Ciel comme s'il entraînait tout dans une direction nécessaire. S'il en était ainsi, votre libre arbitre serait aussitôt aboli, et il n'y aurait plus de justice ni dans la récompense du bien, ni dans la punition du mal.

« Le Ciel exerce, il est vrai, une influence initiale sur vos actions, je ne dis pas sur toutes ; mais quand ce serait, une lumière vous est donnée pour discerner le bien d'avec le mal, et, de plus, une volonté libre. Est-elle assez énergique pour résister, dans une première lutte, à l'influence des corps célestes [2], bien dirigée, elle devient ensuite maîtresse de tout. Vous êtes libres, mais soumis en même temps à une puissance supérieure et à une nature meilleure. Celle-ci crée en vous l'intelligence que le Ciel n'a pas sous sa dépendance. Donc si le monde actuel fait fausse route, la faute en est en vous, et c'est en vous qu'il la faut chercher : je vais t'en donner à l'instant la véritable preuve.

« En sortant des mains de celui qui, dès avant qu'elle soit, en elle se complaît, l'âme est comme un petit enfant qui rit, pleure et folâtre, ne sachant rien encore, sinon

L'anima semplicetta, che sa nulla,
   Salvo, che mossa da lieto fattore,
   Volentier torna a ciò, che la trastulla.

Di picciol bene inpria sente sapore,
   Quivi s'inganna, e dietro a esso corre,
   Se guida, o fren non torce 'l suo amore.

Onde convenne legge per fren porre:
   Convenne rege aver, che discernesse
   Della vera cittade almen la torre.

Le leggi son, ma chi pon mano ad esse?
   Nullo: perocchè 'l pastor, che precede,
   Ruminar può, ma non ha l'unghie fesse.

Perchè la gente, che sua guida vede
   Pure a quel ben ferire, ond' ell' è ghiotta,
   Di quel si pasce, e più oltre non chiede.

Ben puoi veder, che la mala condotta
   E la cagion, che 'l Mondo ha fatto reo,
   E non natura, che 'n voi sia corrotta.

Soleva Roma, che 'l buon Mondo feo,
   Duo Soli aver, che l'una e l'altra strada
   Facén vedere, e del Mondo, e di Deo.

L'un l'altro ha spento, ed è giunta la spada
   Col pasturale, e l'uno e l'altro insieme,
   Per viva forza mal convien che vada:

qu'elle est l'œuvre d'un créateur bien heureux, et se tournant sans cesse vers l'objet qui l'amuse. Séduite d'abord, dans son ignorance, par des biens sans valeur, elle se précipite de ce côté avec emportement, si un guide ou un frein salutaire ne dirige autrement son ardeur.

« Il fallut donc des lois pour servir de frein, et des rois pour apprendre à distinguer au moins la Tour de la Cité véritable [3].

« Les lois, elles existent bien ; mais où est la main qui les applique ? Nulle part. Le pasteur, qui conduit le troupeau, peut bien ruminer, lui aussi, mais il n'a pas le pied fendu [4]. La foule ainsi voyant son chef se repaître des seuls biens dont elle est avide, s'en gorge à son tour, sans rien souhaiter de plus.

« Tu le vois, si le monde est coupable, c'est la mauvaise conduite qui en est la cause, et non l'imperfection de votre nature.

« Rome, qui fut le salut du monde, avait deux soleils [5] : l'un éclairait les voies de Dieu, l'autre la voie du monde. L'un a été éclipsé par l'autre : la crosse et l'épée se sont unies dans la même main : rapprochement forcé où, l'un n'ayant plus l'autre à craindre, l'accord est impossible. Hésites-tu à me croire? Regarde à l'épi : chaque plante se reconnaît à son fruit.

Perocchè giunti, l'un l'altro non teme.
  Se non mi credi, pon mente alla spiga:
  Ch'ogni erba si conosce per lo seme.

In sul paese, ch'Adice e Pò riga,
  Solea valore e cortesia trovarsi,
  Prima che Federigo avesse briga:

Or può sicuramente indi passarsi,
  Per qualunque lasciasse, per vergogna,
  Di ragionar co' buoni, o d'appressarsi.

Ben v'en tre vecchi ancora, in cui rampogna
  L'antica età la nuova, e par lo tardo,
  Che Dio a miglior vita li ripogna;

Currado da Palazzo, e 'l buon Gherardo,
  E Guido da Castel, che me' si noma.
  Francescamente, il semplice Lombardo.

Dì oggimai, che la Chiesa di Roma,
  Per confondere in se duo reggimenti,
  Cade nel fango, e se brutta, e la soma.

O Marco mio, diss'io, bene argomenti;
  E or discerno perchè dal retaggio
  Li figli di Levì furono esenti.

Ma qual Gherardo è quel, che tu, per saggio
  Dî ch'è rimaso della gente spenta,
  In rimproverio del secol selvaggio?

« Avant les troubles suscités par l'empereur Frédéric, ce n'était que valeur et courtoisie dans les pays arrosés par l'Adige et le Pô. Maintenant peut en toute sûreté passer par là quiconque répugne à rencontrer des honnêtes gens ou à leur parler. Pourtant il s'y trouve encore trois vieillards, protestation vivante de l'ancien temps contre le nouveau ; et il leur tarde qu'à une meilleure vie Dieu bientôt les appelle. Ce sont : Conrad da Palazzo, Ghérardo le Bon, et Guido da Castel [6], mieux nommé à la française, le simple Lombard.

« Aujourd'hui l'Église de Rome, pour avoir confondu en elle les deux pouvoirs, est tombée dans la fange, se couvrant elle et son fardeau [7] de la même souillure. »

« Tu raisonnes très-bien, lui dis-je, ô mon cher Marco, et je comprends à présent cette exclusion de l'héritage prononcée contre les enfants de Lévi [8].

« Mais qui donc est ce Ghérardo que tu tiens pour un sage, ce survivant d'une génération éteinte, qui reste comme un reproche à notre siècle pervers? »

O tuo parlar m'inganna, o e' mi tenta,
　Rispose a me, che, parlandomi Tosco,
　Par che del buon Gherardo nulla senta.

Per altro soprannome i' nol conosco,
　S'io nol togliessi da sua figlia Gaja.
　Dio sia con voi, che più non vegno vosco.

Vedi l'albór, che per lo fummo raja,
　Già biancheggiare: e me convien partirmi;
　L'Angelo è ivi, prima ch'egli paja:

Così parlò, e più non volle udirmi.

« Ou je me trompe à ton langage, répliqua-t-il, ou tu as le dessein de m'éprouver, toi qui parles toscan, et qui parais ne rien savoir de Ghérardo le Bon. Pour moi, je ne lui connais pas d'autre surnom, à moins qu'il ne lui vienne de sa fille Gaja [9].

« Dieu soit avec vous; je ne vous accompagne pas plus avant. Voici que déjà l'aube blanchit, rayonnante à travers le brouillard. L'ange est ici près; il faut que je m'éloigne avant qu'il paraisse. »

Ainsi il dit, et plus ne voulut m'écouter.

CANTO DECIMOSETTIMO

Ricorditi, Lettor, se mai nell' alpe
   Ti colse nebbia, per la qual vedessi
   Non altrimenti, che per pelle talpe :

Come, quando i vapori umidi e spessi
   A diradar cominciansi, la spera
   Del Sol debilemente entra per essi :

E fia la tua immagine leggiera
   In giugnere a veder, com' io rividi
   Lo Sole inpria, che già nel corcare era.

Sì pareggiando i miei co'·passi fidi
   Del mio maestro uscî fuor di tal nube,
   A' raggi morti già ne' bassi lidi.

O immaginativa, che ne rube
   Tal volta sì di fuor, ch' uom non s' accorge,
   Perchè d' intorno suonin mille tube,

CHANT DIX-SEPTIÈME

Si jamais, ô lecteur, il t'arriva, dans les Alpes, d'être enveloppé par une de ces nuées, à travers lesquelles tu n'y voyais pas plus que la taupe à travers sa taie, rappelle-toi comment les rayons du soleil pénétraient faiblement l'épaisseur de ces froides vapeurs, à mesure qu'elles se raréfiaient, et tu te figureras bien vite sous quel aspect m'apparut le soleil au moment de se coucher.

Ainsi, marchant d'un pas toujours égal à celui de mon guide fidèle, je sortis de ce brouillard, quand les rayons de l'astre étaient déjà morts pour le pied de la montagne.

O Imagination, toi qui parfois emportes l'homme dans de tels ravissements, qu'il devient sourd au bruit de mille trompettes, quel pouvoir t'anime quand tu échappes

Chi muove te, se 'l senso non ti porge?
   Muoveti lume, che nel Ciel s'informa,
   Per se, o per voler, che giù lo scorge.

Dell'empiezza di lei, che mutò forma
   Nell'uccel, che a cantar più si diletta,
   Nell'immagine mia apparve l'orma:

E qui fu la mia mente sì ristretta
   Dentro da se, che di fuor non venía
   Cosa, che fosse ancor da lei recetta.

Poi piovve dentro all'alta fantasia
   Un crocifisso dispettoso e fiero
   Nella sua vista, e cotal si morìa:

Intorno ad esso era 'l grande Assuero,
   Ester sua sposa, e 'l giusto Mardocheo,
   Che fu al dire e al far così 'ntero.

E come questa immagine rompéo
   Se, per se stessa, a guisa d'una bulla,
   Cui manca l'acqua, sotto qual si féo:

Surse in mia visione una fanciulla,
   Piangendo forte, e diceva, O regina,
   Perchè per ira hai voluto esser nulla?

Ancisa t'hai per non perder Lavina:
   Or m'hai perduta: i' sono essa, che lutto,
   Madre, alla tua pria ch'all'altrui ruina.

à l'empire des sens? C'est une lumière qui fut créée dans le ciel ou de soi-même, ou par une volonté qui la fait luire ici-bas.

Sous son influence m'apparut la figure de celle qui, punie de son impiété, devint l'oiseau amoureux de ses propres chants [1]. Et alors mon esprit se renferma si étroitement en lui-même, que nulle chose du dehors n'y pouvait pénétrer. Au milieu de cette extase m'arriva l'image de ce crucifié [2] dédaigneux et fier jusque dans la mort, encore entouré du grand Assuérus, d'Esther, sa femme, et de ce juste Mardochée, si intègre de paroles et d'actions. Et cette image s'étant brisée, comme se brise une bulle d'air échappant à l'eau qui la forma, dans mes visions s'offrit une jeune fille; elle s'écriait en pleurant amèrement : « O reine [3], pourquoi, dans ta fureur, as-tu voulu n'être plus? Pour ne pas perdre Lavinie, tu t'es tuée, et tu m'as perdue! Et me voilà, moi, ta fille, pleurant ta mort avant celle d'un autre! »

Come sì frange il sonno, ove dibutto
  Nuova luce percuote 'l viso chiuso,
  Che fratto guizza, pria che muoja tutto:

Così l'immaginar mio cadde giuso,
  Tosto che 'l lume il volto mi percosse
  Maggiore assai, che quel ch'è in nostr'uso.

I' mi volgea per vedere ov'io fosse,
  Quand' una voce disse, Qui si monta;
  Che da ogni altro 'ntento mi rimosse:

E fece la mia voglia tanto pronta
  Di riguardar chi era, che parlava,
  Che mai non posa, se non si raffronta.

Ma come al Sol, che nostra vista grava,
  E per soverchio sua figura vela,
  Così la mia virtù quivi mancava.

Questi è divino spirito, che ne la
  Via d'andar su ne drizza senza prego,
  E col suo lume se medesmo cela.

Si fa con noi, come l'uom si fa sego:
  Che quale aspetta prego, e l'uopo vede,
  Malignamente già si mette al nego:

Ora accordiamo a tanto 'nvito il piede:
  Procacciam di salir, pria che s'abbui:
  Che poi non si poria, se 'l dì non riede:

CHANT DIX-SEPTIÈME.

Si une clarté soudaine frappe nos paupières fermées, le sommeil est rompu, mais il se débat encore avant de s'évanouir tout à fait ; de même se dissipèrent toutes mes visions aussitôt qu'une lumière, plus vive que la lumière accoutumée, vint frapper mon visage.

Comme autour de moi je regardais, pour voir où j'étais : « Ici l'on monte ! » dit une voix, et toute mon attention se tourna vers elle. Un tel désir me prit de voir celui qui parlait, que je n'eus de repos qu'après l'avoir vu en face. De même que devant le soleil qui se fait un voile de sa propre splendeur, notre vue se trouble ; de même ici toute force m'abandonna.

« Celui-ci, dit mon maître, est un esprit divin ; de lui-même, sans qu'on le prie, il nous dirige dans les voies de la montagne, et reste caché dans sa lumière.

« Les hommes entre eux devraient agir de la sorte : qui attend qu'on le prie, quand le besoin du secours est venu, prépare un refus malicieux.

« Que notre pied docile réponde à une telle invitation : hâtons-nous de monter avant que la nuit se fasse ; autrement il nous faudrait attendre le retour du matin. »

Così disse 'l mio duca : ed io con lui
　Volgemmo i nostri passi ad una scala :
　E tosto ch' io al primo grado fui,

Sentìmi presso quasi un muover d'ala,
　E ventarmi nel volto, e dir, *Beati*
　Pacifici, che son sanza ira mala.

Già eran sopra noi tanto levati
　Gli ultimi raggi che la notte segue,
　Che le stelle apparivan da più lati.

O virtù mia, perchè sì ti dilegue?
　Fra me stesso dicea, che mi sentiva
　La possa delle gambe posta in tregue.

Noi eravàm, dove più non saliva
　La scala su, ed eravamo affissi,
　Pur come nave, ch' alla piaggia arriva :

Ed io attesi un poco s' io udissi
　Alcuna cosa nel nuovo girone :
　Poi mi rivolsi al mio maestro, e dissi :

Dolce mio padre, dì, quale offensione
　Si purga qui nel giro, dove semo?
　Se i piè si stanno, non stea tuo sermone.

Ed egli a me : L' amor del bene scemo
　Di suo dover, quiritta si ristora :
　Qui si ribatte 'l mal tardato remo.

Ainsi il parle, et aussitôt nous tournons nos pas vers un escalier. A peine sur la première marche, je sentis l'air, comme agité par un battement d'ailes, m'effleurer le visage, et j'entendis : *Beati pacifici*. « Heureux qui ne connaît pas les mauvaises colères! »

Déjà du haut du ciel ne nous venaient plus que ces derniers rayons qui précèdent la nuit, et de toutes parts paraissaient les étoiles.

« Pourquoi faiblir, ô mon courage? » me disais-je à moi-même, sentant la fatigue de mes jambes qui demandaient du repos.

Cependant, arrêtés comme un navire dont la proue a touché la plage, nous étions en un lieu où l'escalier ne monte plus. J'écoutai un instant si j'entendrais quelque chose dans ce nouveau cercle, et, me retournant vers le maître : « De quelle offense, mon doux père, se purifient les âmes dans ce cercle où nous entrons? Que notre pied s'arrête, et non pas ton discours. »

Et lui à moi : « Ici se ravive l'amour du bien que ne féconda pas le devoir accompli : la rame, pour avoir été trop lente, continue de battre l'eau.

Ma perchè più aperto intendi ancora,
  Volgi la mente a me, e prenderai
  Alcun buon frutto di nostra dimora.

Nè creator, nè creatura mai,
  Cominciò ei, figliuol, fu sanza amore,
  O naturale, o d'animo; e tu 'l sai.

Lo natural fu sempre senza errore:
  Ma l'altro puote errar per male obbietto,
  O per troppo, o per poco di vigore.

Mentre ch'egli è ne' primi ben diretto,
  E ne' secondi se stesso misura,
  Esser non può cagion di mal diletto.

Ma quando al mal si torce, o con più cura,
  O con men, che non dee, corre nel bene,
  Contra 'l fattore adovra sua fattura.

Quinci comprender puoi, ch'esser conviene
  Amor sementa in voi d'ogni virtute,
  E d'ogni operazion, che merta pene.

Or perchè mai non può dalla salute
  Amor del suo suggetto volger viso,
  Da l'odio proprio son le cose tute:

E perchè 'ntender non si può diviso,
  Nè per se stante, alcuno esser del primo,
  Da quello odiare ogni affetto è deciso.

« Si tu veux mieux comprendre encore, écoute-moi avec un peu d'attention, et cet instant de halte ne sera pas pour toi sans profit.

« Tu le sais, ô mon fils ! l'amour, qu'il soit inspiré par la nature ou par la volonté, est commun au créateur et à la créature. L'amour naturel n'est point sujet à l'erreur, mais l'autre peut errer, soit qu'il poursuive un objet indigne, soit qu'il montre trop ou trop peu d'énergie.
« Tant qu'il s'attache convenablement au bien suprême, et qu'il se mesure lui-même pour les biens inférieurs, il ne peut être la source d'un mauvais plaisir; mais dès qu'il se tourne vers le mal, ou que, dans la poursuite du bien, il met trop ou pas assez d'ardeur, aussitôt la créature est en révolte contre son créateur [4].

« Aussi l'amour, tu le comprends, devient en vous la semence de toute vertu, de même qu'il engendre en vous toute œuvre digne de punition. Comme l'amour ne saurait perdre de vue le bien de son sujet, tous les êtres sont à l'abri de leur propre haine; et puisque, en même temps, nulle créature ne se peut concevoir existant par elle-même et indépendante du premier être, tout sentiment de haine contre son créateur lui devient impossible [5].

Resta, se dividendo bene stimo,
   Che 'l mal, che s'ama, è del prossimo : ed esso
   Amor nasce in tre modi in vostro limo.

È chi per esser suo vicin soppresso,
   Spera eccellenza, e sol per questo brama,
   Ch'el sia di sua grandezza in basso messo :

È chi podere, grazia, onore, e fama
   Teme di perder, per ch'altri sormonti,
   Onde s'attrista sì, che 'l contrario ama :

Ed è chi per ingiuria par ch'adonti,
   Sì che si fa della vendetta ghiotto;
   E tal convien, che 'l male altrui impronti.

Questo triforme amor quaggiù disotto
   Si piange : or vo', che tu dell'altro intende,
   Che corre al ben, con ordine corrotto.

Ciascun confusamente un bene apprende,
   Nel qual si quieti l'animo, e desira :
   Perchè di giugner lui ciascun contende.

Se lento amore in lui veder vi tira,
   O a lui acquistar, questa cornice
   Dopo giusto pentér ve ne martira.

Altro ben'è, che non fa l'uom felice :
   Non è felicità, non è la buona
   Essenzia d'ogni ben frutto e radice :

« Si ce raisonnement est complet, il s'ensuit que le seul mal qu'on aime, c'est le mal du prochain, et sur votre triste limon cet amour se produit sous trois formes.

« Tel aspire à l'élévation par l'abaissement de son voisin, et pour ce seul motif, il désire de le voir déchu de sa grandeur.

« Tel autre se croit menacé de perdre puissance, crédit, honneur ou renom, si un autre s'élève, et alors il s'attriste, souhaitant qu'arrive le contraire.

« Tel autre enfin, qu'une injure irrita, est consumé par un désir de vengeance, qui ne peut se satisfaire que par le mal d'autrui [6].

« Ces trois sortes d'amour coupable ici dessous reçoivent leur punition. Mais cet autre amour, celui qui se précipite sur le bien d'un mouvement déréglé, il faut aussi que tu le comprennes.

« Chacun porte en soi le désir confus d'un bien où son cœur se complaît, et qu'il s'efforce d'atteindre [7]. Si vous n'êtes excités à la recherche ou à la possession de ce bien que par un amour tiède, la punition, précédée d'un juste repentir, vous attend sur cette corniche.

« Enfin, il est un autre ordre de biens insuffisants pour rendre l'homme heureux, qui ne sont par eux-mêmes ni la félicité, ni l'essence, ni le fruit, ni la racine d'aucun bien véritable; l'amour qui s'y abandonne avec excès

L'amor, ch' ad esso troppo s'abbandona,
  Di sovra noi si piange per tre cerchi :
  Ma, come tripartito, si ragiona,

Tacciolo, acciocchè tu, per te, ne cerchi.

s'expie là-dessous dans trois cercles différents. Comment se règle cette triple répartition, je ne te le dis pas : tu chercheras par toi-même.

CANTO DECIMOTTAVO

Posto avea fine al suo ragionamento
   L'alto dottore, e attento guardava
   Nella mia vista, s'io parea contento:

Ed io, cui nuova sete ancor frugava,
   Di fuor taceva, e dentro dicea, Forse
   Lo troppo dimandar, ch'io fo, li grava.

Ma quel padre verace, che s'accorse
   Del timido voler, che non s'apriva,
   Parlando di parlare ardir mi porse.

Ond'io : Maestro, il mio veder s'avviva
   Sì nel tuo lume, ch'i' discerno chiaro
   Quanto la tua ragion porti, o descriva.

Però ti prego, dolce padre caro,
   Che mi dimostri amore, a cui riduci
   Ogni buono operare, e 'l suo contraro.

CHANT DIX-HUITIÈME

Arrivé à la conclusion de son raisonnement, le profond docteur me regardait attentivement en face, pour voir si j'étais satisfait; et moi, dont la soif n'était pas encore apaisée, silencieux au dehors, au dedans je me disais : « Peut-être à trop demander lui deviens-je importun ! »

Mais, devinant la volonté timide qui n'osait se produire, en parlant lui-même, ce père clairvoyant me donna la hardiesse de parler.

Et alors : « Maître, lui dis-je, tout ce que ta raison m'expose et me décrit, je le connais nettement, tant mon esprit s'illumine à la clarté du tien. Mais, je t'en supplie, doux et cher père, explique-moi cet amour auquel se rapportent chaque bonne œuvre et son contraire. »

Drizza, disse, ver me, l'acute luci
  Dello 'ntelletto, e fieti manifesto
  L'error de' ciechi, che si fanno duci.

L'animo, ch'è creato ad amar presto,
  Ad ogni cosa è mobile, che piace,
  Tosto che dal piacere in atto è desto.

Vostra apprensiva da esser verace
  Tragge intenzione, e dentro a voi la spiega,
  Sì che l'animo ad essa volger face.

E se rivolto in ver di lei si piega,
  Quel piegare è amor, quello è natura,
  Che per piacer di nuovo in voi si lega.

Poi come 'l fuoco muovesi in altura,
  Per la sua forma, ch'è nata a salire,
  Là dove più in sua materia dura:

Così l'animo preso entra 'n disire,
  Ch'è moto spiritale, e mai non posa,
  Fin che la cosa amata il fa gioire.

Or ti puote apparer, quant'è nascosa
  La veritade alla gente, ch'avvera
  Ciascuno amore in se laudabil cosa:

Perocchè forse appar la sua matera
  Sempr' esser buona: ma non ciascun segno
  È buono, ancor che buona sia la cera.

CHANT DIX-HUITIÈME

« Que la vue la plus perçante de ton intelligence se dirige vers moi, et bientôt l'erreur de ces aveugles, qui s'avisent de guider les autres, te sera manifeste.

« Créé tout exprès pour aimer, le cœur, dès qu'il est éveillé par l'attrait du plaisir, est prompt à s'élancer vers l'objet qui lui plaît.

« Par la faculté de l'appréhension, l'objet réel se met en rapport avec vous et se développe en vous, jusqu'à ce que l'âme se retourne vers lui et s'y incline : cette inclination, c'est l'amour naturel qui se communique à vous par le plaisir.

« Comme la flamme se dirige en haut, destinée par sa forme à s'élever dans la région où sa matière a le plus de durée; ainsi l'âme, attirée par le désir, s'abandonne à ce mouvement spirituel qui n'a de repos qu'après avoir obtenu la jouissance de l'objet aimé.

Donc tu vois à quel point s'écartent de la vérité ceux qui soutiennent que tout amour, en raison de sa matière, qui toujours paraît bonne, est légitime en soi. Mais qu'importe que la cire soit bonne, si l'empreinte est mauvaise [1] ? »

Le tue parole, e 'l mio seguace ingegno,
   Risposi lui, m' hanno amor discoverto:
   Ma ciò m' ha fatto di dubbiar più pregno:

Che s' amore è di fuore a noi offerto,
   E l' anima non va con altro piede,
   Se dritto, o torto va, non è suo merto.

Ed egli a me: Quanto ragion qui vede,
   Dir ti poss' io: da indi in là t' aspetta
   Pure a Beatrice; ch' è opra di fede.

Ogni forma sustanzial, che setta
   È da materia, ed è con lei unita,
   Specifica virtude ha in se colletta,

La qual, sanza operar, non è sentita,
   Nè si dimostra, mache per effetto,
   Come per verdi fronde in pianta vita:

Però, là onde vegna lo 'ntelletto
   Delle prime notizie, uomo non sape,
   E de' primi appetibili l' affetto,

Che sono in voi, sì come studio in ape
   Di far lo mele: e questa prima voglia
   Merto di lode, o di biasmo non cape.

Or perchè a questa ogni altra si raccoglia,
   Innata v' è la virtù, che consiglia,
   E dell' assenso de' tener la soglia.

« Tes paroles, lui répondis-je, attentivement écoutées, m'ont appris ce que c'est que l'amour, et pourtant mon esprit conçoit de nouveaux doutes.

« Toute impulsion à l'amour nous venant du dehors, l'âme qui ne va pas dans un autre sens, quel mérite a-t-elle d'aller droit plutôt que de travers? »

Et lui : « Tout ce qu'il est donné à notre raison de discerner, je puis te le dire ; pour ce qui est purement œuvre de foi, attends d'être en présence de Béatrix.

« Toute substance, distincte de la matière, bien qu'elle lui soit unie, contient en soi-même une vertu spécifique [2], reconnaissable seulement à ses œuvres : elle se révèle dans ses effets, comme la vie d'une plante dans l'épanouissement de son feuillage [3].

« D'où viennent à l'homme et l'intelligence de ses notions primitives, et le penchant de ses premiers appétits, je l'ignore. Tout cela est en lui, comme est dans l'abeille l'instinct de faire du miel ; et, à ce point de départ, la volonté n'est digne encore ni de louange, ni de blâme.

« Mais comme de cette volonté initiale découlent toutes les autres, la raison est en vous, conseillère innée, qui veille sur le seuil de l'assentiment; devenant ainsi le prin-

Quest' è 'l principio, là onde si piglia
   Cagion di meritare in voi, secondo
   Che buoni e rei amori accoglie e viglia.

Color, che ragionando andaro al fondo,
   S' accorser d' esta innata libertate:
   Però moralità lasciaro al Mondo.

Onde pogniam, che di necessitate
   Surga ogni amor, che dentro a voi s' accende,
   Di ritenerlo è in voi la potestate.

La nobile virtù Beatrice intende,
   Per lo libero arbitrio, e però guarda,
   Che l' abbi a mente, s' a parlar ten' prende.

La luna quasi a mezza notte tarda
   Facea le stelle a noi parer più rade,
   Fatta com' un secchion, che tutto arda.

E correa contra 'l Ciel, per quelle strade,
   Che 'l Sole infiamma allor, che quel da Roma
   Tra' Sardi e Corsi il vede quando cade:

E quell' ombra gentil, per cui si noma
   Pietola più che villa Mantovana,
   Del mio carcar diposto avea la soma:

Perch' io, che la ragione aperta e piana
   Sovra le mie questioni avea ricolto,
   Stava com' uom, che sonnolento vana.

cipe et la cause de vos mérites, selon qu'elle accueille les amours innocents et repousse les amours coupables.

« Tous ceux dont la puissante intelligence a pénétré jusqu'au fond des choses, reconnaissent d'un commun accord que cette liberté est innée; aussi ont-ils donné au monde la Morale [4].

« Ainsi, en admettant que tout amour qui s'allume en vous procède de la nécessité, en vous se trouve aussi la puissance de le retenir. Cette noble puissance, Béatrix l'appelle le Libre arbitre; gardes-en le souvenir avec soin; bientôt elle pourra t'en parler. »

Attardée jusque vers minuit, la lune en se levant nous fit paraître au ciel les étoiles plus rares; semblable à un seau embrasé, elle suivait dans les airs ces chemins qu'enflamme le soleil, alors qu'aux yeux de l'habitant de Rome, il paraît s'abaisser entre la Sardaigne et la Corse.

Cette ombre courtoise à qui Pietola [5] doit d'être nommée la première avant toutes les villes du Mantouan, avait soulagé mon âme du poids de ces doutes qui l'accablaient; et cependant, bien qu'à chacune de mes questions il eût fait une réponse si claire et si précise, j'étais comme un homme égaré dans les rêves du sommeil.

Ma questa sonnolenza mi fu tolta
  Subitamente da gente; che dopo
  Le nostre spalle a noi era già volta.

E quale Ismeno già vide ed Asopo,
  Lungo di se di notte furia e calca,
  Pur che i Teban di Bacco avessero uopo;

Tale, per quel giron suo passo falca,
  Per quel ch'io vidi di color, venendo,
  Cui buon volere, e giusto amor cavalca.

Tosto fur sovra noi : perchè, correndo,
  Si movea tutta quella turba magna :
  E duo dinanzi gridavan piangendo,

Maria corse con fretta alla montagna :
  E Cesare, per suggiugare Ilerda,
  Punse Marsilia, e poi corse in Ispagna.

Ratto ratto, che 'l tempo non si perda
  Per poco amor, gridavan gli altri appresso.
  Che studio di ben far grazia rinverda.

O gente, in cui fervore acuto adesso
  Ricompie forse negligenza e 'ndugio
  Da voi per tiepidezza in ben far messo :

Questi, che vive (e certo io non vi bugio)
  Vuole andar su, purchè 'l Sol ne riluca :
  Però ne dite, ond'è presso 'l pertugio :

Tout à coup des âmes qui venaient derrière nous me tirèrent de cet assoupissement.

L'Ismène et l'Asope virent autrefois courir sur leurs rivages la foule des Thébains furieux, sacrifiant pendant la nuit à Bacchus. De même, il me sembla voir dans ce cercle s'avancer à pas précipités la foule des âmes qu'éperonnent une bonne volonté et un juste amour. Comme elle venait en courant, cette multitude fut bientôt près de nous, précédée par deux âmes tout en pleurs, qui s'écriaient : « Marie [6] courut bien vite à la montagne; César, pour s'emparer de Lérida, abandonna Marseille et courut en Espagne ! »

« Vite, hâtons-nous ! répondaient les autres, point de temps perdu par défaut d'amour ! De l'ardeur dans le bien, et la grâce reverdit ! »

« Ames qui rachetez sans doute par la ferveur de tant de zèle, cette tiédeur pour le bien que vous donna la négligence ou la paresse, sachez (et certes je ne vous trompe pas) que celui-ci est encore vivant : il attend que le soleil ait brillé de nouveau, pour entreprendre d'aller jusque là-haut : enseignez-nous le passage le plus rapproché ! »

Parole furon queste del mio duca:
  E un di quegli spirti disse: Vieni
  Diretr' a noi, che troverai la buca.

Noi siam di voglia a muoverci sì pieni,
  Che ristar non potém: però perdona,
  Se villania nostra giustizia tieni.

I' fui Abate in san Zeno a Verona,
  Sotto lo 'mperio del buon Barbarossa,
  Di cui dolente ancor Melan ragiona:

E tale ha già l' un piè dentro la fossa,
  Che tosto piangerà quel monistero,
  E tristo fia d' avervi avuta possa:

Perchè suo figlio mal del corpo intero,
  E della mente peggio, e che mal nacque,
  Ha posto in luogo di suo pastor vero.

Io non so, se più disse, o s' ei si tacque,
  Tant' era già di là da noi trascorso:
  Ma questo 'ntesi, e ritener mi piacque.

E quei, che m' era ad ogni uopo soccorso,
  Disse: Volgiti in qua: vedine due
  All' accidia venir dando di morso.

Diretro a tutti dicén, Prima fue
  Morta la gente, a cu' il mar s' aperse,
  Che vedesse Giordan le rede sue.

Ainsi parla mon guide, et l'une de ces âmes répondit :
« Suis-nous, et tu arriveras à l'entrée. Un tel empressement nous entraîne, que nous ne saurions demeurer : pardonne-nous, et ne prends pas pour manque de courtoisie notre obéissance à la justice.

« Je fus abbé de Saint-Zénon à Vérone, sous le règne de cet excellent Barberousse, que Milan n'oublie pas dans ses lamentations. Tel [7] a déjà un pied dans la tombe, qui pleurera bientôt sur ce monastère, en déplorant l'usage qu'il y fit de son pouvoir. C'est là qu'à la place du véritable pasteur il osa mettre son fils, un être difforme de corps, plus difforme d'esprit, et dont la naissance fut un crime. »

Cette âme était déjà loin de nous, et je ne sais si elle se tut, ou si elle ajouta d'autres paroles ; mais ce que j'avais entendu, je me plus à le retenir.

Celui qui, en toute rencontre, était mon soutien, me dit alors : « Tourne-toi de ce côté ; en voici deux qui viennent, s'attaquant à la paresse. »

Elles marchaient en effet derrière les autres, en disant : « La nation qui vit la mer s'entr'ouvrir sous ses pas s'éteignit avant que sa postérité pût voir le Jourdain. Et ceux

E quella, che l'affanno non sofferse
   Fino alla fine col figliuol d'Anchise,
   Se stessa a vita sanza gloria offerse.

Poi quando fur da noi tanto divise
   Quell'ombre, che veder più non potersi,
   Nuovo pensier dentro da me si mise,

Del qual più altri nacquero e diversi:
   E tanto d'uno in altro vaneggiai,
   Che gli occhi per vaghezza ricopersi,

E 'l pensamento in sogno trasmutai.

qui, jusqu'au terme de ses épreuves, ne suivirent pas le fils d'Anchise, se condamnèrent à une vie sans gloire [8]. »

Déjà ces ombres étaient assez loin de nous pour qu'on ne les pût voir; alors une nouvelle pensée me vint à l'esprit; de cette pensée d'autres sortirent, toutes diverses, et je m'égarai de l'une à l'autre dans une telle rêverie, que je pris plaisir à fermer les yeux; puis la pensée se perdit dans le sommeil.

CANTO DECIMONONO

Nell' ora, che non può 'l calor diurno
   Intiepidar più 'l freddo della Luna,
   Vinto da Terra, o talor da Saturno:

Quando i Geomanti lor Maggior Fortuna
   Veggiono in oriente innanzi all' alba
   Surger per via, che poco le sta bruna;

Mi venne in sogno una femmina balba,
   Con gli occhi guerci, e sovra i piè distorta,
   Con le man monche, e di colore scialba.

Io la mirava: e come 'l Sol conforta
   Le fredde membra, che la notte aggrava,
   Così lo sguardo mio le facea scorta

La lingua, e poscia tutta la drizzava
   In poco d' ora: e lo smarrito volto,
   Come amor vuol, così le colorava.

CHANT DIX-NEUVIÈME

C'était l'heure où la chaleur du jour, cédant à la fraîcheur de la terre, et peut-être au pouvoir de Saturne [1], ne peut plus tempérer les froides influences de la lune; l'heure où le géomancien croit apercevoir le signe de la Grande Fortune [2] se lever un peu avant l'aube du côté de l'orient, dans cette région du ciel où l'obscurité dure peu.

Alors une femme [3] apparut dans mes songes, bègue, les yeux hagards, les jambes distortes, les mains mutilées, le teint blafard. Je la regardais, et sous mon regard sa langue se déliait, son corps se redressait, et son triste visage s'animait des couleurs qui plaisent à l'amour : ainsi la chaleur du soleil ravive, le matin, les membres engourdis par le froid de la nuit.

Poi ch'ell'avea 'l parlar così disciolto,
　Cominciava a cantar, sì che con pena
　Da lei avrei mio intento rivolto.

Io son, cantava, io son dolce Serena,
　Che i marinari in mezzo 'l mar dismago.
　Tanto son di piacere a sentir piena.

Io trassi Ulisse del suo cammin vago
　Al canto mio : e qual meco s'ausa,
　Rado sen' parte, sì tutto l'appago.

Ancor non era sua bocca richiusa,
　Quando una donna apparve santa e presta
　Lunghesso me, per far colei confusa.

O Virgilio Virgilio, chi è questa?
　Fieramente dicea : ed ei veniva
　Con gli occhi fitti pure in quella onesta :

L'altra prendeva, e dinanzi l'apriva,
　Fendendo i drappi, e mostravami 'l ventre :
　Quel mi svegliò col puzzo, che n'usciva.

Io volsi gli occhi : e 'l buon Virgilio, Almen tre
　Voci t'ho messe, dicea : surgi, e vieni :
　Troviam l'aperto, per lo qual tu entre.

Su mi levai : e tutti eran già pieni
　Dell'alto dì i giron del sacro monte,
　E andavàm col Sol nuovo alle reni.

CHANT DIX-NEUVIÈME.

A peine eut-elle recouvré la parole, elle chanta d'une voix si douce, qu'il m'eût fait peine d'en détourner mon attention.

« Je suis, (ainsi elle chantait) je suis la sirène séduisante qui, sur les flots, mets en perdition les mariniers attirés par le charme de ma voix. Épris de mes doux chants, Ulysse lui-même fut détourné de sa route. Qui s'oublie un instant près de moi, bientôt enivré, rarement s'en détache. »

Elle n'avait pas achevé, qu'à mes côtés une sainte femme apparut, pour la confusion de l'autre. « O Virgile, Virgile, s'écria-t-elle avec énergie, quelle est cette femme? » Et Virgile ne pouvait détourner ses yeux fixés sur cette sainte créature qui, se jetant sur la sirène, mit ses vêtements en pièces et son ventre à nu; mais une telle puanteur en sortait, qu'aussitôt je m'éveillai.

Comme j'ouvrais les yeux : « Voilà trois fois au moins que je t'appelle, dit le bon Virgile; debout, suis-moi, cherchons l'ouverture par où tu dois entrer. »

Je me levai : déjà tous les cercles de la sainte Montagne resplendissaient de la clarté du jour, et nous allions tournant le dos aux rayons du soleil. Je suivais mon

Seguendo lui, portava la mia fronte
　Come colui, che l' ha di pensier carca,
　Che fa di se un mezzo arco di ponte,

Quando i' udî : Venite, qui si varca;
　Parlare in modo soave, e benigno,
　Qual non si sente in questa mortal marca.

Con l' ale aperte, che parén di cigno,
　Volseci in su colui, che sì parlonne,
　Tra i duo pareti del duro macigno.

Mosse le penne poi, e ventilonne,
　Qui lugent, affermando esser beati,
　Ch' avran di consolar l' anime donne.

Che hai, che pure in ver la terra guati?
　La guida mia incominciò a dirmi,
　Poco amendue dall' Angel sormontati.

Ed io : Con tanta sospeccion fa irmi
　Novella vision, ch' a se mi piega,
　Sì ch' io non posso dal pensar partirmi.

Vedesti, disse, quella antica strega,
　Che sola sovra noi omai si piagne?
　Vedesti come l' uom da lei si slega?

Bastiti, e batti a terra le calcagne :
　Gli occhi rivolgi al logoro, che gira
　Lo Rege eterno con le ruote magne.

guide, le front baissé, semblable à celui qui, inclinant sa tête chargée de pensées, marche courbé comme l'arche d'un pont.

« Venez, c'est ici le passage ! » Ainsi disait une voix, et avec tant de douceur, que rien d'aussi suave ne s'entend ici-bas. Et celui qui parlait nous guida, son aile tendue comme l'aile d'un cygne, au milieu des rudes parois de la montagne. Puis, agitant ses plumes, dont le souffle effleura mon visage, il répétait : « *Beati qui lugent*, car leurs belles âmes seront consolées ! »

Et aussitôt que l'ange se fut envolé au-dessus de nous : « Pourquoi, me dit le maître, ces regards tournés vers la terre ? »

« Je suis, lui répondis-je, sous le charme d'une nouvelle vision : elle m'attire et m'enlace dans de tels doutes, que je ne puis en détourner ma pensée. »

« Tu as vu, me dit-il, cette antique enchanteresse, qui, à elle seule, au-dessus de nous fait répandre tant de pleurs. Tu as vu comment l'homme peut échapper à ses étreintes. Il suffit : foule aux pieds ces souvenirs, et tourne tes regards vers ce céleste appât [4], que l'éternel souverain fait rouler avec ses sphères immenses. »

Quale il falcon, che prima a' piè si mira,
　Indi si volge al grido, e si protende,
　Per lo disio del pasto, che là il tira,

Tal mi fec'io : e tal, quanto si fende
　La roccia, per dar via a chi va suso,
　N'andai 'n fino ove 'l cerchiar si prende.

Com'io nel quinto giro fui dischiuso,
　Vidi gente per esso che piangea,
　Giacendo a terra tutta volta in giuso.

Adhæsit pavimento anima mea,
　Sentía dir lor, con sì alti sospiri,
　Che la parola appena s'intendea.

O eletti di Dio, gli cui soffriri
　E giustizia e speranza fan men duri,
　Drizzate noi verso gli alti saliri.

Se voi venite dal giacer sicuri,
　E volete trovar la via più tosto,
　Le vostre destre sien sempre di furi :

Così pregò 'l poeta, e sì risposto
　Poco dinanzi a noi ne fu : perch'io
　Nel parlare avvisai l'altro nascosto :

E volsi gli occhi agli occhi al signor mio :
　Ond'elli m'assentì con lieto cenno
　Ciò, che chiedea la vista del disio.

Le faucon, au cri du chasseur, regarde si ses pieds sont libres, puis il s'élance, rapide dans son vol et avide de la proie qui l'attire : de même, parcourant à la hâte le sentier qui monte dans la roche entr'ouverte, je parvins au point où commence l'autre cercle.

Arrivé dans ce cinquième cercle, j'y découvris une foule d'âmes, tout en pleurs, étendues et le visage tourné contre terre.

« *Adhæsit pavimento anima mea* [5] ! » Ainsi elles parlaient, et leur parole, brisée par les soupirs, à peine s'entendait.

« O vous, les élus de Dieu, vous à qui l'espérance et la justice rendent la souffrance plus légère, conduisez-nous vers les degrés supérieurs. » — « Si notre punition ne doit pas vous atteindre, et si vous n'êtes ici que pour chercher la bonne route, ayez soin d'avoir toujours à votre main droite le bord extérieur du cercle. »

Au poëte qui avait fait la demande, ainsi fut-il répondu un peu en avant de nous, et cette réponse de l'esprit me fit voir que ma condition ne lui était pas connue.

Mes yeux alors rencontrant ceux de mon maître, par un signe bienveillant il approuva le désir qu'avait exprimé mon regard.

Poi ch' io potei di me fare a mio senno,
 Trassimi sopra quella creatura,
 Le cui parole pria notar mi fenno:

Dicendo: Spirto, in cui pianger matura
 Quel, sanza 'l quale a Dio tornar non puossi,
 Sosta un poco per me tua maggior cura.

Chi fosti, e perchè volti avete i dossi
 Al sù, mi dî, e se vuoi, ch' i' t' impetri
 Cosa di là, ond' io vivendo mossi.

Ed egli a me: Perchè i nostri diretri
 Rivolga 'l Cielo a se, saprai: ma prima
 Scias, quod ego fui successor Petri.

Intra Siestri e Chiaveri s' adima
 Una fiumana bella, e del suo nome
 Lo titol del mio sangue fa sua cima.

Un mese e poco più prova' io come
 Pesa 'l gran manto a chi dal fango 'l guarda:
 Che piuma sembran tutte l' altre some.

La mia conversione omè fu tarda;
 Ma, come fatto fui Roman Pastore,
 Così scopersi la vita bugiarda.

Vidi, che lì non si quetava 'l cuore,
 Nè più salir potési in quella vita;
 Perchè di questa in me s' accese amore.

Libre d'agir à mon gré, je m'approche de cette âme, que ses paroles m'avaient fait remarquer, et je lui dis :

« Toi dont les pleurs abrègent cette expiation qui, seule, conduit à Dieu, pour un instant, en ma faveur, abstiens-toi d'un soin si pieux. Qui es-tu? Pourquoi votre dos est-il ainsi tourné? Réponds, et, en même temps, dis-moi si tu as à désirer quelque chose de ce monde d'où j'arrive encore vivant. »

Et lui : « Pourquoi notre dos est tourné en haut, tu le sauras; mais, avant tout, *scias quod ego fui successor Petri* [6]. Entre Siestri et Chiaveri s'enfonce une belle rivière [7]; le chef des armes de ma famille est décoré de son nom. Il ne m'a fallu guère plus d'un mois pour savoir ce que pèse le grand manteau [8] à qui veut le garantir de toute souillure : comparé à celui-là, il n'est pas de fardeau qui ne paraisse plus léger qu'une plume.

« Ma conversion fut tardive, hélas! mais dès que je fus élu pasteur de Rome, je reconnus combien sont trompeuses les choses de la vie. A ce point d'élévation que ne peut dépasser nulle ambition mortelle, je vis que là même il n'y a pas d'apaisement pour le cœur, et je me pris d'amour pour une vie meilleure. Jusqu'alors, âme misérable, j'avais été loin de Dieu, et tout entier à l'avarice : tu vois maintenant comme j'en suis puni.

« Les propres effets de l'avarice se manifestent ici dans l'épreuve même où se purifient ces âmes ainsi renversées:

Fino a quel punto misera e partita
 Da Dio anima fui, del tutto avara:
 Or, come vedi, qui ne son punita.

Quel, ch'avarizia fa, qui si dichiara,
 In purgazion dell'anime converse:
 E nulla pena il monte ha più amara.

Sì come l'occhio nostro non s'aderse
 In alto, fisso alle cose terrene,
 Così giustizia qui a terra il merse.

Come avarizia spense a ciascun bene
 Lo nostro amore, onde operar perdési,
 Così giustizia qui stretti ne tiene

Ne' piedi e nelle man legati e presi,
 E quanto fia piacer del giusto Sire,
 Tanto staremo immobili e distesi.

Io m'era inginocchiato, e volea dire:
 Ma com' i' cominciai, ed ei s'accorse,
 Solo ascoltando, del mio riverire.

Qual cagion, disse, in giù così ti torse?
 Ed io a lui: Per vostra dignitate,
 Mia coscienza dritta mi rimorse.

Drizza le gambe, e levati su, frate,
 Rispose: non errar: conservo sono
 Teco, e con gli altri ad una potestate.

et il n'est pas, au sein de la montagne, d'épreuve qui soit plus amère.

« De même que nos regards, sans cesse attirés par les biens terrestres, ne se tournèrent jamais vers le ciel, de même ici la justice les attache à la terre. Et comme en nous l'avarice, éteignant l'amour du bien, nous rendit impuissants à toute bonne action, ici la justice, nous garrottant les pieds et les mains, nous condamne à rester étendus, immobiles, tout le temps qu'il plaira au juste Seigneur [9]. »

Agenouillé près de lui, je voulus à mon tour lui parler, mais à peine commençais-je, qu'averti, rien qu'en écoutant, de cette marque de déférence : « Pour quel motif, me dit-il, t'abaisses-tu de la sorte ? »

« Ma conscience, lui répondis-je, me reprocherait de ne pas m'incliner devant votre haute dignité. »

« Redresse les genoux, frère, me dit-il, et lève-toi : il ne faut pas t'y tromper, je ne suis comme toi et comme les autres, que le serviteur de la même puissance. Si tu as la

Se mai quel santo Evangelico suono,
 Che dice *Neque nubent*, intendesti,
 Ben puoi veder, perch'io così ragiono.

Vattene omai : non vo', che più t'arresti :
 Che la tua stanza mio pianger disagia,
 Col qual maturo ciò che tu dicesti.

Nepote ho io di là, ch' ha nome Alagia,
 Buona da se, pur che la nostra casa
 Non faccia lei per esempio malvagia :

E questa sola m'è di là rimasa.

véritable intelligence de cette parole du saint Évangile, *neque nubent* [10], mon raisonnement te paraîtra bien clair. Va-t'en maintenant, ne me retiens pas davantage, et que ta présence ne suspende pas les pleurs qui hâtent l'expiation dont tu me parlais tout à l'heure. Sur la terre j'ai encore une nièce qui a nom Alagia; par elle-même elle est bonne; mais que l'exemple de notre maison ne l'induise pas au mal! Je n'ai là-bas d'espérance qu'en elle. »

CANTO VIGESIMO

Contra miglior voler, voler mal pugna.
   Onde contra 'l piacer mio per piacerli
   Trassi dell' acqua non sazia la spugna.

Mossimi : e 'l duca mio si mosse per li
   Luoghi spediti, pur lungo la roccia,
   Come si va per muro stretto a' merli :

Che la gente, che fonde a goccia a goccia
   Per gli occhi 'l mal, che tutto 'l mondo occúpa,
   Dall' altra parte in fuor troppo s'approccia.

Maledetta sie tu, antica Lupa,
   Che più che tutte l'altre bestie hai preda,
   Per la tua fame sanza fine cupa.

O Ciel, nel cui girar par che si creda
   Le condizion di quaggiù trasmutarsi,
   Quando verrà, per cui questa disceda?

CHANT VINGTIÈME

A une volonté meilleure toute volonté doit céder : ainsi, renonçant à mon plaisir pour mieux plaire à cette âme, je m'éloignai, faisant comme celui qui retire de l'eau une éponge avant qu'elle soit imbibée.

Reprenant notre marche, nous allions, mon guide et moi, par les sentiers restés libres le long du rocher : on eût dit un mur étroit dont nous longions les créneaux. Sur le bord opposé du chemin se pressaient les âmes qui, de leurs yeux, laissaient couler goutte à goutte l'expiation du mal qui remplit l'univers. Antique Louve qui, pour assouvir ton insatiable voracité, dévores plus de proies que tous les autres animaux, sois maudite ! O ciel, puisque sous l'influence de tes mouvements (on le croit ainsi) s'opèrent les changements d'ici-bas, quand donc viendra celui qui doit la mettre en fuite ?

Noi andavám co' passi lenti e scarsi;
　Ed io attento all'ombre, ch'i' sentía
　Pietosamente piangere e lagnarsi:

E per ventura udî, Dolce Maria,
　Dinanzi a noi chiamar, così nel pianto,
　Come fa donna, che 'n partorir sia.

E seguitar, Povera fosti tanto,
　Quanto veder si può per quell'ospizio,
　Ove sponesti 'l tuo portato santo.

Seguentemente intesi, o buon Fabbrizio,
　Con povertà volesti anzi virtute,
　Che gran ricchezza posseder con vizio.

Queste parole m'eran sì piaciute,
　Ch'io mi trassi oltre, per aver contezza
　Di quello spirto, onde parén venute.

Esso parlava ancor della larghezza,
　Che fece Niccolao alle pulcelle,
　Per condurre ad onor lor giovinezza.

O anima, che tanto ben favelle,
　Dimmi chi fosti, dissi, e perchè sola
　Tu queste degne lode rinnovelle.

Non fia senza mercè la tua parola,
　S'io ritorno a compiér lo cammin corto
　Di quella vita, ch'al termine vola.

CHANT VINGTIÈME.

Nous cheminions lentement et presque à pas comptés, moi tout attentif à la douleur et aux pitoyables gémissements de ces ombres. « O douce Marie ! » Telle est l'invocation que, par hasard, j'entendis murmurer au-devant de moi : c'était l'accent plaintif d'une femme dans les douleurs de l'enfantement. Puis la voix continua : « Tu fus pauvre, on le voit bien à cette étable où tu vins déposer ton saint fardeau ! »

Ensuite j'entendis : « O noble Fabricius, à qui la vertu fut plus chère avec la pauvreté, que les richesses avec le vice ! »

Attiré par le charme de ces paroles, je m'avance bien vite pour reconnaître l'esprit qui paraissait les avoir prononcées. Il racontait aussi comment des vierges, grâce à la riche aumône de saint Nicolas [1], purent conserver chaste leur jeunesse.

« O toi, lui dis-je, qui répètes de si belles paroles, fais-moi savoir qui tu as été, et pourquoi te voilà seul, redisant des louanges si bien méritées. Si je retourne achever là-bas le court pèlerinage de cette vie qui se précipite vers son terme, ta réponse peut-être ne restera pas sans récompense. »

Ed egli : Io ti dirò, non per conforto,
　Ch'io attenda di là, ma perchè tanta
　Grazia in te luce, prima che sie morto.

I' fui radice della mala pianta,
　Che la terra Cristiana tutta aduggia,
　Sì che buon frutto rado se ne schianta.

Ma se Doagio, Guanto, Lilla, e Bruggia
　Potesser, tosto ne saria vendetta :
　Ed io la cheggio a lui, che tutto giuggia.

Chiamato fui di là Ugo Ciapetta :
　Di me son nati i Filippi e i Luigi,
　Per cui novellamente è Francia retta.

Figliuol fui d'un beccajo di Parigi,
　Quando li Regi antichi venner meno
　Tutti, fuor ch'un, renduto in panni bigi.

Trovámi stretto nelle mani il freno
　Del governo del regno, e tanta possa
　Di nuovo acquisto, e più d'amici pieno,

Ch'alla corona vedova promossa
　La testa di mio figlio fu, dal quale
　Cominciar di costor le sacrate ossa.

Mentre che la gran dote Provenzale
　Al sangue mio non tolse la vergogna,
　Poco valea, ma pur non facea male.

CHANT VINGTIÈME.

Et lui : « Je réponds, non dans l'espoir d'aucun soulagement à obtenir là-bas, mais à cause de cette grâce étonnante qui éclate en ta personne même avant que tu sois mort.

« Tu vois en moi la racine de cette mauvaise plante [2] dont le pernicieux ombrage, étendu sur toute terre chrétienne, y fait avorter le bon fruit.

« Que Douai, Lille, Gand et Bruges n'en ont-ils le pouvoir ! Elle ne se ferait pas attendre, la vengeance que j'implore sans cesse du juge souverain !

« Là-bas on me nommait Hugues Capet : de moi sont issus les Philippe, les Louis, ces souverains nouveaux de la France.

« Fils d'un boucher de Paris [3], au moment où, de la race éteinte de ses anciens rois un seul restait qui disparut sous le froc [4], c'est moi dont la main saisit les rênes du gouvernement. Je devins alors si puissant par de nouvelles conquêtes et par la foule des amis, que mon fils put ceindre la couronne vacante ; et de lui sortit cette descendance de rois consacrés.

« Jusqu'au jour où, convoitant cette belle dot de la Provence, ma race perdit toute pudeur, si elle ne valut pas grand'chose, du moins elle ne fit pas de mal. Mais à

Lì cominciò con forza e con menzogna
　La sua rapina : e poscia, per ammenda,
　Ponti, e Normandía prese, e Guascogna.

Carlo venne in Italia, e, per ammenda,
　Vittima fè di Curradino, e poi
　Ripinse al Ciel Tommaso, per ammenda.

Tempo veggh'io non molto dopo ancói,
　Che tragge un' altro Carlo fuor di Francia,
　Per far conoscer meglio e se, e i suoi.

Senz'arme n'esce, e solo con la lancia,
　Con la qual giostrò Giuda, e quella ponta
　Sì, ch'a Fiorenza fa scoppiar la pancia.

Quindi non terra, ma peccato e onta
　Guadagnerà, per se tanto più grave,
　Quanto più lieve simil danno conta.

L'altro, che già uscì preso di nave,
　Veggio vender sua figlia, e patteggiarne,
　Come fan li corsar dell'altre schiave.

O avarizia, che puoi tu più farne,
　Poi ch'hai 'l sangue mio a te sì tratto,
　Che non si cura della propria carne?

Perchè men paja il mal futuro e 'l fatto,
　Veggio in Alagna entrar lo fiordaliso,
　E nel vicario suo Cristo esser catto.

ce moment commence pour elle l'œuvre de la violence, du mensonge et de la rapine. Puis (sans doute pour s'amender !) elle s'empare du Ponthieu, de la Normandie et de la Gascogne. Charles [5] vient ensuite en Italie (autre amendement !), et fait une victime du jeune Conradin, sans oublier (pour achever de s'amender !) de dépêcher Thomas [6] vers le ciel.

« Un temps viendra (je le vois venir, il est proche) où un autre Charles [7], sorti de France, fera mieux connaître ce que valent lui et les siens.

« Il sort armé seulement de la lance avec laquelle Judas combattit [8], et la pointe en est si bien dirigée, que Florence en a le ventre traversé. Là, ses conquêtes seront, non pas des provinces, mais de la honte et de l'infamie, fardeau pour lui d'autant plus lourd, qu'il lui paraîtra plus léger !

« Un autre Charles [9] sort de son navire, je le vois aussi, pour vendre sa fille et la mettre aux enchères comme font les corsaires de leurs esclaves.

« O avarice ! que te reste-t-il à faire encore, quand tu as corrompu mon sang à ce point qu'il n'a plus souci de sa propre chair ? Et comme pour faire pâlir tout attentat passé et futur, voici dans Anagni l'homme aux fleurs de lis, et, dans la personne de son vicaire, le Christ devenu captif ! Voici le Christ une fois encore livré à l'outrage ! Voici encore le fiel et le vinaigre, et le supplice

Veggiolo un'altra volta esser deriso:
 Veggio rinnovellar l'aceto e 'l fele,
 E tra i vivi ladroni essere anciso.

Veggio 'l nuovo Pilato sì crudele,
 Che ciò nol sazia, ma, senza decreto,
 Porta nel tempio le cupide vele.

O signor mio, quando sarò io lieto,
 A veder la vendetta, che nascosa
 Fa dolce l'ira tua nel tuo segreto?

Ciò ch'i' dicea di quell'unica sposa
 Dello Spirito Santo, e che ti fece
 Verso me volger per alcuna chiosa;

Tant'è disposto a tutte nostre prece,
 Quanto 'l dì dura: ma quando s'annotta,
 Contrario suon prendemo in quella vece:

Noi ripetiam Pigmalion allotta,
 Cui traditore e ladro e patricida
 Fece la voglia sua dell'oro ghiotta:

E la miseria dell'avaro Mida,
 Che seguì alla sua dimanda ingorda,
 Per la qual sempre convien che si rida.

Del folle Acám ciascun poi si ricorda,
 Come furò le spoglie, sì che l'ira
 Di Josuè qui par ch'ancor lo morda.

entre deux larrons vivants [10]. Et puis c'est le nouveau Pilate [11], avec sa cruauté inassouvie, qui porte jusque sur le Temple ses convoitises sans loi et sans frein !

« Quelle joie, Seigneur, quand viendra cette vengeance cachée dans le secret de tes desseins, qui te rend la colère douce !

« Si tout à l'heure j'ai dit le nom de cette unique épouse de l'Esprit Saint qui appela ton attention et tes demandes, apprends que ce nom revient dans toutes nos prières tant que dure le jour, mais, la nuit arrivant, nous le remplaçons par des exemples tout contraires.

« Nous redisons Pygmalion [12], et cette soif intarissable de l'or qui fit de lui un traître, un voleur, un parricide; nous rappelons la détresse de l'avare Midas, trop bien exaucé dans ce vœu de cupidité qui est devenu l'éternelle risée du monde. Chacun de nous se souvient aussi de ce fou d'Acham [13], qui, pour avoir dérobé les dépouilles, paraît encore en butte à la vengeance de Josué. Puis c'est Saphira et son mari que nous accusons, et nous nous applaudissons d'Héliodore foulé aux pieds [14]. Tout autour de la montagne retentit l'infamie de Polymnestor, le meurtrier de Polydore [15], et enfin nous crions tous :

Indi accusiam col marito Safira :
  Lodiamo i calci, ch' ebbe Eliodoro,
  Ed in infamia tutto 'l monte gira

Polinestor, ch' ancise Polidoro :
  Ultimamente ci si grida Crasso,
  Dicci, che 'l sai, di che sapore è l' oro.

Talor parliam l' un' alto, e l' altro basso,
  Secondo l' affezion, ch' a dir ci sprona
  Or a maggiore, ed ora a minor passo.

Però al ben, che 'l dì ci si ragiona,
  Dianzi non er' io sol : ma qui da presso
  Non alzava la voce altra persona.

Noi eravám partiti già da esso,
  E brigavám di soverchiar la strada
  Tanto, quanto al poder n' era permesso;

Quand' io sentî, come cosa che cada,
  Tremar lo monte : onde mi prese un gielo,
  Qual prender suol colui, ch' a morte vada.

Certo non si scotea sì forte Delo,
  Pria che Latona in lei facesse 'l nido,
  A parturir li du' occhi del Cielo.

Poi cominciò da tutte parti un grido
  Tal, che 'l maestro inver di me si feo,
  Dicendo. Non dubbiar, mentr' io ti guido.

« Dis-nous, Crassus, quelle est la saveur de l'or; tu le sais, toi ! »

« Il arrive aussi que nous parlons, l'un tout haut, l'autre à voix basse, selon l'affection qui nous stimule et nous fait hâter ou ralentir le pas. Ainsi tout à l'heure, pour redire ces bons exemples, notre entretien de la journée, je n'étais pas seul, mais auprès de moi nul autre esprit n'élevait la voix. »

Nous éloignant de cette ombre, avec effort nous gravissions le sentier aussi vite qu'il nous était possible, quand tout à coup je sentis la montagne trembler, comme une masse qui s'écroule; et je fus saisi de ce frisson qui glace l'homme marchant à la mort.

Assurément Délos ne fut pas ébranlée par une si violente secousse, avant d'être pour Latone le nid où elle mit au monde ces deux flambeaux du ciel : puis de tous les côtés un tel cri s'éleva, que le maître, se tournant vers moi : « Ne crains pas, dit-il, tant que je suis avec toi. »

Gloria in excelsis tutti *Deo*
 Dicean, per quel ch'io da vicin compresi,
 Onde 'ntender lo grido si potéo.

Noi ci restammo immobili e sospesi,
 Come i pastor, che prima udir quel canto,
 Fin che 'l tremar cessò, ed ei compiési.

Poi ripigliammo nostro cammin santo,
 Guardando l'ombre, che giacén per terra,
 Tornate già in su l'usato pianto.

Nulla ignoranza mai cotanta guerra
 Mi fè desideroso di sapere,
 Se la memoria mia in ciò non erra,

Quanta parémi allor pensando avere:
 Nè per la fretta dimandare er' oso,
 Nè per me lì potea cosa vedere:

Così m'andava timido e pensoso.

« *Gloria in excelsis!* » s'écriait-on ; ainsi du moins je le comprenais du lieu où la voix, plus rapprochée, devenait plus distincte.

Étonnés comme le furent les pasteurs qui entendirent ce chant pour la première fois, nous restâmes immobiles tant que dura la secousse, et jusqu'à la fin du cantique.

Puis nous reprîmes notre voyage béni, contemplant toujours les âmes étendues sur la terre, qui répétaient déjà leurs plaintes accoutumées. Jamais, si ma mémoire est fidèle, par l'ignorance d'une chose et le désir de savoir, je ne fus tourmenté et combattu autant qu'il me semblait alors l'être dans ma pensée ; n'osant, par cette marche rapide, interroger mon guide, et ne trouvant en moi-même aucun éclaircissement, je m'en allais timide et rêveur.

CANTO VIGESIMOPRIMO

La sete natural, che mai non sazia,
   Se non coll'acqua, onde la femminetta
   Sammaritana dimandò la grazia,

Mi travagliava, e pungémi la fretta,
   Per la 'mpacciata via retro al mio duca,
   E condolémi alla giusta vendetta.

Ed ecco, sì come ne scrive Luca,
   Che Cristo apparve a' duo, ch'erano 'n via,
   Già surto fuor della sepulcral buca,

Ci apparve un'ombra : e dietro a noi venía,
   Dappiè, guardando la turba, che giace :
   Nè ci addemmo di lei, sì parlò pria,

Dicendo : Frati mièi, Dio vi dea pace.
   Noi ci volgemmo subito : e Virgilio
   Rendè lui 'l cenno, ch' a ciò si conface :

CHANT VINGT-UNIÈME

Dévoré de cette soif naturelle que seule peut apaiser la source vive qu'implorait par grâce la Samaritaine [1], je me hâtais, à la suite de mon guide, dans cette route encombrée, sans cesser de compatir aux justes expiations.

Dans saint Luc, il est écrit que le Christ, à peine sorti de son sépulcre, apparut à deux hommes sur un chemin [2]; de même, voici que tout à coup une ombre nous apparaît : elle venait derrière nous, contemplant à ses pieds cette foule d'âmes étendues, et nous révélant sa présence par ces simples paroles : « Dieu vous donne la paix, mes frères ! » Nous nous retournons aussitôt, et Virgile, répondant à son salut affectueux, lui dit : « Puisse t'admettre en paix dans le séjour bienheureux, cette cour divine qui me relègue dans l'exil éternel ! »

Poi cominciò : Nel beato concilio
   Ti ponga in pace la verace corte,
   Che me rilega nell' eterno esilio.

Come, diss' egli, e perchè andate forte,
   Se voi siete ombre, che Dio su non degni?
   Chi v' ha per la sua scala tanto scorte?

E 'l dottor mio : Se tu riguardi i segni,
   Che questi porta, e che l' Angel profila,
   Ben vedrai, che co' buon convien ch' e' regni.

Ma perchè lei, che dì e notte fila,
   Non gli avea tratta ancora la conocchia,
   Che Cloto impone a ciascuno e compila :

L' anima sua, ch' è tua e mia sirocchia,
   Venendo su non potea venir sola,
   Perocch' al nostro modo non adocchia :

Ond' io fui tratto fuor dell' ampia gola
   D' Inferno per mostrarli, e mosterrolli
   Oltre, quanto 'l potrà menar mia scuola.

Ma dinne, se tu sai, perchè tai crolli
   Diè dianzi 'l monte, e perchè tutti ad una
   Parver gridare, infino a' suoi piè molli?

Sì mi diè dimandando per la cruna
   Del mio disio, che, pur con la speranza,
   Si fece la mia sete men digiuna.

« Mais, dit l'esprit, en continuant d'aller, si vous êtes des ombres que Dieu n'accueille pas là-haut, qui a pu vous conduire si avant par ces degrés? »

« Regarde, dit mon maître, regarde à ces signes, que celui-ci porte au front, et que l'Ange a tracés, et tu comprendras qu'il est destiné à régner avec les élus. Celle qui, là-bas, ne cesse de filer ni la nuit ni le jour, n'a pas encore épuisé pour lui la quenouille que Clotho dispose et garnit pour chacun de nous; et cette âme, ta sœur comme la mienne, ne pouvait s'en venir toute seule pour monter là-haut, puisqu'elle n'est pas douée de notre clairvoyance. Ainsi, pour lui servir de guide, je fus tiré du large gouffre de l'Enfer, et je la conduirai aussi loin que mon savoir me le permettra.

« Mais, si tu le sais, apprends-nous pourquoi tout à l'heure la montagne a tremblé si fort, et pourquoi du sommet à son pied humide, toutes les âmes se sont écriées à la fois. »

Cette question allait si avant dans mon désir secret, que l'espérance rendit ma soif déjà moins ardente.

Quei cominciò : Cosa non è, che sanza
  Ordine senta la religione
  Della montagna, o che sia fuor d'usanza.

Libero è qui da ogni alterazione :
  Di quel che 'l Cielo in se da se riceve,
  Esserci puote, e non d'altro cagione.

Perchè non pioggia, non grando, non neve,
  Non rugiada, non brina più su cade,
  Che la scaletta de' tre gradi breve.

Nuvole spesse non pajon, nè rade,
  Nè coruscar, nè figlia di Taumante,
  Che di là cangia sovente contrade.

Secco vapor non surge più avante,
  Ch' al sommo de' tre gradi, ch' io parlai,
  Ov' ha 'l Vicario di Pietro le piante.

Trema forse più giù poco, od assai :
  Ma per vento, che 'n terra si nasconda,
  Non so come, quassù non tremò mai :

Tremaci quando alcuna anima monda
  Si sente, sì che surga, o che si muova
  Per salir su, e tal grido seconda.

Della mondizia il sol voler fa pruova,
  Che tutta libera a mutar convento
  L'alma sorprende, e di voler le giova.

Puis l'esprit commença : « Cette secousse n'est pas ici chose inaccoutumée : la sainte montagne l'éprouve en vertu de ses propres lois. Dans son inaltérable sérénité, elle ne peut être troublée que par son action sur le ciel et non par aucune cause extérieure, car elle ne connaît en deçà de la porte aux trois degrés, ni pluie, ni grêle, ni neige, ni rosée, ni bruine. Ici n'apparaît aucune nuée épaisse ou légère; ici jamais ne brille l'éclair, jamais ne se montre la fille de Thaumas[3], si prompte à changer de lieu. Nulle vapeur sèche non plus ne dépasse le sommet de ces trois degrés dont je parlais, et où pose les pieds le vicaire de saint Pierre.

« Il se peut que plus bas des secousses plus ou moins violentes agitent la montagne; mais sur les hauteurs, je ne sais comment l'effort des vents renfermés dans la terre ne cause aucun ébranlement. Seulement ici le sol frémit au moment où une âme qui se sent pure se lève, secondée par ces cris, et prend son élan vers le sommet de la montagne. La pureté se manifeste par la seule volonté qui excite l'âme, devenue libre, à changer de demeure, et cette volonté, l'âme en jouit alors dans sa plénitude. Si auparavant elle éprouve ce désir, la liberté lui manque pour y céder; car la même ardeur qu'elle eut pour le

Prima vuol ben : ma non lascia 'l talento,
   Che divina giustizia contra voglia,
   Come fu al peccar, pone al tormento.

Ed io che son giaciuto a questa doglia
   Cinquecento anni e più, pur mo sentii
   Libera volontà di miglior soglia.

Però sentisti 'l tremoto, e li pii
   Spiriti per lo monte render lode
   A quel Signor, che tosto su gl'invii.

Così gli disse : e però che si gode
   Tanto del ber, quant'è grande la sete,
   Non saprei dir quant'e' mi fece prode.

E 'l savio duca : Omai veggio la rete,
   Che qui vi piglia, e come si scalappia,
   Perchè ci trema, e di che congaudete.

Ora chi fosti, piacciati ch'io sappia,
   E perchè tanti secoli giaciuto
   Qui se', nelle parole tue mi cappia.

Nel tempo, che 'l buon Tito, con l'ajuto
   Del sommo Rege, vendicò le fora,
   Ond'uscì 'l sangue per Giuda venduto;

Col nome, che più dura e più onora,
   Er'io di là, rispose quello spirto,
   Famoso assai, ma non con fede ancora.

péché la pousse à l'expiation : ainsi le veut la justice divine.

« Pour moi, depuis cinq cents ans et plus, courbé sous le châtiment, voici le premier moment où me vient cette libre volonté d'un séjour meilleur. C'est pourquoi tu as entendu la terre trembler, et les pieux esprits sur la montagne glorifier le Seigneur, afin que vite il les appelle à lui. »

Ainsi il parla, et quel fut mon contentement, je ne le saurais dire : quand la soif est ardente, le plaisir de boire est si grand !

« Je vois bien, dit alors mon sage guide, quels liens vous retiennent ici, et comment ils se brisent; je comprends aussi les secousses de la montagne, et vos cris d'allégresse. Qu'il te plaise maintenant de me dire qui tu as été, et que je sache par tes paroles pourquoi tant de siècles t'ont vu ici gisant immobile. »

« Au temps où le bon Titus, avec l'aide du Roi suprême, vengea la blessure par où sortit le sang vendu par Judas, j'étais là-bas, répondit l'esprit, décoré du titre qui dure le plus et qui fait le plus d'honneur; déjà célèbre, mais encore séparé de la vraie foi. Telle fut la douceur de mes chants, que de ma cité de Toulouse [4], Rome m'attira vers elle, et ceignit mon front de la cou-

Tanto fu dolce mio vocale spirto,
  Che Tolosano a se mi trasse Roma,
  Dove mertai le tempie ornar di mirto.

Stazio la gente ancor di là mi noma:
  Cantai di Tebe, e poi del grande Achille:
  Ma caddi 'n via con la seconda soma.

Al mio ardor fur seme le faville,
  Che mi scaldar della divina fiamma,
  Onde sono allumati più di mille:

Dell' Eneida dico: la qual mamma
  Fummi, e fummi nutrice poetando:
  Sanz' essa non fermai peso di dramma.

E per esser vivuto di là, quando
  Visse Virgilio, assentirei un sole
  Più, ch' i' non deggio, al mio uscir di bando.

Volser Virgilio a me queste parole
  Con viso che, tacendo, dicea Taci:
  Ma non può tutto la virtù, che vuole:

Che riso e pianto son tanto seguaci
  Alla passion, da che ciascun si spicca,
  Che men seguon voler ne' più veraci:

Io pur sorrisi, come l' uom, ch' ammicca:
  Perchè l' ombra si tacque, e riguardommi
  Negli occhi, ove 'l sembiante più si ficca.

ronne de myrte. Stace est le nom qu'on me donne encore là-bas. Mes vers ont célébré Thèbes, puis le grand Achille, mais j'ai fléchi sous le poids de cette seconde tâche. L'étincelle de mon génie s'alluma aux ardeurs de cette flamme divine qui avait embrasé tant d'esprits. C'est l'Énéide que je veux dire, l'Énéide, cette mère qui me nourrit de poésie, et sans laquelle j'eusse valu bien peu. Je voudrais avoir vécu là-bas au temps où Virgile vivait, dussé-je, une année encore au delà du terme voulu, rester dans mon exil! »

A ces paroles, Virgile se tourna vers moi avec un visage et un silence qui disaient : « Tais-toi! » Mais tout pouvoir n'est pas donné en nous à la faculté qui veut. Le rire et les pleurs, expression si rapide de l'affection qui les fait naître, obéissent d'autant moins à notre volonté, que nous sommes plus sincères. Je me pris donc à sourire comme en faisant signe, et l'ombre tout aussitôt se tut, me regardant aux yeux, où se peint le mieux la pensée :

E se tanto lavoro in bene assommi,
  Disse: perchè la faccia tua testeso
  Un lampeggiar d'un riso dimostrommi?

Or son io d'una parte e d'altra preso:
  L'una mi fa tacer, l'altra scongiura,
  Ch'i' dica: ond'io sospiro, e sono inteso.

Dì, il mio maestro, e non aver paura,
  Mi disse, di parlar, ma parla, e digli
  Quel ch'e' dimanda con cotanta cura.

Ond'io: Forse che tu ti maravigli,
  Antico spirto, del rider, ch'i' fei:
  Ma più d'ammirazion vo', che ti pigli.

Questi, che guida in alto gli occhi miei,
  È quel Virgilio, dal qual tu togliesti
  Forte a cantar degli uomini e de' Dei.

Se cagione altra al mio rider credesti,
  Lasciala per non vera, ed esser credi
  Quelle parole, che di lui dicesti.

Già si chinava ad abbracciar li piedi
  Al mio dottor: ma e' gli disse: Frate,
  Non far: che tu se ombra, e ombra vedi.

Ed ei surgendo: Or puoi la quantitate
  Comprender dell'amor, ch'a te mi scalda,
  Quando dismento nostra vanitate,

Trattando l'ombre come cosa salda.

« Puisses-tu voir bientôt, me dit-elle, l'heureuse fin de ta grande entreprise ; mais, dis-moi, pourquoi cet éclair de sourire qui vient de traverser ton visage ? »

Me voilà bien empêché : d'un côté l'on m'impose silence ; de l'autre, on me supplie de parler ! Je soupire et je suis confus : « Va, dit mon maître, n'aie pas crainte de parler, et, en parlant, réponds à ce qu'il demande avec tant de souci. »

Et alors : « Antique esprit, lui dis-je, si mon sourire excite ta surprise, je vais te donner un bien plus grand sujet d'admiration. Celui qui dirige là-haut ma vue est ce Virgile de qui tu as appris à chanter si dignement les hommes et les Dieux. Si tu donnais à mon sourire une autre cause, détrompe-toi, et attribue-le seulement aux paroles que tu disais de mon maître. »

Déjà il se prosternait pour embrasser les pieds de Virgile, mais celui-ci : « Non, frère, lui dit-il, n'en fais rien ; tu es une ombre, et c'est une ombre que tu vois. »

Et lui, se relevant : « Juge, dit-il, de quel ardent amour je suis animé pour toi : quand, oublieux de notre forme vaine, je traite ainsi une ombre comme un être réel. »

CANTO VIGESIMOSECONDO

Già era l'Angel dietro a noi rimaso,
   L'Angel, che n'avea volti al sesto giro,
   Avendomi dal viso un colpo raso:

E quei, ch'hanno a giustizia lor disiro,
   Detto n'avean, *Beati*, in le sue voci,
   Con *sitio*, e senz'altro ciò forniro:

Ed io più lieve, che per l'altre foci,
   M'andava sì, che senza alcun labore,
   Seguiva in su gli spiriti veloci:

Quando Virgilio cominciò: Amore
   Acceso di virtù sempre altro accese,
   Pur che la fiamma sua paresse fuore.

Onde dall'ora, che tra noi discese
   Nel limbo dello 'nferno Giovenale,
   Che la tua affezion mi fè palese,

CHANT VINGT-DEUXIÈME

Déjà était resté derrière nous l'ange qui après avoir effacé l'une des empreintes de mon front, nous avait conduits vers le sixième cercle ; et ceux qui n'ont soif que de justice, de leur douce voix nous avaient dit : *Beati qui sitiunt*, sans ajouter autre chose.

Pour moi, plus agile qu'aux autres passages de la montagne, j'allais, suivant sans nul effort, à la montée, le pas rapide de ces esprits.

Alors Virgile commença : « L'amour allumé par la vertu, pourvu que sa flamme se produise au dehors, allume toujours un autre amour. Du moment où, descendu parmi nous dans les limbes de l'Enfer, Juvénal me révéla ton affection pour moi, tu m'inspiras la tendresse la plus vive qu'on puisse éprouver pour une personne que l'on ne vit jamais. Avec toi maintenant que ces degrés me paraissent faciles à monter !

Mia benvoglienza inverso te fu, quale
 Più strinse mai di non vista persona,
 Sì ch'or mi parran corte queste scale.

Ma dimmi: e, come amico, mi perdona,
 Se troppa sicurtà m'allarga il freno,
 E, come amico, omai meco ragiona:

Come potéo trovar dentro al tuo seno
 Luogo avarizia, tra cotanto senno,
 Di quanto per tua cura fosti pieno?

Queste parole Stazio muover fenno
 Un poco a riso pria; poscia rispose:
 Ogni tuo dir d'amor m'è caro cenno.

Veramente più volte appajon cose,
 Che danno a dubitar falsa matera,
 Per le vere cagion, che son nascose.

La tua dimanda tuo creder m'avvera
 Esser, ch'io fossi avaro in l'altra vita,
 Forse, per quella cerchia, dov'io era.

Or sappi, ch'avarizia fu partita
 Troppo da me: e questa dismisura
 Migliaja di lunari hanno punita.

E se non fosse, ch'io drizzai mia cura,
 Quand'io intesi, là ove tu chiame,
 Crucciato quasi all'umana natura.

« Dis-moi (pardonne en ami si trop d'abandon rend ma langue indiscrète et réponds-moi comme un ami), dis-moi comment dans un esprit sage comme le tien et cultivé avec tant de soin, l'avarice a pu trouver place ».

A cette question Stace se prit doucement à sourire, puis il répondit : « Chaque parole de toi m'est un cher témoignage d'amitié. Bien souvent les apparences donnent lieu à des doutes mal fondés, quand la véritable raison des choses nous est inconnue. Le cercle où tu m'as rencontré te fait croire sans doute (ta demande en est la preuve) que dans l'autre vie je fus un avare. Apprends que tout au contraire, j'écartai l'avarice trop loin de moi et qu'il m'a fallu des milliers de lunaisons pour expier cet autre excès. Je serais maintenant à tournoyer dans l'éternelle joute des damnés[1], si je n'avais donné toute mon attention à la lecture de ce passage où, dans ton courroux contre la nature humaine, tu t'écries : « O soif de l'or[2], pourquoi, dans une sainte mesure, ne règles-tu pas les appétits des mortels? Je compris alors que la main peut s'ouvrir trop large à la dépense, et je me repentis de cet excès, comme on se repent des autres vices. Combien ressusciteront avec la tête rase qui, par ignorance,

Perchè non reggi tu, o sacra fame
    Dell' oro, l' appetito de' mortali?
    Voltando sentirei le giostre grame.

Allor m' accorsi, che troppo aprir l' ali
    Potén le mani a spendere, e pentémi
    Così di quel, come degli altri mali.

Quanti risurgeran co' crini scemi,
    Per l' ignoranza, che di questa pecca
    Toglie 'l pentér vivendo, e negli stremi!

E sappi, che la colpa, che rimbecca,
    Per dritta opposizione alcun peccato,
    Con esso insieme qui suo verde secca.

Però s' io son tra quella gente stato,
    Che piange l' avarizia, per purgarmi,
    Per lo contrario suo m' è incontrato.

Or quando tu cantasti le crude armi
    Della doppia tristizia di Jocasta,
    Disse 'l cantor de' bucolici carmi,

Per quel, che Clio lì con teco tasta,
    Non par che ti facesse ancor fedele
    La fè, senza la qual ben far non basta.

Se così è, qual sole, o quai candele
    Ti stenebraron sì, che tu drizzasti
    Poscia diretro al pescator le vele?

n'ont point eu le repentir de ce péché, ni pendant leur vie ni à leur dernier moment !

Apprends qu'ici le vice le plus opposé à chaque péché s'expie et se consume par le châtiment de ce même péché. Ainsi je me trouve parmi les âmes qui pleurent sur leur avarice, pour me purifier du péché tout contraire ».

Alors le Poëte des Bucoliques reprit : « Quand tu chantas dans tes vers cette guerre impitoyable, qui fut pour Jocaste la cause d'un double deuil, il ne paraît pas, aux accords que t'inspira Clio, que tu fusses déjà fidèle à la croyance hors de laquelle toute bonne œuvre est stérile. S'il en est ainsi, quel soleil, quel flambeau, dissipant pour toi les ténèbres, t'a fait tourner ta voile vers la barque du pêcheur ? »

Ed egli a lui: Tu prima m'inviasti
　Verso Parnaso a ber nelle sue grotte,
　E prima appresso Dio m'alluminasti.

Facesti, come quei, che va di notte,
　Che porta il lume dietro, e se non giova:
　Ma dopo sè fa le persone dotte:

Quando dicesti: Secol si rinnuova,
　Torna giustizia, e primo tempo umano,
　E progenie discende dal Ciel nuova.

Per te poeta fui, per te Cristiano.
　Ma perchè veggi me' ciò, ch'i' disegno,
　A colorar distenderò la mano.

Già era 'l Mondo tutto quanto pregno
　Della vera credenza, seminata
　Per li messaggi dell'eterno regno:

E la parola tua sopra toccata
　Si consonava a' nuovi predicanti:
　Ond'io a visitarli presi usata.

Vennermi poi parendo tanto santi,
　Che quando Domizian li perseguette,
　Senza mio lagrimar non fur lor pianti:

E mentre che di là per me si stette,
　Io gli sovvenni, e lor dritti costumi
　Fer dispregiare a me tutte altre sette.

L'autre lui répondit : « Toi le premier, tu me guidas vers le Parnasse pour me désaltérer à ses sources ; le premier aussi, tu as fait luire Dieu en mon esprit.

« L'homme qui, marchant de nuit, porte un flambeau derrière soi, ne profite pas de cette lumière, mais il en éclaire ceux qui le suivent. Ainsi as-tu fait quand tu as dit : « Un nouveau siècle se lève : voici la justice ramenant les premiers âges du monde, et du ciel une race nouvelle qui descend [3] ! »

« Par toi je fus poëte, par toi je fus chrétien. Mais pour que les contours de mon dessin te soient encore plus apparents, il faut que de ma main j'y étende la couleur.

« Déjà à cause de cette semence de la vraie foi répandue par les messagers du royaume éternel, le monde était comme dans l'enfantement, et tes paroles (je viens de les rappeler), s'accordant avec celles des nouveaux prédicateurs, je pris l'habitude de me rapprocher d'eux. Une telle sainteté m'apparut en leurs personnes, qu'aux jours de la persécution de Domitien, mes pleurs ne manquèrent pas à leurs souffrances. Tant que je vécus sur la terre, je les secourus, et l'austérité de leurs mœurs me fit tenir en mépris toutes les autres sectes. Mon poëme n'avait pas encore conduit les Grecs jusqu'au fleuve de Thèbes, que j'avais déjà reçu le baptême. Mais par peur je restai un chrétien caché, et longtemps encore pour le monde je ne fus qu'un païen. Cette tiédeur je l'ai expiée.

E pria ch'io conducessi i Greci a' fiumi
　Di Tebe, poetando, ebb'io battesmo:
　Ma per paura chiuso Cristian fumi;

Lungamente mostrando paganesmo:
　E questa tiepidezza il quarto cerchio
　Cerchiar mi fè, più che 'l quarto centesmo:

Tu dunque, che levato hai 'l coperchio,
　Che m'ascondeva quanto bene io dico,
　Mentre che del salire avém soverchio,

Dimmi, dov'è Terenzio nostro amico,
　Cecilio, Plauto, e Varrò, se lo sai:
　Dimmi, se don dannati, ed in qual vico.

Costoro, e Persio, ed io, e altri assai,
　Rispose 'l duca mio, siam con quel Greco,
　Che le Muse lattar, più ch'altro mai,

Nel primo cinghio del carcere cieco.
　Spesse fiate ragioniam del monte,
　Ch'ha le nutrici nostre sempre seco.

Euripide v'è nosco, e Anacreonte,
　Simonide, Agatone, e altri piùe
　Greci, che già di lauro ornar la fronte.

Quivi si veggion delle genti tue
　Antigone, Deifile, ed Argía,
　Ed Ismene sì trista, come fue.

CHANT VINGT-DEUXIÈME.   293

en tournant dans le cercle de la paresse pendant plus de quatrecents ans.

« Mais toi, par qui j'ai vu sans voile ce bien suprême, puisque, tout en montant, nos loisirs le permettent, dis-moi, Térence notre ami, où est-il? Et Cécilius, Plaute, Varron, que sont-ils devenus? Apprends-moi s'ils sont parmi les damnés et quel cercle les retient. »

« Ceux que tu viens de nommer, et Perse, et moi et tant d'autres, répondit mon maître, nous sommes tous dans le premier cercle de l'obscure prison, réunis à ce Grec, le nourrisson préféré des Muses [4]. Là nous parlons souvent de la colline où s'abritent toujours nos divines nourrices. Euripide est avec nous, de même qu'Anacréon, Simonide, Agathon et une foule d'autres Grecs dont le front ceignit l'immortel laurier.

« Là, parmi ceux que tu as célébrés, se voient aussi Antigone, Déiphile, Argia et Ismène triste toujours comme elle le fut autrefois [5]. On y voit celle qui découvrit la fon-

Vedesi quella, che mostrò Langía:
  Evvi la figlia di Tiresia, e Teti,
  E con le suore sue Deidamía.

Tacevansi amendue già li poeti,
  Di nuovo attenti a riguardare intorno,
  Liberi dal salire e da' pareti:

E già le quattro ancelle eran del giorno
  Rimase addietro, e la quinta era al temo,
  Drizzando pure in su l'ardente corno,

Quando 'l mio duca: Io credo, ch'allo stremo
  Le destre spalle volger ci convegna,
  Girando il monte, come far solemo.

Così l'usanza fu lì nostra insegna:
  E prendemmo la via, con men sospetto,
  Per l'assentir di quell'anima degna.

Elli givan dinanzi, ed io, soletto,
  Diretro, e ascoltava i lor sermoni,
  Ch'a poetar mi davano intelletto.

Ma tosto ruppe le dolci ragioni
  Un' alber, che trovammo, in mezza strada,
  Con pomi ad odorar soavi e buoni.

E come abete in alto si digrada
  Di ramo in ramo, così quello in giuso,
  Cred'io, perchè persona su non vada.

taine de Langia [6] et la fille de Tirésias [7] ; on y voit aussi Thétis, et, au milieu de ses sœurs, Déidamie. »

Parvenus aux degrés supérieurs et libres des étroits défilés, les deux poëtes, silencieux l'un et l'autre, regardaient autour d'eux avec une nouvelle attention. Déjà quatre des servantes du jour [8] étaient restées derrière, et la cinquième, assise sur le char qui s'élevait, en dirigeait le timon brûlant.

« Je crois, dit alors mon maître, qu'il est à propos de tenir sur notre droite le bord extérieur du cercle, afin de suivre les contours de la montagne, comme nous l'avons fait jusqu'ici ».
Guidés cette fois par l'habitude, nous suivons plus confiants notre route avec l'assentiment de cette âme juste. Ils allaient devant et moi derrière ; tout attentif à leurs paroles, j'apprenais d'eux les secrets de la poésie.

Mais ce doux entretien s'arrêta au moment où, sur le milieu du chemin, nous aperçûmes un arbre couvert de fruits qui répandaient un parfum délicieux. A l'inverse du sapin qui s'amoindrit de branche en branche, à mesure qu'il s'élève, cet arbre allait s'amincissant de haut en bas, sans doute pour qu'on ne pût y monter. Son feuillage était arrosé par une eau limpide tombant des hauteurs d'un rocher, du côté par où notre chemin restait sans issue.

Dal lato, onde 'l cammin nostro era chiuso,
　Cadea dall' alta roccia un liquor chiaro,
　E si spandeva per le foglie suso.

Li duo poeti all' alber s' appressaro:
　E una voce, per entro le fronde,
　Gridò, Di questo cibo avrete caro:

Poi disse: Più pensava Maria, onde
　Fosser le nozze orrevoli ed intere,
　Ch' alla sua bocca, ch' or per voi risponde:

E le Romane antiche per lor bere
　Contente furon d' acqua: e Daniello
　Dispregiò cibo, e acquistò savere.

Lo secol primo, quant' oro, fu bello:
　Fè savorose con fame le ghiande,
　E nettare per sete ogni ruscello.

Mele e locuste furon le vivande,
　Che nudriro 'l Batista nel diserto:
　Perch' egli è glorioso, e tanto grande,

Quanto, per l' Evangelio, v' è aperto.

Les deux poëtes s'approchant de l'arbre, une voix s'échappa de ses rameaux : « Vous ne mangerez pas de ces fruits ! » disait-elle, puis, en continuant : « Marie eut grand soin que les noces fussent belles et somptueuses, ne pensant guère aux plaisirs de sa bouche, qui pour vous intercède aujourd'hui. L'eau pure était la seule boisson des antiques Romaines [9], et Daniel, dédaignant les festins, acquit la vraie science. A ce premier âge du monde, aussi pur que l'or, les glands étaient pour la faim un mets savoureux [10] ; la soif donnait à l'eau des ruisseaux la douceur du nectar. Du miel, des sauterelles, furent la seule nourriture de Jean-Baptiste dans le désert : aussi comme l'Évangile vous le montre grand et glorieux ! »

CANTO VIGESIMOTERZO

Mentre che gli occhi per la fronda verde
   Ficcava io così, come far suole
   Chi dietro all' uccellin sua vita perde :

Lo più che padre mi dicea; Figliuole,
   Vienne oramai, che 'l tempo, che c' è 'mposto,
   Più utilmente compartir si vuole.

I' volsi 'l viso, e 'l passo non men tosto
   Appresso a' savi, che parlavan síe,
   Che l' andar mi facén di nullo costo :

Ed ecco piangere, e cantar s' udíe,
   Labia mea, Domine, per modo
   Tal, che diletto e doglia parturíe.

O dolce padre, che è quel, ch' i' odo?
   Comincia' io : ed egli : Ombre, che vanno
   Forse di lor dover solvendo 'l nodo.

CHANT VINGT-TROISIÈME

Tandis que les yeux fixés sur le vert feuillage, je regardais comme fait parfois l'homme qui perd son temps à suivre un petit oiseau, celui qui fut pour moi plus qu'un père : « Allons, mon fils, me dit-il, le temps qui nous reste demande un emploi plus utile. »

D'un visage et d'un pas également empressés, je me tourne vers les deux sages : il m'en coûtait peu de les suivre, tant leur langage avait d'attrait.

Puis voilà que se fait entendre un chant au milieu des pleurs : « *Labia mea, Domine*[1] » : accents mêlés de plaisir et de tristesse.

« Qu'entends-je, ô mon doux père ? »
« Des âmes sans doute, me dit-il, qui vont se rachetant de la dette du péché. »

Sì come i peregrin pensosi fanno,
  Giugnendo per cammin gente non nota,
  Che si volgono ad essa, e non ristanno:

Così diretro a noi più tosto mota
  Venendo, e trapassando, ci ammirava
  D' anime turba tacita e devota.

Negli occhi era ciascuna oscura e cava,
  Pallida nella faccia, e tanto scema,
  Che dall' ossa la pelle s' informava.

Non credo, che così a buccia strema
  Erisitón si fusse fatto secco,
  Per digiunar, quando più n' ebbe tema.

Io dicea, fra me stesso pensando, Ecco
  La gente, che perdè Gerusalemme,
  Quando Maria nel figlio diè di becco.

Parén l' occhiaje anella senza gemme.
  Chi nel viso degli uomini legge *o m o*,
  Bene avria quivi conosciuto l' emme.

Chi crederrebbe, che l' odor d' un pomo
  Sì governasse, generando brama,
  E quel d' un' acqua, non sappiendo como?

Già era in ammirar, che sì gli affama,
  Per la cagione ancor non manifesta
  Di lor magrezza, e di lor trista squama:

CHANT VINGT-TROISIÈME.

Le pèlerin tout pensif, s'il vient à rencontrer sur son chemin des personnes inconnues, se tourne vers elles et continue son voyage. Ainsi derrière nous venait en silence et d'un pas rapide, une troupe de ces âmes pieuses, qui nous jetait un regard et passait.

Toutes ces ombres au teint blême, aux yeux ternes et caves, étaient d'une telle maigreur, que la peau dessinait la forme des os. Non, aux jours où la faim le tourmentait davantage, Érésichton[2] ne fut jamais réduit par l'abstinence à un tel excès de dépérissement.

« Voilà, disais-je en moi-même, quel fut l'état de cette nation qui perdit Jérusalem et vit Marie[3] se nourrissant de son propre fils ! » Le creux de leurs orbites était comme le chaton d'une bague vide de sa pierre, et pour qui veut lire sur la figure de l'homme OMO[4], la lettre M aurait été bien distincte. Que le parfum d'un fruit et l'aspect de l'eau, en excitant le désir, produisent de tels effets, qui pourrait le croire, s'il n'en savait la cause ?

Moi, je m'étonnais de les voir à ce point tourmentés par la faim, ignorant d'où leur venait une telle maigreur et cette peau tristement écailleuse.

Ed ecco del profondo della testa
   Volse a me gli occhi un'ombra, e guardò fiso,
   Poi gridò forte: Qual grazia m'è questa?

Mai non l'avrei riconosciuto al viso:
   Ma nella voce sua mi fu palese
   Ciò, che l'aspetto in se avea conquiso.

Questa favilla tutta mi raccese
   Mia conoscenza, alla cambiata labbia,
   E ravvisai la faccia di Forese.

Deh non contendere all'asciutta scabbia,
   Che mi scolora, pregava, la pelle,
   Nè a difetto di carne, ch'io abbia.

Ma dimmi 'l ver di te: e chi son quelle
   Du' anime, che là ti fanno scorta:
   Non rimaner, che tu non mi favelle.

La faccia tua, ch'io lagrimai già morta,
   Mi dà di pianger mo non minor doglia,
   Risposi lui, veggendola sì torta.

Però mi dì, per Dio, che sì vi sfoglia:
   Non mi far dir, mentr'io mi maraviglio:
   Che mal può dir chi è pien d'altra voglia.

Ed egli a me: Dell'eterno consiglio
   Cade virtù nell'acqua, e nella pianta
   Rimasa addietro, ond'io sì mi sottiglio.

CHANT VINGT-TROISIÈME.

Mais voilà qu'une ombre, tirant de la profondeur de sa tête un regard fixe qu'elle jette sur moi, s'écrie avec force : « Oh! quelle grâce m'est faite! »

Son visage me la rendait méconnaissable, mais à sa voix, je devinai ce que ses traits m'avaient caché. Cette étincelle ravive aussitôt le souvenir d'une figure si changée, et je reconnais la forme de Forèse [5].

« Je t'en supplie, dit-il, ne prends pas garde à cette apparence décharnée, ni à cette lèpre qui dévore ma peau ; mais dis-moi la vérité : qui es-tu, et quelles sont ces deux âmes qui te font compagnie? De grâce, réponds-moi sans tarder. »

« Toi que j'ai pleuré mort, lui répondis-je, tu ne m'es pas aujourd'hui un moindre sujet d'affliction avec cette figure si défaite. Mais, au nom de Dieu, qui donc peut causer une telle maigreur? N'espère pas que je te réponde, tant que je serai dans un tel étonnement : celui-là s'exprime mal qu'absorbe un autre soin. »

Et lui : « A cet arbre, à cette eau qui coule derrière nous, la divine justice attache une vertu qui ainsi m'exténue. Ici la faim et la soif sanctifient cette foule qui

Tutta esta gente, che piangendo canta,
　Per seguitar la gola oltre misura,
　In fame e 'n sete qui si rifà santa.

Di bere e di mangiar n' accende cura
　L' odor, ch' esce del pomo e dello sprazzo,
　Che si distende su per la verdura.

E non pure una volta questo spazzo
　Girando, si rinfresca nostra pena:
　Io dico pena, dovrè dir sollazzo:

Che quella voglia all' arbore ci mena,
　Che menò Cristo lieto a dire Elì,
　Quando ne liberò con la sua vena.

Ed io a lui: Forese, da quel dì,
　Nel qual mutasti mondo a miglior vita,
　Cinqu' anni non son volti insino a qui.

Se prima fu la possa in te finita
　Di peccar più, che sorvenisse l' ora
　Del buon dolor, ch' a Dio ne rimarita,

Come se' tu quassù venuto ancora?
　Io ti credea trovar laggiù di sotto,
　Dove tempo per tempo si ristora.

Ed egli a me: Sì tosto m' ha condotto
　A ber lo dolce assenzio de' martiri
　La Nella mia, col suo pianger dirotto.

chante en pleurant et qui s'abandonna sans mesure aux plaisirs de la bouche. Ces fruits, cette eau tombant à travers le feuillage, exhalent des parfums qui allument en nous le désir de manger et de boire. Plus d'une fois tournant dans cette enceinte, nous sentirons se raviver notre peine : notre peine ! je devrais dire plutôt notre consolation, car la volonté qui nous attire à cet arbre, c'est la même volonté qui réjouissait le cœur du Christ lorsque, nous rachetant du sang de ses veines, il s'écriait : « Eli ! »

« O Forèse, lui dis-je à mon tour, cinq années encore n'ont pas fini leur cours depuis que tu as quitté le monde pour une vie meilleure. Si la force de pécher a défailli en toi avant que fût arrivé le moment de ce repentir efficace qui nous ramène à Dieu, comment as-tu pu déjà monter aussi haut? je croyais te rencontrer là-bas, où, par l'attente, se répare le temps perdu pour la pénitence. »

Et lui à moi : » Grâce aux larmes abondantes de ma chère Nella, j'ai pu goûter plus tôt à cette douce absinthe de l'expiation. Ses pieux soupirs, sa sainte prière m'ont

Con suo' prieghi devoti, e con sospiri,
  Tratto m' ha della costa, ove s' aspetta,
  E liberato m' ha degli altri giri.

Tant' è a Dio più cara e più diletta
  La vedovella mia, che tanto amai,
  Quanto 'n bene operare è più soletta:

Che la barbagia di Sardigna assai
  Nelle femmine sue è più pudica,
  Che la barbagia, dov' io la lasciai.

O dolce frate, che vuoi tu, ch' io dica?
  Tempo futuro m' è già nel cospetto,
  Cui non sarà quest' ora molto antica,

Nel qual sarà in pergamo interdetto
  Alle sfacciate donne Fiorentine
  L' andar mostrando con le poppe il petto.

Quai Barbare fur mai, quai Saracine,
  Cui bisognasse, per farle ir coverte,
  O spiritali, o altre discipline?

Ma se le svergognate fosser certe
  Di quel, che 'l Ciel veloce loro ammanna,
  Già per urlare avrian le bocche aperte.

Che se l' antiveder qui non m' inganna,
  Prima fien triste, che le guance impeli
  Colui, che mo si consola con nanna.

délivré et du séjour de l'attente et des autres cercles. Ma pauvre veuve que j'ai tant aimée, plus elle est seule là-bas à faire le bien, plus elle en devient chère et agréable à Dieu ; car il se trouve moins de femmes pudiques dans la Barbagia où elle est restée, que dans la Barbagia de la Sardaigne [6].

« Que te dirai-je, ô mon doux frère ? je vois venir un temps [7], (et pour ce temps, l'heure actuelle ne sera pas bien ancienne) où, du haut de la chaire, il sera défendu aux impudentes Florentines de s'en aller montrant leur poitrine et leur gorge. A quelles femmes barbares, à quelles Sarrasines fallut-il jamais ou admonition religieuse ou toute autre défense, pour les contraindre à voiler leur nudité ? Oh ! si ces éhontées pouvaient savoir quelle prompte punition le ciel leur prépare, déjà on les entendrait hurler à pleine bouche ; car, si ma prédiction n'est pas fausse, la tristesse les prendra même avant que la barbe soit venue aux joues du marmot qui s'apaise au *dodo* de sa nourrice.

Deh frate, or fa, che più non mi ti celi :
  Vedi che non pur io, ma questa gente
  Tutta rimira là, dove 'l Sol veli.

Perch' io a lui : Se ti riduci a mente,
  Qual fosti meco, e quale io teco fui;
  Ancor fia grave il memorar presente.

Di quella vita mi volse costui,
  Che mi va innanzi, l' altr' ier, quando tonda
  Vi si mostrò la suora di colui :

E 'l Sol mostrai. Costui per la profonda
  Notte menato m' ha da' veri morti
  Con questa vera carne, che 'l seconda.

Indi m' han tratto su li suoi conforti,
  Salendo, e rigirando la montagna,
  Che drizza voi, che 'l Mondo fece torti.

Tanto dice di farmi sua compagna,
  Ch' io sarò là, dove fia Beatrice :
  Quivi convien, che senza lui rimagna.

Virgilio è questi, che così mi dice :
  E additálo : e quest' altr' è quell' ombra,
  Per cui scosse dianzi ogni pendice

Lo vostro regno, che da se la sgombra.

« Et maintenant, ô mon frère, n'aie plus rien de caché pour nous. Tu le vois, toutes ces âmes, comme moi, ont le regard fixé sur le point où ton corps nous dérobe le soleil. »

Et moi à lui : « Te rappeler ce que tu fus pour moi, ce que je fus pour toi, c'est un souvenir qui, même ici, te pèsera beaucoup. La sœur de celui-là (je montrai le soleil) apparaissait, la face pleine, avant-hier, quand celui qui marche devant moi me tira de la vie terrestre ; sur ses pas et par la profonde nuit, avec ce corps vraiment vivant, j'ai visité les vrais morts. Par son assistance je suis venu jusqu'ici, gravissant et contournant cette montagne où se redresse votre esprit faussé par le monde. Il a promis d'être mon compagnon jusqu'au lieu où, rencontrant Béatrix, je devrai rester sans lui.

« Celui qui m'a ainsi promis, c'est Virgile (et je le montrai du doigt) ; cet autre, c'est l'ombre pour qui tout à l'heure, au moment où il la rendait libre, votre royaume a tremblé jusque dans ses fondements. »

CANTO VIGESIMOQUARTO

Nè 'l dir l'andar, nè l'andar lui più lento
   Facea: ma ragionando andavám forte,
   Sì come nave pinta da buon vento.

E l'ombre, che parean cose rimorte,
   Per le fosse degli occhi ammirazione
   Traén di me, di mio vivere accorte.

Ed io continuando 'l mio sermone
   Dissi: Ella sen' va su, forse più tarda,
   Che non farebbe, per l'altrui cagione.

Ma dimmi, se tu sai, dov'è Piccarda:
   Dimmi, s'io veggio da notar persona
   Tra questa gente, che sì mi riguarda.

La mia sorella: che tra bella e buona
   Non so qual fosse più; trionfa lieta
   Nell'alto Olimpo già di sua corona:

CHANT VINGT-QUATRIÈME

Sans que la marche ralentît l'entretien, ou l'entretien la marche, toujours parlant, nous avancions rapidement, comme un navire poussé par le bon vent.

Ces ombres, qu'à leur pâleur on eût dit deux fois mortes, du plus profond de leurs orbites exprimaient l'étonnement de me voir vivant. Cependant, reprenant mon discours : « Cette âme, dis-je, à cause de nous, sans doute, monte plus lentement que si elle marchait seule. Mais, dis-moi, si tu le sais, où est Picarda ; dis-moi, si, au milieu de cette foule d'âmes empressées à me regarder, il en est quelqu'une digne de remarque. »

« Ma sœur (on ne sait si c'est la bonté ou la beauté qui l'emportait chez elle), joyeuse et triomphante a déjà ceint la couronne au sommet de l'Olympe, » ainsi dit-il, puis il

Sì disse prima; e poi : Qui non si vieta
  Di nominar ciascun, da ch'è sì munta
  Nostra sembianza via per la dieta.

Questi (e mostrò col dito) è Buonagiunta,
  Buonagiunta da Lucca: e quella faccia
  Di là da lui, più che l'altre trapunta,

Ebbe la santa Chiesa in le sue braccia :
  Dal Torso fu, e purga, per digiuno,
  L'anguille di Bolsena, e la vernaccia.

Molti altri mi mostrò ad uno ad uno :
  E nel nomar parén tutti contenti,
  Sì ch'io però non vidi un atto bruno.

Vidi per fame a vuoto usar li denti
  Ubaldin dalla Pila, e Bonifazio,
  Che pasturò col rocco molte genti.

Vidi Messer Marchese, ch'ebbe spazio
  Già di bere a Forlì con men secchezza,
  E sì fu tal, che non si sentì sazio.

Ma come fa chi guarda, e poi fa prezza
  Più d'un, che d'altro, fe'io a quel da Lucca,
  Che più parea di me aver contezza.

Ei mormorava : e non so che Gentucca
  Sentiva io, là' v'ei sentia la piaga
  Della giustizia, che sì gli pilucca.

ajouta : « Il est permis de dire ici le nom de chacun, tant nous avons été défigurés par l'abstinence. Voilà (et il le montrait du doigt) Buonagiunta[1], Buonagiunta de Lucques. Celui qui vient après, et dont la face est la plus décharnée, fut l'époux de la sainte Église. Tours était sa patrie : il expie dans le jeûne ses anguilles de Bolsène et la Vernaccia[2]. »

Il m'en nomma ainsi un grand nombre un à un, et, loin d'en avoir l'air contrariés, tous paraissaient contents d'être nommés.

Parmi ces affamés dont les dents s'usent à vide, je distinguai Ubaldin dalla Pila et ce Boniface[3], qui, des revenus de sa crosse, faisait vivre tant de gens.

Je vis aussi Messer Marchese, qui pouvait boire tout à son aise à Forli[4] : alors il avait la gorge moins sèche, et pourtant il ne put réussir à se désaltérer.

Semblable à celui qui d'abord examine, puis se décide à préférer l'un à l'autre, je fis choix de l'habitant de Lucques, de qui je paraissais mieux connu. Il murmurait je ne sais quoi, comme Gentucca[5], à travers les plaies d'une gorge déchirée par la justice divine.

O anima, diss'io, che par' sì vaga
  Di parlar meco, fa sì, ch'io t'intenda,
  E te, e me col tuo parlare appaga.

Femmina è nata, e non porta ancor benda,
  Cominciò ei, che ti farà piacere
  La mia città, come ch'uom la riprenda.

Tu te n'andrai con questo antivedere;
  Se nel mio mormorar prendesti errore,
  Dichiareranlti ancor le cose vere.

Ma dî, s'io veggio qui colui, che fuore
  Trasse le nuove rime, cominciando,
  Donne, ch'avete intelletto d'amore.

Ed io a lui: Io mi son un, che, quando
  Amore spira, noto, e a quel modo,
  Che detta dentro, vo significando.

O frate, issa vegg'io, diss'egli, il nodo,
  Che 'l Notajo, e Guittone, e me ritenne
  Di qua dal dolce stil nuovo, ch'i' odo.

Io veggio ben, come le vostre penne
  Diretro al dittator sen' vanno strette,
  Che delle nostre certo non avvenne.

E qual più a gradire oltre si mette,
  Non vede più dall'uno all'altro stilo:
  E quasi contentato si tacette.

« O toi, lui dis-je, qui montres un tel désir de t'entretenir avec moi, tâche de te faire entendre, et qu'un langage plus clair nous donne contentement à tous les deux. »

« Il est né une femme, me dit-il, trop jeune encore pour porter le voile, qui te rendra chère notre cité si décriée qu'elle puisse être. Va-t'en avec cette prédiction : la vérité du fait te dira bientôt si le murmure de mes paroles t'a induit en erreur.

« Mais, dis-moi, n'ai-je pas devant moi l'auteur de ces rimes nouvelles qui commencent ainsi : « O Dames qui avez le savoir d'amour ! »

Et moi à lui : « Tel je suis : quand l'amour en moi soupire, je note ses accords, et, sur le mode qu'il m'inspire, je vais les répétant [6]. »

« O frère, dit-il, je comprends maintenant quel obstacle nous éloignait, le Notaire [7], Guittone [8] et moi des charmes de cette poésie toute nouvelle que tu nous fais entendre. Je vois comment votre plume obéissante suit de près celui qui vous inspire. La nôtre ne fut pas si docile. Qui écrit en dehors de cette inspiration ne fait pas de différence de l'un à l'autre style. »

Et tout content de lui-même, il se tut.

Come gli augei, che vernan verso 'l Nilo,
　Alcuna volta di lor fanno schiera,
　Poi volan più in fretta, e vanno in filo;

Così tutta la gente, che lì era,
　Volgendo 'l viso, raffrettò suo passo,
　E per magrezza, e per voler leggiera.

E come l'uom, che di trottare è lasso,
　Lascia andar li compagni, e sì passeggia,
　Fin che si sfoghi l'affollar del casso;

Sì lasciò trapassar la santa greggia
　Forese, e dietro meco sen' veniva
　Dicendo, Quando fia, ch'i' ti riveggia?

Non so, risposi lui, quant' io mi viva:
　Ma già non fia 'l tornar mio tanto tosto,
　Ch' io non sia col voler prima alla riva.

Perocchè 'l luogo, u' fui a viver posto,
　Di giorno in giorno più di ben si spolpa,
　E a trista ruina par disposto.

Or va, diss' ei, che quei, che più n' ha colpa,
　Vegg' io a coda d'una bestia tratto,
　Verso la valle, ove mai non si scolpa.

La bestia ad ogni passo va più ratto,
　Crescendo sempre, infin ch'ella 'l percuote,
　E lascia 'l corpo vilmente disfatto.

Les oiseaux que l'hiver chasse vers le Nil, réunis d'abord en troupes serrées, prennent ensuite un vol rapide, et se suivent à la file ; de même, ces âmes rassemblées tournent la tête, et s'en vont à la hâte d'un pas rendu léger par leur empressement et leur maigreur.

Semblable à un homme essoufflé par une longue course, qui laisse aller ses compagnons et ralentit le pas pour apaiser sa poitrine haletante, Forèse reste en arrière du saint troupeau qui le dépasse, et marche avec moi, en disant : « Quand se fera-t-il que je te revoie ? »

« Je ne sais, lui répondis-je, ce qu'il me reste à vivre, mais mon retour ici ne sera pas si prompt, qu'il ne soit devancé par le désir de revoir ce rivage ; car le lieu où je fus destiné à vivre, de jour en jour plus dépravé, penche misérablement vers sa ruine.

« Va, va, reprit-il, le plus coupable de tous [9], je le vois déjà attaché à la queue d'une bête et traîné vers la vallée qui n'a de pardon pour aucune faute. D'un pas de plus en plus rapide, la bête court, redoublant de vitesse jusqu'à ce qu'elle le mette en pièces, et laisse le corps affreusement broyé.

Non hanno molto a volger quelle ruote,
  (E drizzò gli occhi al Ciel) ch' a te fia chiaro
Ciò, che 'l mio dir più dichiarar non puote.

Tu ti rimani omai, che 'l tempo è caro
  In questo regno sì, ch' io perdo troppo,
Venendo teco sì a paro a paro.

Qual' esce alcuna volta di galoppo
  Lo cavalier di schiera, che cavalchi,
E va per farsi onor del primo intoppo,

Tal si partì da noi con maggior valchi:
  Ed io rimasi in via con esso i due,
Che fur del Mondo sì gran maliscalchi.

E quando innanzi a noi sì entrato fue,
  Che gli occhi miei si fero a lui seguaci,
Come la mente alle parole sue,

Parvermi i rami gravidi e vivaci
  D'un altro pomo, e non molto lontani,
Per esser pure allora volto in láci.

Vidi gente sott' esso alzar le mani,
  E gridar non so che verso le fronde,
Quasi bramosi fantolini e vani,

Che pregano, e 'l pregato non risponde:
  Ma per fare esser ben lor voglia acuta,
Tien' alto lor disio, e nol nasconde.

« Elles n'ont pas longtemps à tourner, ces sphères (et il levait les yeux au Ciel), avant que devienne manifeste pour toi ce que mes paroles ne peuvent éclaircir davantage.

« Mais il faut que je te laisse : dans ce royaume le temps est précieux, et j'en perds trop en marchant avec toi, d'un pas égal au tien. »

Parfois des rangs d'une troupe qui chevauche, un cavalier s'élance, recherchant l'honneur du premier choc ; ainsi, à pas pressés, l'ombre s'éloigne de nous, et je reste sur la route avec ces deux qui furent dans le monde des maîtres si éminents.

Elle était déjà loin devant nous, et mes yeux la suivaient, comme mon esprit avait suivi ses paroles, lorsque, en me tournant un peu, j'aperçus, assez près de moi, un autre pommier aux rameaux pleins de vie et tout chargé de fruits. Sous cet arbre, des âmes, les mains tendues vers le feuillage, poussaient je ne sais quels cris. Ainsi font les petits enfants quand ils supplient pour de vaines fantaisies que l'on refuse de contenter, tout en tenant au-dessus d'eux et toujours en vue, afin de stimuler leur désir, la chose qu'ils convoitent.

Poi si partì, sì come ricreduta:
E noi venimmo al grande arbore ad esso,
Che tanti prieghi e lagrime rifiuta.

Trapassate oltre, senza farvi presso:
Legno è più su, che fu morso da Eva,
E questa pianta si levò da esso:

Sì tra le frasche non so chi diceva:
Perchè Virgilio e Stazio ed io ristretti
Oltre andavám dal lato, che si leva.

Ricordivi, dicea, de' maladetti
Ne' nuvoli formati, che satolli
Teseo combattér co' doppj petti:

E degli Ebrei, che al ber si mostrar molli,
Perchè non ebbe Gedeon compagni,
Quando inver Madián discese i colli.

Sì accostati all' un de' duo vivagni,
Passammo, udendo colpe della gola,
Seguite già da miseri guadagni.

Poi rallargati, per la strada sola,
Ben mille passi, e più ci portammo oltre,
Contemplando ciascun, senza parola.

Che andate pensando sì voi sol tre,
Subita voce disse: ond' io mi scossi,
Come fan bestie spaventate e poltre.

CHANT VINGT-QUATRIÈME.

Puis, comme désabusée, cette foule s'en alla, et nous arrivâmes à ce grand arbre qui rebute tant de pleurs et de supplications.

« Passez outre et n'approchez pas ! Plus haut se trouve l'arbre au fruit duquel Ève a mordu : cette plante en est un rejeton. » Ainsi disait à travers les rameaux, je ne sais quelle voix.

Alors Virgile, Stace et moi nous prîmes le côté du chemin qui va se redressant.

« Qu'il vous souvienne, disait la voix, de ces maudits, engendrés au milieu des nuées [10], et qui, dans leur ivresse, s'attaquèrent à Thésée !

« Qu'il vous souvienne de ces Hébreux trop amollis pour supporter la soif, et repoussés de l'armée de Gédéon [11], quand il descendit les collines pour combattre les Madianites ! »

Ainsi nous allions, serrés contre un des deux bords du chemin, en écoutant le récit de ces péchés de gourmandise, qui furent jadis d'un si triste profit. Puis, reprenant le milieu de la route, nous fîmes au moins mille pas en avant, chacun de nous observant tout sans dire un mot.

« A quoi pensant, allez-vous ainsi seuls, tous les trois ? » dit soudain une voix, et je tressaillis comme aurait fait, dans son effroi, un animal peureux.

Drizzai la testa, per veder chi fossi:
E giammai non si videro in fornace
Vetri, o metalli sì lucenti e rossi,

Com' i' vidi un, che dicea: S' a voi piace
Montare in su, qui si convien dar volta:
Quinci si va, chi vuole andar per pace.

L' aspetto suo m' avea la vista tolta:
Perch'io mi volsi indietro a' miei dottori,
Com' uom, che va, secondo ch' egli ascolta.

E quale annunziatrice degli albóri
L' aura di Maggio muovesi, e olezza,
Tutta impregnata dall' erba e da' fiori,

Tal mi sentî un vento dar per mezza
La fronte: e ben sentî muover la piuma,
Che fè sentir d' ambrosia l' orezza:

E sentî dir: Beati, cui alluma
Tanto di grazia, che l' amor del gusto
Nel petto lor troppo disir non fuma,

Esuriendo sempre, quanto è giusto.

Pour savoir qui c'était, je levai la tête. Non, jamais, dans la fournaise, le verre ou les métaux ne parurent d'un rouge aussi éclatant que l'était cet esprit qui nous dit : « Si votre désir est de monter, il faut tourner par ici. Pour qui va cherchant la paix, c'est le chemin. »

La vue troublée par cette apparition, je me tournai vers mes maîtres, comme un homme qui va conduit par la parole d'autrui.

Semblable à la brise de mai, qui, devançant l'aube, souffle, tout embaumée du parfum de l'herbe et des fleurs, je sentis une haleine d'air me caresser le front avec un battement de plumes d'où s'exhalait une odeur d'ambroisie, et j'entendis ces paroles : « Heureux celui en qui resplendit la lumière de la grâce, assez vive pour que l'attrait du goût n'allume pas en son cœur une trop grande convoitise, et qui sait contenter sa faim dans une juste mesure! »

CANTO VIGESIMOQUINTO

Ora era, onde 'l salir non volea storpio,
   Che 'l Sole avea lo cerchio di merigge
   Lasciato al Tauro, e la notte allo Scorpio.

Perchè come fa l'uom, che non s'affigge,
   Ma vassi alla via sua, chechè gli appaja,
   Se di bisogno stimolo il trafigge;

Così entrammo noi per la callaja,
   Uno innanzi altro, prendendo la scala,
   Che per artezza i salitor dispaja.

E quale il cicognin, che leva l'ala
   Per voglia di volare, e non s'attenta
   D'abbandonar lo nido, e giù la cala;

Tal'era io, con voglia accesa e spenta
   Didimandar, venendo infino all'atto,
   Che fa colui, ch'a dicer s'argomenta.

CHANT VINGT-CINQUIÈME

C'était l'heure où, sans retard, il nous fallait monter : le soleil avait laissé le méridien au Taureau; la nuit l'avait laissé au Scorpion [1].

Semblables à l'homme qui, stimulé par la nécessité, ne s'arrête devant aucun obstacle, et poursuit sa route, nous pénétrons dans le passage, l'un à la suite de l'autre, par un escalier si étroit, qu'il force ceux qui montent à aller un à un.

On voit le petit de la cigogne qui veut s'essayer à voler, tendre l'aile, puis la replier, n'osant encore abandonner le lit; ainsi étais-je avec un désir de questionner, qui, tour à tour s'allumant et s'éteignant, me laissait dans l'attitude d'un homme qui s'apprête à parler.

Non lasciò per l'andar, che fosse ratto,
　Lo dolce padre mio, ma disse: Scocca
　L'arco del dir, che 'nsino al ferro hai tratto.

Allor sicuramente aprii la bocca,
　E cominciai: Come si può far magro,
　Là dove l'uopo di nutrir non tocca?

Se t'ammentassi come Meleagro
　Si consumò, al consumar d'un tizzo,
　Non fora, disse, questo a te sì agro.

E se pensassi, come al vostro guizzo
　Guizza dentro allo specchio vostra image,
　Ciò che par duro, ti parrebbe vizzo.

Ma perchè dentro, a tuo voler t'adage,
　Ecco qui Stazio: ed io lui chiamo e prego,
　Che sia or sanator delle tue piage:

Se la vendetta eterna gli dislego,
　Rispose Stazio, là dove tu sie,
　Discolpi me, non potert'io far niego.

Poi cominciò: Se le parole mie,
　Figlio, la mente tua guarda e riceve,
　Lume ti fieno al come, che tu díe.

Sangue perfetto, che mai non si beve
　Dall'assetate vene, si rimane,
　Quasi alimento, che di mensa leve.

Si pressée que fût notre marche, le doux père ne laissa pas de me dire : « Allons, tire l'arc de ta parole : il est tendu jusqu'au fer ! »

Alors ouvrant la bouche avec confiance : « Comment arrive-t-il, lui dis-je, qu'on devienne maigre là où ne se fait pas sentir le besoin de la nourriture? »

« Rappelle-toi, me dit-il, comment, à mesure qu'un tison se consumait, Méléagre aussi se consuma, et tu comprendras avec moins de peine. Et si tu songeais qu'à chaque frémissement du corps, votre image frémit aussi dans le miroir, ce qui te paraît si ardu deviendrait simple à tes yeux.

« Mais ton désir peut être entièrement satisfait : écoute Stace; c'est lui que j'invoque; qu'il soit (je lui en fais la prière) le médecin des plaies de ton esprit. »

« Si j'ose, toi présent, répondit Stace, lui enseigner les choses de l'éternité, que mon excuse soit de n'avoir pas pu te refuser. »

Puis il commença [2] : « Mon fils, que ton esprit garde mes paroles bien comprises, et la lumière se fera sur le doute qui t'inquiète.

« Cette partie, la plus pure du sang, que ne peuvent boire les veines altérées, et qui se conserve, comme la

Prende nel cuore, a tutte membra umane,
   Virtute informativa, come quello,
   Ch' a farsi quelle per le vene vane.

Ancor digesto scende, ov' è più bello
   Tacer, che dire : e quindi poscia geme
   Sovr' altrui sangue in natural vasello.

Ivi s' accoglie l' uno e l' altro insieme,
   L' un disposto a patire, e l' altro a fare,
   Per lo perfetto luogo, onde si preme :

E giunto lui comincia ad operare,
   Coagulando prima, e poi ravviva
   Ciò che per sua materia fè gestare.

Anima fatta la virtute attiva,
   Qual d' una pianta, in tanto differente,
   Che quest' è 'n via, e quella è già a riva;

Tanto ovra poi, che già si muove e sente,
   Come fungo marino : ed ivi imprende
   Ad organar le posse, ond' è semente.

Or si piega, figliuolo, or si distende
   La virtù, ch' è dal cuor del generante,
   Dove natura a tutte membra intende.

Ma come d' animal divegna fante,
   Non vedi tu ancor : quest' è tal punto,
   Che più savio di te già fece errante,

desserte d'un festin, reçoit dans le cœur une force plastique qui donne la forme aux membres humains, de même que les entretient le fluide qui circule dans les vaisseaux.

« Ce sang, encore plus épuré, se rend à un lieu qu'il est bien de ne pas nommer, pour se mêler à un autre sang dans un vase préparé par la nature. Là ils se confondent, l'un passif, l'autre doué d'activité, en raison de son origine plus parfaite. Le sang générateur opère d'abord par la coagulation, puis il donne la vie à la matière qu'il avait condensée.

« Cette vertu active devient une âme qui végète à l'instar de la plante, avec cette différence que la plante reste sur le chemin de la vie, et que l'autre arrive au terme de la perfection. Puis l'âme se meut; puis elle sent confusément comme le fait un polype; puis enfin elle travaille à organiser les facultés de l'homme dont elle est le germe producteur.

« C'est alors, mon cher fils, que cette vertu génératrice, émanée du cœur, d'où la nature l'étend à tous les membres, tour à tour se contracte et se dilate [3]. Mais comment, n'étant d'abord que purement animale, devient-elle ensuite raisonnable, tu ne le comprends pas encore, et, à ce sujet, a erré un plus savant que toi [4]. Par sa doctrine, en effet, il est conduit à séparer de

Sì che per sua dottrina fè disgiunto
  Dall' anima il possibile intelletto,
  Perchè da lui non vide organo assunto.

Apri alla verità, che viene, il petto,
  E sappi che sì tosto, come al feto
  L'articolar del cerebro è perfetto,

Lo Motor primo a lui si volge lieto,
  Sovra tanta arte di natura, e spira
  Spirito nuovo, di virtù repleto,

Che ciò, che truova attivo quivi tira
  In sua sustanzia, e fassi un'alma sola,
  Che vive, e sente, e se in se rigira.

E perchè meno ammiri la parola,
  Guarda 'l calor del Sol, che si fa vino,
  Giunto all' umor, che dalla vite cola.

E quando Lachesís non ha più lino,
  Solvesi dalla carne, ed in virtute
  Seco ne porta e l'umano, e 'l divino:

L'altre potenzie tutte quante mute,
  Memoria, intelligenzia, e volontade,
  In atto molto più che prima acute.

Senza restarsi, per se stessa cade
  Mirabilmente all'una delle rive:
  Quivi conosce prima le sue strade.

l'âme l'*intellect possible*, auquel nul organe ne lui semblait affecté.

« Mais que ton esprit s'ouvre à la vérité ; la voici : aussitôt que l'organisation du cerveau s'achève dans le fœtus, le Premier Moteur se tourne avec complaisance vers cette œuvre merveilleuse de la nature ; il lui souffle un esprit tout nouveau, doué d'une vertu qui attire dans sa substance toutes les forces vives qu'elle rencontre, et il en fait une âme unique, qui vit, qui sent et qui se réfléchit sur elle-même. T'étonnerais-tu de mes paroles? Considère le rayon du soleil qui se change en vin, quand il a pénétré l'humeur que laisse couler la vigne.

« Au moment où Lachésis est à bout de son lin, l'âme se sépare de la chair, emportant avec elle, dans sa propre substance, ce qu'elle tenait de Dieu et de l'homme ; et si alors les facultés des sens deviennent comme inertes, au contraire, la mémoire, l'intelligence et la volonté deviennent plus actives qu'auparavant.

« Sans aucun retard l'âme se rend d'elle-même (chose admirable) à l'une des deux rives [5], où elle apprend quelle route il lui faut tenir. Parvenue au séjour qui la

Tosto che luogo là lá circonscrive,
   La virtù formativa raggia intorno,
   Così e quanto nelle membra vive.

E come l'aere, quand'è ben piorno,
   Per l'altrui raggio, che 'n se si ristette,
   Di diversi color si mostra adorno,

Così l'aer vicin quivi si mette
   In quella forma, che in lui suggella
   Virtualmente l'alma che ristette.

E simigliante poi alla fiammella,
   Che segue 'l fuoco, là 'vunque si muta,
   Segue allo spirto suo forma novella.

Perocchè quindi ha poscia sua paruta,
   È chiamat'ombra: e quindi organa poi
   Ciascun sentire, insino alla veduta.

Quindi parliamo, e quindi ridiam noi:
   Quindi facciam le lagrime e i sospiri,
   Che per lo monte aver sentiti puoi.

Secondo che ci affigon li disiri,
   E gli altri affetti, l'ombra si figura:
   E questa è la cagion, di che tu miri.

E già venuto all'ultima tortura
   S'era per noi, e volto alla man destra,
   Ed eravamo attenti ad altra cura.

doit contenir, la même force plastique qui circulait dans ses membres vivants, rayonne encore autour d'elle.

« De même que l'air, chargé de pluie, en réfléchissant un rayon du soleil, se peint de couleurs diverses, de même ici l'air dont l'âme est entourée, reçoit et conserve la forme qu'elle lui imprime par sa propre vertu [6]; et, semblable à la flamme qui suit le feu dans tous ses mouvements, ainsi cette forme nouvelle accompagne toujours l'âme qui, sous cette apparence, s'appelle une ombre. Elle donne aussi un organe à chaque sens, même à celui de la vue, et il nous est possible de parler, de rire, de soupirer et de pleurer, comme tu peux t'en être aperçu tout à l'heure sur la montagne. Enfin, selon qu'elle est émue par des désirs ou d'autres affections, l'ombre change de figure, et ainsi s'explique ce qui t'avait si fort étonné. »

Déjà nous arrivions au dernier cercle des expiations, et, tournant à main droite, un nouveau soin nous rendit attentifs. Ici de la pente inclinée sortait un jet de flammes

'Quivi la ripa fiamma in fuor balestra:
E la cornice spira fiato in suso,
Che la reflette, e via da lei sequestra:

Onde ir ne convenía dal lato schiuso
Ad uno ad uno: ed io temeva 'l fuoco
Quinci, e quindi temeva il cader giuso.

Lo duca mia dicea: Per questo loco
Si vuol tenere agli occhi stretto 'l freno,
Perocch' errar potrebbesi per poco.

Summæ Deus clementiæ, nel seno
Del grand' ardore allora udî cantando,
Che di volger mi fè caler non meno.

E vidi spirti per la fiamma andando:
Perch' io guardava a i loro e a' miei passi,
Compartendo la vista, a quando a quando.

Appresso 'l fine, ch' a quell' inno fassi,
Gridavano alto, *Virum non cognosco*:
Indi ricominciavan l' inno bassi.

Finitolo, anche gridavano, Al bosco
Corse Diana, ed Elice caccionne,
Che di Venere avea sentito 'l tosco.

Indi al cantar tornavano: indi donne
Gridavano, e mariti, che fur casti,
Come virtute e matrimonio impone.

que repoussait un vent soufflant du point le plus élevé ; de sorte qu'il nous fallait suivre, un à un, le bord de l'escarpement, ayant à redouter le feu, d'un côté, et de l'autre, l'abîme.

« En pareil lieu, dit mon guide, il faut tenir à ses yeux le frein bien serré : pour un rien on se tromperait beaucoup. »

Summæ Deus clementiæ [7] *!* Tel est le chant qui, du milieu des flammes ardentes, se faisait entendre, m'inspirant un désir non moins ardent de me retourner. Et je vis des esprits qui allaient à travers les flammes. Mais j'avais soin, en regardant à leurs pas, de regarder aux miens, les yeux dirigés tantôt par là, tantôt par ici.

L'hymne achevée, ces esprits s'écrièrent à haute voix : « *Virum non cognosco* [8] », puis ils recommencèrent le chant de l'hymne à voix basse, et, arrivés à la fin : « Diane, crièrent-ils encore, courut à la forêt pour en chasser Élice [9] qui avait goûté aux poisons de Vénus. » Et, se reprenant à chanter, ils célébraient la chasteté des femmes et des hommes fidèles à la vertu comme aux devoirs du mariage.

E questo modo credo, che lor basti,
Per tutto 'l tempo, che 'l fuoco gli abbrucia;
Con tal cura conviene e con tai pasti,

Che la piaga dassezzo si ricucia.

Ainsi font-ils, je le crois, tant que ce feu les brûle : c'est à l'aide de tels soins et d'un tel régime que leur plaie se cicatrise enfin.

CANTO VIGESIMOSESTO

Mentre che sì per l'orlo, uno innanzi altro,
   Ce n'andavamo, spesso 'l buon maestro
   Diceva, Guarda, giovi, ch'io ti scaltro.

Feriami 'l Sole in su l'omero destro,
   Che già raggiando tutto l'occidente
   Mutava in bianco aspetto di cilestro:

Ed io facea con l'ombra più rovente
   Parer la fiamma, e pure a tanto indizio
   Vidi molt'ombre andando poner mente.

Questa fu la cagion, che diede inizio
   Loro a parlar di me: e cominciarsi
   A dir, Colui non par corpo fittizio.

Poi verso me quanto potevan farsi,
   Certi si feron sempre, con riguardo
   Di non uscir, dove non fossero arsi.

CHANT VINGT-SIXIÈME

Tandis que nous allions ainsi sur le bord du chemin, l'un à la suite de l'autre, le bon maître ne cessait de répéter : « Prends garde, aide-toi, je t'en avertis. »

Le soleil me frappait l'épaule droite, et, tout rayonnant déjà, donnait aux aspects bleus de l'occident une teinte plus blanche. Or mon ombre s'étendant sur les flammes, les faisait paraître plus rouges et je vis bon nombre d'âmes s'émouvoir, en marchant, d'un pareil phénomène. Ce fut pour elles une occasion de parler de moi : « Le corps de celui-ci, disaient-elles, n'est pas un vain simulacre. »

Et, pour mieux s'en assurer, elles s'approchent de moi autant qu'elles le peuvent, sans aller jusqu'au point où elles n'auraient plus senti les flammes.

O tu, che vai, non per esser più tardo,
  Ma forse reverente agli altri dopo,
  Rispondi a me, che 'n sete ed in fuoco ardo.

Nè solo a me la tua risposta è uopo:
  Che tutti questi n' hanno maggior sete,
  Che d' acqua fredda Indo, o Etiopo.

Dinne, com' è, che fai di te parete
  Al Sol, come se tu non fossi ancora
  Di morte entrato dentro dalla rete:

Sì mi parlava un d' essi: ed io mi fora
  Già manifesto, s' io non fossi atteso
  Ad altra novità, ch' apparse allora;

Che per lo mezzo del cammino acceso,
  Venía gente col viso incontro a questa,
  La qual mi fece a rimirar sospeso.

Lì veggio d' ogni parte farsi presta
  Ciascun' ombra, e baciarsi una con una
  Senza restar, contente a breve festa:

Così perentro loro schiera bruna
  S' ammusa l' una con l' altra formica,
  Forse a spiar lor via e lor fortuna.

Tosto che parton l' accoglienza amica,
  Prima che 'l primo passo lì trascorra
  Sopra, gridar ciascuna s' affatica,

« O toi, qui vas derrière les autres, non par indolence, mais par respect sans doute, fais-moi une réponse à moi que brûlent tout ensemble et le feu et la soif de t'entendre. Ce besoin d'une réponse, je ne suis pas le seul à le sentir : tous ceux que tu vois là en sont plus altérés que ne peut l'être d'eau froide l'habitant de l'Inde ou de l'Éthiopie. Tu fais de ton corps un rempart au soleil, comme si tu n'étais pas encore tombé dans les filets de la mort ; dis-nous comment cela se peut. »

Ainsi me parla un de ces esprits, et j'allais m'expliquer, lorsqu'un nouveau spectacle me rendit tout attentif. Sur le milieu de la route brûlante, une autre troupe d'âmes venait à la rencontre de la première, attirant mes regards et ma curiosité. Je vis de chaque côté les ombres s'avancer à la hâte, et s'embrasser l'une l'autre, toujours marchant et s'en tenant à cette courte bienvenue. Ainsi, au milieu de leurs noirs bataillons, s'abordent entre elles des fourmis, s'enquérant peut-être de leur route et de leur butin.

A peine ces âmes se sont-elles fait cet accueil amical, et au moment de reprendre leur course, chacune à l'envi s'exténue à crier, la troupe nouvelle : « Sodome, Go-

La nuova gente, Soddoma e Gomorra,
　E l'altra, Nella vacca entrò Pasife,
　Perchè 'l torello a sua lussuria corra.

Poi come gru, ch'alle montagne Rife
　Volasser parte, e parte inver l'arene,
　Queste del giel, quelle del Sole schife;

L'una gente sen' va, l'altra sen' viene,
　E tornan, lagrimando, a' primi canti,
　E al gridar, che più lor si conviene:

E raccostarsi a me, come davanti
　Essi medesmi, che m'avean pregato,
　Attenti ad ascoltar ne' lor sembianti.

Io, che duo volte avea visto lor grato,
　Incominciai: O anime sicure
　D'aver, quando che sia, di pace stato,

Non son rimase acerbe, nè mature
　Le membra mie di là, ma son qui meco,
　Col sangue suo, e con le sue giunture.

Quinci su vo, per non esser più cieco:
　Donn' è di sopra, che n'acquista grazia,
　Perchè 'l mortal pel vostro Mondo reco.

Ma se la vostra maggior voglia sazia
　Tosto divegna, sì che 'l Ciel v'alberghi,
　Ch'è pien d'amore, e più ampio si spazia,

morrhe ! » et l'autre : « Pasiphaé entre dans la peau d'une génisse, pour que le taureau accoure à sa luxure ! »

On voit des grues[1] prendre leur vol, les unes vers les sables du désert, les autres vers les monts Riphées, selon qu'elles redoutent ou la gelée ou les feux du soleil ; ainsi de ces deux troupes l'une s'en va et l'autre vient, toutes deux retournant avec larmes à leurs premiers chants et au cri qui sied le mieux à chacune.

Alors les mêmes âmes qui d'abord m'avaient interrogé se rapprochèrent de nouveau, leur figure exprimant le désir de m'entendre, et moi, qui m'en apercevais pour la seconde fois, je commençai :
« O âmes à qui, d'un jour à l'autre, est réservé l'état de paix, là-bas ne sont pas restés mes membres ou jeunes encore ou usés déjà ; ils sont toujours à moi avec leur sang et leurs jointures. Je vais là-haut pour n'être plus privé de la lumière. Au-dessus de nous est une femme qui m'a valu cette grâce, et j'apporte ainsi dans votre monde ce corps périssable.

« Puisse le plus saint de vos désirs être bientôt satisfait ; puisse dans ses demeures le ciel vous accueillir, là où il est le plus vaste et le plus rempli d'amour ! Mais, dites-moi,

Ditemi, acciocchè ancor carte ne verghi,
  Chi siete voi, e chi è quella turba,
  Che sì ne va diretro a' vostri terghi?

Non altrimenti stupido si turba
  Lo montanaro, e rimirando ammuta,
  Quando rozzo e salvatico s'inurba,

Che ciascun' ombra fece in sua paruta:
  Ma poichè furon di stupore scarche,
  Lo qual negli alti cuor tosto s'attuta;

Beato te, che delle nostre marche,
  Ricominciò colei, che pria ne chiese,
  Per viver meglio esperienza imbarche.

La gente, che non vien con noi, offese
  Di ciò perchè già Cesar, trionfando,
  Regina contra se chiamar s'intese:

Però si parton Soddoma gridando,
  Rimproverando a se, com' hai udito,
  E ajutan l'arsura, vergognando.

Nostro peccato fu Ermafrodito.
  Ma perchè non servammo umana legge,
  Seguendo, come bestie, l'appetito,

In obbrobrio di noi, per noi si legge,
  Quando partiamci, il nome di colei,
  Che s'imbestiò nelle 'mbestiate schegge.

afin que mes écrits le redisent, qui vous êtes et quelle est cette foule qui s'en retourne derrière vous. »

Jamais, voyant la ville pour la première fois, un sauvage montagnard ne se montra plus ébahi dans sa muette et stupide admiration, que ne parut l'être alors chacune de ces ombres.

Mais ce premier moment de stupeur passé (il dure peu dans les esprits élevés!) l'âme qui, la première, m'avait interrogé, s'écria : « Heureux qui vient ici, comme toi, consulter l'expérience pour apprendre à mieux vivre! La troupe qui ne marche pas avec nous, fut entachée du vice que rappelait le nom de Reine, jeté à la face de César triomphant. Ces âmes s'en vont ainsi criant : « Sodome! » s'insultant de reproches, comme tu l'as entendu, et ajoutant la honte à l'ardeur de la flamme.

« Pour nous au moins, notre péché fut hermaphrodite : mais comme, au mépris de toute loi humaine et à l'instar des brutes, nous fûmes dominés par nos appétits, en signe d'opprobre, nous répétons chaque fois, en nous séparant, le nom de celle qui se fit véritablement bête sous l'enveloppe d'une bête.

Or sai nostri atti, e di che fummo rei :
  Se forse a nome vuoi saper chi semo,
  Tempo non è da dire, e non saprei.

Farotti ben di me volere scemo :
  Son Guido Guinicelli, e già mi purgo
  Per ben dolermi, prima ch' allo stremo.

Quali nella tristizia di Licurgo
  Si fer duo figli a riveder la madre,
  Tal mi fec'io, ma non a tanto insurgo,

Quando i' udî nomar se stesso, il padre
  Mio, e degli altri miei miglior, che mai
  Rime d'amore usar dolci e leggiadre :

E senza udire e dir pensoso andai
  Lunga fiata, rimirando lui,
  Nè per lo fuoco in là più m' appressai.

Poichè di riguardar pasciuto fui,
  Tutto m' offersi pronto al suo servigio,
  Con l' affermar, che fa credere altrui.

Ed egli a me : Tu lasci tal vestigio
  Per quel ch' i' odo, in me, e tanto chiaro,
  Che Lete nol può torre, nè far bigio.

Ma se le tue parole or ver giuraro,
  Dimmi, che è cagion, perchè dimostri
  Nel dire, e nel guardar d' avermi caro ?

« Tu sais maintenant nos actes et en quoi nous avons péché. Si, par hasard, tu tiens à nous connaître tous par notre nom, je ne le saurais dire : le temps me manque. Pour le mien, je puis te satisfaire : je suis Guido Guinicelli[2]; la purification m'est permise parce que le repentir m'est venu avant ma dernière heure. »

Ce qu'éprouvèrent ces deux fils[3] en revoyant leur mère menacée des vengeances de Lycurgue, je l'éprouvai, mais avec moins de profit, lorsque j'entendis se nommer lui-même celui qui fut mon père, et le père de tant d'autres que mettent bien au-dessus de moi leurs douces et charmantes rimes d'amour.

Sans plus rien entendre et sans rien dire, je marchai longtemps, tout pensif et ne cessant de le regarder, mais sans m'approcher de lui davantage de peur des flammes.

Mes regards enfin rassasiés de sa vue, je m'offris à son service avec empressement et de ce ton affirmatif qui sait persuader.

Et lui : « Ce que j'entends laisse en moi une trace si profonde et si claire, que le Léthé ne saurait ni l'effacer ni l'obscurcir. Mais si c'est la vérité que jurent ainsi tes paroles, dis-moi pour quelle raison ton langage et tes regards me témoignent tant d'affection. »

Ed io a lui: **Li dolci detti vostri,**
  Che, quanto durerà l'uso moderno,
  Faranno cari ancora i loro inchiostri.

O frate, disse, questi, ch'io ti scerno
  Col dito (e additò uno spirto innanzi)
  Fu miglior fabbro del parlar materno:

Versi d'amore, e prose di romanzi
  Soverchiò tutti: e lascia dir gli stolti,
  Che quel di Lemosì credon ch'avanzi:

A voce più, ch'al ver, drizzan li volti,
  E così ferman sua opinione,
  Prima ch'arte o ragion per lor s'ascolti.

Così fer molti antichi di Guittone,
  Di grido in grido, pur lui dando pregio,
  Fin che l'ha vinto 'l ver con più persone.

Or se tu hai sì ampio privilegio,
  Che licito ti sia l'andare al chiostro,
  Nel quale è Cristo abate del collegio,

Fagli per me un dir di pater nostro;
  Quanto bisogna a noi di questo Mondo,
  Ove poter peccar non è più nostro.

Poi forse, per dar luogo altrui, secondo
  Che presso avea, disparve per lo fuoco,
  Come per l'acqua il pesce, andando al fondo.

Et moi à lui : « Votre douce poésie, tant que durera notre langue nouvelle, rendra vos écrits bien précieux. »

« O frère, dit-il, celui [4] que je te montre du doigt (et il me montrait de la sorte un esprit qui marchait devant lui) fut encore un meilleur ouvrier dans sa langue maternelle ; supérieur à tous dans ses vers d'amour et sa prose de roman, il laisse dire les sots qui mettent le Limousin [5] au-dessus de lui. Attirés par le bruit plutôt que par le vrai mérite, ils se forment une opinion sans consulter l'art ni la raison. Ainsi ont fait pour Guittone beaucoup de nos devanciers ; ils n'eurent pas assez de cris pour lui donner le premier rang, jusqu'au moment où le goût du plus grand nombre fit triompher la vérité.

« Maintenant si, par un étonnant privilége, il t'est donné de pénétrer dans ce cloître dont le Christ est l'abbé [6], récite-lui, du *Pater noster*, à mon intention, tout ce qui nous est utile dans ce monde où nous ne pouvons plus pécher. »

A ces mots, et pour faire place sans doute à l'autre qui se tenait près de lui, il disparaît dans les flammes, semblable au poisson qui s'enfonce dans l'eau.

Io mi feci al mostrato innanzi un poco,
  E dissi ch'al suo nome il mio desire
Apparecchiava grazioso loco :

Ei cominciò liberamente a dire :
  Tan m'abbelis votre cortois deman,
  Chi eu non puous, ne vueil a vos cobrire.

Jeu sui Arnaut, che plor e vai cantan
  Con si tost vei la spassada folor,
  Et vie giau sen le jor, che sper denan.

Ara vus preu pera chella valor,
  Che vus ghida al som delle scalina,
  Sovegna vus a temps de ma dolor :

Poi s'ascose nel fuoco, che gli affina.

Je m'avance alors vers celui qu'il m'avait indiqué, en lui disant que mon désir de le connaître préparait à son nom un accueil gracieux.

Et gentiment il se mit à dire :
« *Tan⁷ m'abbelis votre cortois deman,*
« *Chi eu non puous, ne veuil a vos cŏbrire.*

« *Jeu sui Arnaut, che plor e vai cantan*
« *Con si tost vei la spassada folor,*
« *Et vie giau sen le jor, che sper denan.*

« *Ara vus preu pera chella valor,*
« *Che vus ghida al som delle scalina,*
« *Sovegna vus a temps de ma dolor.* »

Cela dit, il se cacha dans le feu qui purifie.

CANTO VIGESIMOSETTIMO

Sì come, quando i primi raggi vibra,
    Là dove 'l suo fattore il sangue sparse,
    Cadendo Ibéro sotto l'alta Libra,

E 'n l'onde in Gange di nuovo riarse,
    Sì stava il Sole, onde 'l giorno sen' giva,
    Quando l'Angel di Dio lieto ci apparse.

Fuor della fiamma stava in su la riva,
    E cantava: *Beati mundo corde*,
    In voce assai più che la nostra, viva:

Poscia, Più non si va, se pria non morde,
    Anime sante, il fuoco: entrate in esso,
    Ed al cantar di là non siate sorde.

Sì disse, come noi gli fummo presso:
    Perch'io divenni tal, quando lo 'ntesi,
    Quale è colui, che nella fossa è messo.

CHANT VINGT-SEPTIÈME

C'était l'heure où, de ses premiers rayons, le soleil éclaire le lieu où fut répandu le sang de son créateur, au moment où l'Èbre coule ses ondes sous le signe de la Balance, et où le Gange s'embrase aux ardeurs du midi[1]; ainsi pour nous le jour s'en allait, quand, tout joyeux, l'ange de Dieu nous apparut.

Debout sur la rive, et en dehors des flammes, d'une voix plus vivante que notre voix mortelle, il chantait : « *Beati mundo corde*[2] ! » Puis, quand nous fûmes près de lui : « Ames saintes, nous dit-il, avant d'aller plus loin, il faut être mordu par le feu : entrez-y et soyez attentifs aux chants que vous allez entendre. »

Ainsi il dit quand nous fûmes près de lui, et, en l'entendant, je devins semblable à celui qu'on descend dans la fosse. Je restai, levant mes mains jointes, regardant le

In su le man commesse mi protesi,
   Guardando 'l fuoco, e immaginando forte
   Umani corpi già veduti accesi.

Volsersi verso me le buone scorte:
   E Virgilio mi disse: Figliuol mio,
   Qui puote esser tormento, ma non morte.

Ricordati, ricordati: e se io
   Sovr' esso Gerion ti guidai salvo,
   Che farò or, che son più presso a Dio?

Credi per certo, che se dentro all' alvo
   Di questa fiamma stessi ben mill' anni,
   Non ti potrebbe far d'un capel calvo.

E se tu credi forse, ch'io t'inganni,
   Fatti ver lei, e fatti far credenza
   Con le tue mani al lembo de' tuo' panni.

Pon giù omai, pon giù ogni temenza:
   Volgiti 'n qua, e vieni oltre sicuro.
   Ed io pur fermo, e contra coscienza.

Quando mi vide star pur fermo e duro,
   Turbato un poco disse: Or vedi, figlio,
   Tra Beatrice e te è questo muro.

Come al nome di Tisbe aperse 'l ciglio
   Piramo in su la morte, e riguardolla,
   Allor che 'l gelso diventò vermiglio;

feu, et l'imagination vivement frappée de tous ces corps humains que j'avais déjà vus brûler.

Mes deux guides se tournant avec bonté vers moi : « Mon fils, me dit Virgile, quelque souffrance peut être à craindre ici, mais non pas la mort. Souviens-toi, souviens-toi ! si j'ai pu, sur les épaules de Géryon, te guider en sûreté, que ne ferai-je pas maintenant, plus rapproché de Dieu? Persuade-toi bien que, quand tu devrais passer mille ans au sein de ces flammes, un seul cheveu ne manquerait pas à ta tête. Crois-tu que je te trompe? fais-en l'épreuve toi-même, en approchant des flammes le bord de ta robe. Allons, dépose désormais toute crainte; tourne-toi par ici, avance, et vas avec pleine confiance. »

Mais, résistant au cri même de ma conscience, je ne bougeai pas.

Me voyant de la sorte immobile et opiniâtre, il me dit, le visage un peu troublé : « Penses-y, mon fils; entre Béatrix et toi il n'est plus que cette muraille ! »

Entendant le nom de Thisbé, Pyrame ouvrit un œil mourant pour la regarder encore, au pied du mûrier qui, depuis, a vu rougir ses fruits[3]; de même, à ce nom qui

Così la mia durezza fatta solla,
  Mi volsi al savio duca, udendo il nome,
  Che nella mente sempre mi rampolla.

Ond' e' crollò la testa, e disse : Come,
  Volemci star di qua? indi sorrise,
  Come al fanciul si fa, ch' è vinto al pome :

Poi dentro al fuoco innanzi mi si mise,
  Pregando Stazio, che venisse retro,
  Che pria per lunga strada ci divise.

Come fui dentro, in un bogliente vetro
  Gittato mi sarei per rinfrescarmi,
  Tant' era ivi lo 'ncendio senza metro.

Lo dolce padre mio, per confortarmi,
  Pur di Beatrice ragionando andava,
  Dicendo, Gli occhi suoi già veder parmi.

Guidavaci una voce, che cantava
  Di là : e noi attenti pure a lei
  Venimmo fuor, là ove si montava.

Venite, Benedicti patris mei,
  Sonò dentro a un lume, che li era,
  Tal, che mi vinse, e guardar nol potei.

Lo Sol sen' va, soggiunse, e vien la sera :
  Non v' arrestate, ma studiate 'l passo,
  Mentre che l' occidente non s' annera.

toujours retentit dans mon cœur, ma résistance fléchit, et je retourne à mon sage conducteur, qui me dit, hochant la tête : « Eh bien ! voulons-nous encore rester ici ? » Puis il se prit à sourire, comme on sourit à l'enfant qui cède à l'amorce d'un fruit.

Alors il entra dans les flammes le premier, engageant Stace, qui longtemps avait marché entre nous deux, à ne s'y mettre que le dernier.

A peine étais-je dedans, que je me serais jeté, pour y chercher du rafraîchissement, dans du verre bouillant, tant la chaleur était insupportable. Cependant, pour me conforter, le bon maître allait toujours parlant de Béatrix : « Il me semble déjà voir ses yeux, » disait-il.

De la rive opposée, une voix en chantant nous guidait : dociles à ce chant, nous sortîmes du feu au point où il fallait monter.

Venite, Benedicti patris mei [4] *!* » ainsi disait une autre voix du sein d'une lumière si éblouissante, que mon regard vaincu ne put la supporter.

« Le soleil s'en va, continua-t-elle ; voici le soir qui vient ; ne vous arrêtez pas, et faites diligence avant que l'occident s'assombrisse. »

Dritta salía la via perentro 'l sasso
   Verso tal parte, ch'io toglieva i raggi
   Dinanzi a me del Sol, ch'era già lasso.

E di pochi scaglion levammo i saggi,
   Che 'l Sol corcar per l'ombra, che si spense,
   Sentimmo dietro ed io e gli miei saggi.

E pria che 'n tutte le sue parti immense
   Fusse orizzonte fatto d'un aspetto,
   E notte avesse tutte sue dispense;

Ciascun di noi d'un grado fece letto;
   Che la natura del monte ci affranse
   La possa del salir, più che 'l diletto.

Quali si fanno ruminando manse
   Le capre, state rapide e proterve,
   Sopra le cime, prima che sien pranse,

Tacite all'ombra, mentre che 'l Sol ferve,
   Guardate dal pastor, che 'n su la verga
   Poggiato s'è, e lor poggiato serve:

E quale il mandrian, che fuori alberga,
   Lungo 'l peculio suo, queto pernotta,
   Guardando, perchè fiera non lo sperga;

Tali eravamo tutt' e tre allotta,
   Io come capra, ed ei come pastori,
   Fasciati quinci e quindi dalla grotta.

CHANT VINGT-SEPTIÈME.

Le sentier montait dans le rocher droit à l'orient, et je supprimais ainsi devant moi les rayons du soleil fatigué de sa course. Quelques degrés à peine étaient franchis, quand mon ombre, effacée, apprit à ces sages guides et à moi que le soleil, derrière nous, venait de se coucher.

Avant que la nuit, s'étendant de toutes parts, eût donné aux immensités de l'horizon un aspect uniforme, chacun de nous d'un de ces degrés se fit une couche; l'escarpement de la montagne nous réduisait à l'impuissance de monter, sans nous en ôter le désir.

Telles, quand le soleil est le plus ardent, on voit, ruminant à l'ombre, calmes et silencieuses, sous la garde attentive du pasteur appuyé sur sa houlette, des chèvres qui, tout à l'heure, avant d'être repues, s'obstinaient, vives et entreprenantes, à grimper sur les cimes; et tel on voit un berger passer la nuit au dehors, immobile, à côté de son troupeau et le surveillant, de peur que la bête sauvage ne le disperse; tels nous étions alors, moi comme la chèvre, eux comme les pasteurs, et tous les trois entourés des rochers de la montagne.

Poco potea parer lì del di fuori:
   Ma per quel poco vedev'io le stelle
   Di lor solere e più chiare e maggiori.

Sì ruminando, e sì mirando in quelle,
   Mi prese 'l sonno; il sonno, che sovente,
   Anzi che 'l fatto sia, sa le novelle.

Nell'ora credo, che dell'oriente
   Prima raggiò nel monte Citerea,
   Che di fuoco d'amor par sempre ardente;

Giovane e bella in sogno mi parea
   Donna vedere andar per una landa,
   Cogliendo fiori, e cantando dicea,

Sappia qualunque 'l mio nome dimanda,
   Ch'io mi son Lia, e vo movendo 'ntorno
   Le belle mani a farmi una ghirlanda.

Per piacermi allo specchio, qui m'adorno:
   Ma mia suora Rachel mai non si smaga
   Dal suo ammiraglio, e siede tutto giorno.

Ell'è de suo' begli occhi veder vaga,
   Com'io dell'adornarmi con le mani:
   Lei lo vedere, e me l'ovrare appaga.

E già, per gli splendori antelucani,
   Che tanto ai peregrin surgon più grati,
   Quanto tornando albergan men lontani,

Il ne paraissait du dehors qu'un étroit espace du ciel, mais là je voyais les étoiles plus grandes et plus brillantes qu'elles ne le paraissent d'ordinaire.

Dans cette contemplation rêveuse le sommeil me prit, le sommeil qui souvent reçoit la nouvelle des choses qui ne sont pas encore.

C'était l'heure, je crois, où Cythérée, qu'on voit toujours brûlante des feux de l'amour, envoie de l'orient ses premiers rayons à la montagne ; alors m'apparut en songe une belle jeune fille qui s'en allait cueillant des fleurs dans la prairie ; en chantant, elle disait : « Quiconque demande mon nom, sache que je suis Lia [5], courant çà et là, et de mes belles mains me tressant une guirlande. Ainsi parée, je me plairai devant le miroir. Ma sœur Rachel, assise tout le jour auprès du sien, ne s'en éloigne jamais. Elle se complaît à voir ses beaux yeux ; moi, j'aime à me parer de mes mains : à elle de contempler, à moi d'agir. »

Le tenebre fuggian da tutti i lati,
　E 'l sonno mio con esse: ond' io levámi,
　Veggendo i gran maestri già levati.

Quel dolce pome, che per tanti rami
　Cercando va la cura de' mortali,
　Oggi porrà in pace le tue fami:

Virgilio inverso me queste cotali
　Parole usò: e mai non furo strenne,
　Che fosser di piacere a queste iguali.

Tanto voler sovra voler mi venne
　Dell' esser su, ch' ad ogni passo poi
　Al volo mio sentía crescer le penne.

Come la scala tutta sotto noi
　Fu corsa, e fummo in su 'l grado superno,
　In me ficcò Virgilio gli occhi suoi,

E disse: Il temporal fuoco, e l' eterno
　Veduto hai, figlio, e se' venuto in parte,
　Ov' io per me più oltre non discerno.

Tratto t' ho qui con ingegno e con arte:
　Lo tuo piacere omai prendi per duce:
　Fuor se' dell' erte vie, fuor se' dell' arte.

Vedi là il Sol, che 'n fronte ti riluce:
　Vedi l' erbetta, i fiori, e gli arbucelli,
　Che quella terra sol da se produce.

CHANT VINGT-SEPTIÈME.

Déjà de toutes parts s'enfuyaient les ténèbres, et avec elles mon sommeil, à ces premières lueurs messagères du jour que le voyageur voit poindre avec plus de joie, à mesure que, revenant, il se rapproche du dernier gîte. Voyant mes maîtres déjà levés, je me lève aussitôt.

« Ce doux fruit que l'inquiétude des mortels va cherchant en vain sur tant de rameaux, aujourd'hui même il apaisera ta faim. »

Telles furent les paroles que m'adressa Virgile; jamais étrennes ne donnèrent tant de plaisir ! Un tel désir s'ajoutait à mon désir d'être là-haut, qu'à chaque pas, je me sentais venir des ailes pour hâter mon vol.

Arrivés au degré supérieur de cet escalier que nous laissions au-dessous de nous, Virgile, fixant sur moi ses yeux : « Tu as vu, mon fils, me dit-il, et le feu qui n'a qu'un temps et le feu qui brûle éternellement; te voici maintenant parvenu en un lieu où, par moi-même, je ne saurais voir plus avant. Pour t'y amener, j'ai fait œuvre d'intelligence et d'industrie.

Te voilà hors des défilés, hors des voies escarpées : que ta volonté soit désormais ton seul guide. Vois le soleil qui resplendit sur ton front; vois ces plantes, ces fleurs, ces arbrisseaux que d'elle-même ici produit la terre. Tu peux à ton gré t'y promener ou te reposer, en attendant que te viennent, dans leur joie, ces beaux yeux qui, tout en pleurs, me firent venir à toi. De moi tu n'as plus à attendre ni discours, ni conseils : pourvu d'une

Mentre che vegnon lieti gli occhi belli,
   Che lagrimando a te venir mi fenno,
   Seder ti puoi, e puoi andar tra elli.

Non aspettar mio dir più, nè mio cenno:
   Libero, dritto, sano è tuo arbitrio,
   E fallo fora non fare a suo senno:

Perch'io te sopra te corono e mitrio.

volonté libre, droite et saine, tu faillirais en n'agissant pas d'après elle. Donc sois ton maître : reçois la couronne et la mitre [6]. »

CANTO VIGESIMOTTAVO

Vago già di cercar dentro e dintorno
   La divina foresta spessa e viva,
   Ch'agli occhi temperava il nuovo giorno,

Senza più aspettar lasciai la riva,
   Prendendo la campagna, lento lento,
   Su per lo suol, che d'ogni parte oliva.

Un'aura dolce, senza mutamento
   Avere in se, mi fería per la fronte,
   Non di più colpo, che soave vento:

Per cui le fronde tremolando pronte
   Tutte quante piegavano alla parte,
   U' la prim'ombra gitta il santo monte;

Non però dal lor' esser dritto sparte
   Tanto, che gli augelletti per le cime
   Lasciasser d'operare ogni lor arte:

CHANT VINGT-HUITIÈME

Impatient de parcourir au dehors et dans ses profondeurs la divine forêt, épaisse et verdoyante, qui tempérait aux yeux l'éclat du jour naissant, tout aussitôt loin de la rive je vais par la campagne, foulant à pas bien lents, bien lents, un sol tout parfumé.

Une douce haleine d'air, toujours égale, m'effleurait le visage, caressante comme la brise la plus suave.

Dociles et frémissant à ce souffle, les rameaux se penchaient du côté où la sainte montagne laisse tomber sa première ombre, pas assez inclinés cependant pour troubler dans leurs concerts les petits oiseaux dont l'art s'exerçait à leur cime. En pleine joie, ils accueillaient les premières heures du jour, en chantant sous le feuillage dont le frémissement répondait à leurs notes harmonieuses.

Ainsi aux rivages de Chiassi, murmure de branche en branche, à travers les sapins[1], le Siroco mis en liberté par Éole.

Ma con piena letizia l'ore prime
  Cantando riceveano intra le foglie,
  Che tenevan bordone alle sue rime,

Tal, qual di ramo in ramo si raccoglie,
  Per la pineta, in sul lito di Chiassi,
  Quand' Eolo Scirocco fuor discioglie.

Già m'avean trasportato i lenti passi
  Dentro all'antica selva, tanto ch'io
  Non potea rivedere ond'io m'entrassi:

Ed ecco più andar mi tolse un rio,
  Che 'nver sinistra, con sue picciole onde,
  Piegava l'erba, che 'n sua ripa uscìo.

Tutte l'acque, che son di qua più monde,
  Parrieno avere in se mistura alcuna,
  Verso di quella, che nulla nasconde;

Avvegna che si muova bruna bruna
  Sotto l'ombra perpetua, che mai
  Raggiar non lascia Sole ivi, nè Luna.

Co' piè ristetti, e con gli occhi passai
  Di là dal fiumicello, per mirare
  La gran variazion de' freschi mai:

E là m'apparve, sì com'egli appare
  Subitamente cosa, che disvia,
  Per maraviglia, tutt'altro pensare,

Déjà tout lentement je m'étais enfoncé bien avant, dans l'antique forêt, ne voyant plus par où j'étais entré, et voilà que je suis arrêté par un ruisseau qui coulait vers ma gauche, courbant à peine de ses petits flots l'herbe qui verdit sur ses rives.

Ici-bas il n'est eau si limpide qui ne paraisse trouble, au prix de cette eau où tout se voit encore, bien qu'elle coule toujours plus sombre sous ces ombrages éternels que ne pénétra jamais un rayon du soleil ou de la lune [2].

Mes pieds arrêtés, du regard je franchis le ruisseau, attiré par le mélange de toutes ces verdures.

Là, comme une de ces merveilleuses apparitions qui éloignent toute autre pensée, se montre à moi une Dame, qui, seule, s'en allait, chantant et cueillant une à une les fleurs dont toute la route était diaprée.

Una donna soletta, che si gía
  Cantando ed isciegliendo fior da fiore,
  Ond' era pinta tutta la sua via.

Deh bella Donna, ch' a raggi d' amore
  Ti scaldi, s' i' vo' credere a' sembianti,
  Che soglion' esser testimon del cuore,

Vegnati voglia di trarreti avanti,
  Diss' io a lei, verso questa riviera,
  Tanto ch' i' possa intender, che tu canti.

Tu mi fai rimembrar, dove e qual' era
  Proserpina nel tempo, che perdette
  La madre lei, ed ella primavera.

Come si volge con le piante strette
  A terra, e intra se, donna, che balli,
  E piede innanzi piede a pena mette,

Volsesi 'n su' vermigli ed in su' gialli
  Fioretti verso me, non altrimenti,
  Che vergine, che gli occhi onesti avvalli:

E fece i preghi miei esser contenti,
  Sì appressando se, che 'l dolce suono
  Veniva a me co' suoi intendimenti.

Tosto che fu, là dove l' erbe sono
  Bagnate già dall' onde del bel fiume,
  Di levar gli occhi suoi mi fece dono.

« O belle créature que réchauffe un rayon de l'amour divin, si j'en crois ces traits, le miroir ordinaire de l'âme, ne dédaigne pas, lui dis-je, de venir plus près de ce ruisseau, pour que je puisse entendre mieux ce que tu chantes. A te voir en ce lieu, le souvenir me revient de ce qu'était Proserpine, au moment où, sa mère la perdant, elle perdit elle-même la fleur de son printemps. »

Effleurant le sol de ses pieds unis, on voit une jeune fille qui danse tourner sur elle-même, puis, un pied dépassant l'autre à peine, s'avancer ; ainsi sur ces mille petites fleurs vermeilles et dorées, elle vient à moi, semblable à une vierge modeste qui va les yeux baissés, et elle donne contentement à mes prières, en s'approchant assez près pour que sa douce voix arrive jusqu'à moi, claire et distincte.

Dès qu'elle se fut avancée sur la rive où les herbes se baignent au flot charmant de ce ruisseau, elle me fit la grâce de lever sur moi les yeux. Non, un tel éclat ne

Non credo, che splendesse tanto lume
  Sotto le ciglia a Venere trafitta
  Dal figlio, fuor di tutto suo costume.

Ella ridea dall' altra riva dritta,
  Traendo più color, con le sue mani,
  Che l' alta terra senza seme gittà.

Tre passi ci facea 'l fiume lontani:
  Ma Ellesponto, là 've passò Xerse,
  Ancora freno a tutti orgogli umani,

Più odio da Leandro non sofferse,
  Per mareggiare intra Sesto e Abido,
  Che quel da me, perchè allor non s' aperse.

Voi siete nuovi: e forse perch' io rido,
  Cominciò ella, in questo luogo eletto
  All' umana natura per suo nido,

Maravigliando tienvi alcun sospetto:
  Ma luce rende il salmo *Delectasti*,
  Che puote disnebbiar vostro 'ntelletto.

E tu che se' dinanzi, e mi pregasti,
  Dî s' altro vuoi udir: ch' io venni presta
  Ad ogni tua question, tanto che basti.

L' acqua, diss' io, e 'l suon della foresta
  Impugnan dentro a me novella fede
  Di cosa, ch' io udî contraria a questa.

brilla pas sous la paupière de Vénus au moment où son fils la blessa d'un trait involontaire !

De l'autre rive, elle me souriait, les mains pleines de ces belles fleurs qui naissent d'elles-mêmes sur cette terre fortunée.

Le ruisseau ne laissait que trois pas entre elle et moi; mais l'Hellespont franchi par Xerxès (dont l'exemple refrène encore l'humaine arrogance) jamais ne fut maudit par Léandre battu des flots entre Abydos et Sestos, comme je maudissais moi-même cette eau pour ne point s'ouvrir devant moi.

« Vous êtes ici nouveaux venus, commença-t-elle à dire, et, peut-être un peu soupçonneux; vous étonnez-vous de mon sourire, dans le lieu qui fut choisi pour être le berceau du genre humain. Mais ce nuage dont s'obscurcit votre intelligence se dissipera aux clartés du psaume *Delectasti*.

« Et toi qui, le premier, m'as adressé ta prière, dis-moi, veux-tu que je te parle encore? Je suis venue disposée à satisfaire à toutes tes demandes. »

« Cette eau, lui répondis-je, et les bruits de la forêt ébranlent en moi la foi qui me fut récemment donnée en des choses toutes contraires à ce que j'entends ici [3]. »

Ond'ella : I' dicerò, come procede
   Per sua cagion, ciò ch'ammirar ti face,
   E purgherò la nebbia, che ti fiede.

Lo sommo ben, che solo esso a se piace,
   Fece l'uom buono a bene, e questo loco
   Diede per arra a lui d'eterna pace.

Per sua diffalta qui dimorò poco :
   Per sua diffalta in pianto, ed in affanno,
   Cambiò onesto riso e dolce giuoco.

Perchè 'l turbar, che sotto da se fanno
   L'esalazion dell'acqua e della terra,
   Che quanto posson dietro al calor vanno,

All'uomo non facesse alcuna guerra;
   Questo monte salío ver lo Ciel tanto,
   E libero è da indi, ove si serra.

Or perchè in circuito tutto quanto
   L'aer si volge, con la prima volta,
   Se non gli è rotto 'l cerchio d'alcun canto :

In questa altezza, che tutta è disciolta,
   Nell'aer vivo, tal moto percuote,
   E fa sonar la selva, perch'è folta :

E la percossa pianta tanto puote,
   Che della sua virtute l'aura impregna,
   E quella poi girando intorno scuote :

CHANT VINGT-HUITIÈME

« Je vais te dire, répliqua-t-elle, comment obéit à sa propre cause le fait dont tu t'étonnes, et j'écarterai le nuage qui offusque ton esprit.

« Le souverain bien qui ne se complaît qu'en soi [4], créa l'homme pour la vertu, et comme gage de l'éternelle paix, il lui donna ce séjour. Mais l'homme (sa faute en est cause) y demeura peu de temps, et changea bientôt en pleurs et en chagrins le rire innocent et les plaisirs purs.

« Afin qu'il fût ici à l'abri des désordres que produisent, plus bas, les exhalaisons de la terre et de l'eau attirées par la chaleur du soleil, cette montagne s'éleva vers le ciel, toujours sereine, à partir du lieu où une porte en interdit l'accès.

« Or, comme l'air, obéissant à l'impulsion première, se meut toujours en tournant, pourvu que le cercle ne soit interrompu d'aucun côté, sur cette hauteur tout à découvert, sous un ciel pur, on ressent le mouvement de cet air sonore qui retentit dans l'épaisse forêt. Ainsi ébranlés, les arbres font participer l'air de leur propre vertu, et l'air, à son tour, dans ses ondulations, la répand de toutes parts. C'est ainsi que votre terre, qu'elle y soit préparée d'elle-même ou par l'influence de son ciel, devient féconde et produit tant d'arbres d'espèces si diverses.

E l'altra terra, secondo ch'è degna
   Per se, o per suo Ciel, concepe e figlia
   Di diverse virtù diverse legna.

Non parrebbe di là poi maraviglia,
   Udito questo, quando alcuna pianta
   Senza seme palese vi s'appiglia.

E saper dei, che la campagna santa,
   Ove tu se', d'ogni semenza è piena,
   E frutto ha in se, che di là non si schianta.

L'acqua, che vedi, non surge di vena,
   Che ristori vapor, che giel converta,
   Come fiume, ch'acquista, o perde lena:

Ma esce di fontana salda e certa,
   Che tanto del voler di Dio riprende,
   Quant'ella versa da duo parti aperta.

Da questa parte con virtù discende,
   Che toglie altrui memoria del peccato:
   Dall'altra d'ogni ben fatto la rende.

Quinci Lete, così dall'altro lato
   Eunoè si chiama: e non adopra,
   Se quinci e quindi pria non è gustato.

A tutt'altri sapori esto è di sopra:
   E avvegna ch'assai possa esser sazia
   La sete tua, perchè più non ti scuopra,

« Ces paroles entendues, ce ne sera plus désormais un prodige pour toi s'il pousse des plantes là-bas sans aucune semence apparente. Cette sainte campagne où te voici arrivé (il faut que tu le saches) renferme en son sein tous les germes possibles, et produit des fruits qui ne se cueillent pas sur votre terre. Cette eau que tu vois là ne jaillit pas d'une source qui se renouvelle avec les vapeurs condensées par le froid, comme un fleuve qui perd et recouvre son onde; elle sort d'une fontaine éternellement intarissable qui retrouve sans cesse, dans la volonté de Dieu, ce qu'elle répand par deux canaux toujours ouverts. De ce côté, elle descend, douée de la vertu qui ôte la mémoire du péché; de cet autre, avec le pouvoir de raviver le souvenir du bien qu'on a fait. Ici son nom est le Léthé; là, l'Eunoé, et elle ne devient efficace que si on la boit à l'un et à l'autre courant. Il n'est point d'eau qui ait une pareille saveur.

« Bien que ta soif à présent soit assez apaisée, pour que je n'aie pas à t'en dire davantage, je te ferai cependant la faveur de quelques paroles de plus qui, j'en suis sûre,

Darotti un corollario àncor per grazia,
  Nè credo, che 'l mio dir ti sia men caro,
  Se oltre promission teco si spazia.

Quelli, ch' anticamente poetaro
  L' età dell' oro, e suo stato felice,
  Forse in Parnaso esto loco sognaro.

Qui fu innocente l' umana radice :
  Qui primavera sempre, ed ogni frutto :
  Nettare è questo, di che ciascun dice.

Io mi rivolsi addietro allora tutto
  A' mie' poeti, e vidi, che con riso
  Udito avevan l' ultimo costrutto :

Poi alla bella donna tornai 'l viso.

pour aller au delà de ma promesse, ne t'en seront pas moins agréables.

« Les poëtes de l'antiquité qui chantèrent l'âge d'or et ses félicités sur le Parnasse, avaient ce lieu peut-être dans leurs rêves ; c'est ici que la race humaine vécut dans sa première innocence ; c'est ici qu'avec des fruits en abondance règne un Printemps perpétuel, et cette eau, c'est le nectar que l'on a tant vanté. »

Me tournant alors vers mes poëtes, je m'aperçus qu'à ces derniers mots ils avaient souri [5]. Puis mon regard se dirigea vers la belle jeune fille.

CANTO VIGESIMONONO

Cantando, come donna innamorata,
   Continuò col fin di sue parole:
   Beati, quorum tecta sunt peccata:

E come Ninfe, che si givan sole,
   Per le salvatiche ombre, disiando,
   Qual di fuggir, qual di veder lo Sole:

Allor si mosse contra 'l fiume, andando
   Su per la riva, ed io pari di lei,
   Picciol passo con picciol seguitando.

Non eran cento tra i suo' passi e i miei,
   Quando le ripe igualmente dier volta,
   Per modo, ch' al levante mi rendei.

Nè anche fu così nostra via molta,
   Quando la donna mia a me si torse,
   Dicendo: Frate mio, guarda, e ascolta.

CHANT VINGT-NEUVIÈME

Semblable au chant d'une femme éprise d'amour, son chant continua jusqu'à la fin de ces paroles : « *Beati, quorum tecta sunt peccata*[1] ! »

Puis, telle que ces nymphes qui s'en vont seules par les forêts ombreuses, s'empressant, les unes de chercher, les autres d'éviter les rayons du soleil, elle suivait, en remontant son cours, le bord du ruisseau, et moi, réglant mes pas sur ses petits pas, j'allais comme elle.

Nous n'avions pas fait, à nous deux, cent de ces pas, lorsque les deux bords du ruisseau, se courbant également, je me trouvai marchant vers l'orient. A peine avancions-nous un peu plus, que la jeune femme, se tournant tout à fait de mon côté : « Frère, dit-elle, regarde et écoute ! »

Ed ecco un lustro subito trascorse
   Da tutte parti per la gran foresta,
   Tal che di balenar mi mise in forse.

Ma perchè 'l balenar, come vien, resta,
   E quel durando più e più splendeva,
   Nel mio pensar dicea: Che cosa è questa?

E una melodia dolce correva
   Per l'aer luminoso: onde buon zelo
   Mi fè riprender l'ardimento d'Eva:

Che là, dove ubbidía la terra e 'l Cielo,
   Femmina sola, e pur testè formata,
   Non sofferse di star sotto alcun velo:

Sotto 'l qual se divota fosse stata,
   Avrei quelle ineffabili delizie
   Sentite prima, e poi lunga fiata.

Mentr'io m'andava tra tante primizie
   Dell'eterno piacer, tutto sospeso,
   E disioso ancora a più letizie,

Dinanzi a noi tal, quale un fuoco acceso,
   Ci si fè l'aer, sotto i verdi rami,
   E 'l dolce suon per canto era già 'nteso:

O sagrosante Vergini, se fami,
   Freddi, o vigilie mai, per voi soffersi,
   Cagion mi sprona, ch'io mercè ne chiami.

CHANT VINGT-NEUVIÈME.

Et voilà que soudain une lueur traverse les vastes étendues de la forêt, si éclatante, qu'on eût dit un éclair. Mais comme, au même instant, l'éclair luit et s'éteint, et que cette lueur, de plus en plus resplendissante, durait, tout en moi-même, je disais : « Quelle chose est donc cela ? »

Cependant une douce mélodie courait dans cet air lumineux, et un mouvement de zèle me fit murmurer contre Ève et sa témérité : « Quoi ! là où tout obéissait, et la terre et le ciel, une femme seule, à peine tirée du néant, ne put souffrir ce voile d'heureuse ignorance ! S'il fût resté sur son humble front, déjà depuis longtemps j'aurais goûté plus d'une fois ces ineffables délices ! »

Tandis que, tout surpris, j'allais au milieu de ces douces prémices de l'éternelle félicité, aspirant à d'autres joies plus grandes encore, l'air devant nous, comme un feu tout à coup allumé, s'embrasa sous les verts rameaux et le doux son déjà entendu devint un chant.

O vierges sacro-saintes [2], si tant de fois pour vous je souffris et la faim, et le froid, et les veilles, au moment où elle m'est si nécessaire, accordez-m'en la récompense !

Or convien, ch' Elicona, per me versi,
E Urania m' ajuti col suo coro,
Forti cose a pensar, mettere in versi.

Poco più oltre sette alberi d' oro
Falsava nel parere, il lungo tratto
Del mezzo, ch' era ancor tra noi e loro:

Ma quando i' fui sì presso di lor fatto,
Che l' obbietto comun, che 'l senso inganna,
Non perdea per distanza alcun suo atto;

La virtù, ch' a ragion discorso ammanna,
Sì com' egli eran candelabri apprese,
E nelle voci del cantare Osanna.

Di sopra fiammeggiava il bello arnese
Più chiaro assai, che Luna, per sereno
Di mezza notte nel suo mezzo mese.

Io mi rivolsi, d' ammirazion pieno,
Al buon Virgilio: ed esso mi rispose,
Con vista carca di stupor non meno:

Indi rendei l' aspetto all' alte cose,
Che si movieno, incontro a noi, sì tardi,
Che foran vinte da novelle spose:

La donna mi sgridò: Perchè pur' ardi
Sì nell' affetto delle vive luci,
E ciò che vien diretro a lor non guardi?

CHANT VINGT-NEUVIÈME.

Que l'Hélicon m'abreuve de ses eaux ! que les chœurs d'Uranie me viennent en aide ! Mes vers ont à chanter les plus hautes conceptions de l'esprit.

Il me semblait apercevoir au loin (trompé sans doute par la grande distance qui m'en séparait) sept arbres d'or : et quand je fus assez près, pour qu'une lointaine apparence ne pût tromper mes sens sur la forme de l'objet, la faculté qui permet à la raison de juger, me fit comprendre que je voyais des candélabres[3], et que les voix chantaient *Hosanna!*

Ces beaux candélabres flamboyaient plus éclatants que la lune à minuit, quand elle arrive, par un ciel serein, à la moitié de son mois.

Saisi d'admiration, je me retourne vers le bon Virgile, et je rencontre son regard non moins étonné, qui me répond. Puis, reportant les yeux sur ces choses merveilleuses, je les vis s'avancer vers nous, mais si lentement, que de nouvelles épousées les eussent devancées.

« Pourquoi, s'écrie la sainte femme, une si ardente admiration pour ces vives lumières? Pourquoi ne pas regarder ce qui vient à leur suite? »

Genti vid' io allor, com' a lor duci,
  Venire appresso, vestite di bianco :
  E tal candor giammai di qua non fuci.

L' acqua splendeva dal sinistro fianco,
  E rendea a me la mia sinistra costa,
  S' io riguardava in lei, come specchio anco.

Quand' io dalla mia riva ebbi tal posta,
  Che solo il fiume mi facea distante,
  Per veder meglio a' passi diedi sosta :

E vidi le fiammelle andare avante,
  Lasciando dietro a se l' aer dipinto,
  E di tratti pennelli avea sembiante.

Di ch' egli sopra rimanea distinto
  Di sette liste, tutte in quei colori,
  Onde fa l' arco il Sole, e Delia il cinto.

Questi stendali dietro eran maggiori,
  Che la mia vista : e quanto a mio avviso,
  Dieci passi distavan quei di fuori.

Sotto così bel Ciel, com' io diviso,
  Ventiquattro signori a due a due,
  Coronati venian di fiordaliso.

Tutti cantavan, Benedetta tue
  Nelle figlie d' Adamo : e benedette
  Sieno in eterno le bellezze tue.

Je vois alors, marchant derrière les candélabres et comme guidés par leur éclat, des personnages vêtus de blanc : nulle blancheur n'égala jamais la blancheur de leurs vêtements. Sur notre gauche, l'eau toute brillante de clarté, quand j'y regardais, comme un miroir, répétait mon image.

Parvenu, en suivant la même rive, en un lieu où seulement le ruisseau me séparait du cortége, pour mieux voir, j'arrêtai là mes pas; et je vis jaillir en avant de petites flammes semblables à des banderolles, dont la trace peignait le ciel des plus belles couleurs : de sorte que, tout en haut, sept bandes bien distinctes brillaient des nuances dont le soleil colore son arc et Phœbé sa ceinture.

Ces étendards s'étendaient bien au delà de ma vue, séparés entre eux, à ce qu'il me semblait, par dix pas seulement. Sous ce beau ciel que je décris, vingt-quatre vieillards, couronnés de fleurs de lis, s'avançaient marchant deux à deux, et chantant : « Sois bénie entre les filles d'Adam, et bénies soient tes beautés dans l'éternité ! »

Poscia che i fiori e l'altre fresche erbette,
  A rimpetto di me dall'altra sponda
  Libere fur da quelle genti elette,

Sì come luce luce in Ciel seconda,
  Vennero appresso lor quattro animali,
  Coronato ciascun di verde fronda.

Ognuno era pennuto di sei ali,
  Le penne piene d'occhi; e gli occhi d'Argo,
  Se fosser vivi, sarebber cotali.

A discriver lor forma più non spargo
  Rime, lettor: ch'altra spesa mi strigne
  Tanto, che 'n questa non posso esser largo.

Ma leggi Ezzechiel, che li dipigne,
  Come li vide, dalla fredda parte,
  Venir, con vento, con nube, e con igne:

E quai li troverrai nelle sue carte,
  Tali eran quivi, salvo ch'alle penne
  Giovanni è meco, e da lui si diparte.

Lo spazio dentro a lor quattro contenne
  Un carro, in su duo ruote, trionfale,
  Ch'al collo d'un Grifon tirato venne:

Ed esso tendea su l'una, e l'altr'ale,
  Tra la mezzana e le tre e tre liste,
  Sì ch'a nulla fendendo facea male:

CHANT VINGT-NEUVIÈME.

A peine, sur l'autre rive, les fleurs et la fraîche verdure venaient d'être foulées par cette troupe d'élus, que, semblables à la lueur qui, dans le ciel, succède à la lueur, parurent à la suite des vieillards quatre animaux, le front couronné de feuilles vertes, et portant chacun six ailes aux plumes toutes parsemées d'yeux : tels seraient les yeux d'Argus, s'ils étaient vivants.

A cette description, lecteur, je n'ajouterai pas d'autres rimes : j'en ai tant à dépenser ailleurs, qu'ici je n'en puis être prodigue. Mais tu peux lire Ézéchiel : il les dépeint tels qu'il les vit, arrivant du septentrion sur les nuées, au milieu du vent et des flammes. Son livre te les montre tels qu'ils étaient ici; et si, pour les plumes, je ne suis pas d'accord avec lui, j'ai de mon côté l'apôtre saint Jean.

Au milieu de ces quatre animaux venait un char triomphal, traîné sur deux roues par un Griffon. Celui-ci, les ailes tendues, s'avançait entre la bande du milieu et les trois de chaque côté, sans en toucher aucune, et en agitant l'air. Telle était la grandeur de ces ailes, que l'œil n'en découvrait pas l'extrémité.

Tanto salivan, che non eran viste:
　Le membra d'oro avea, quanto era uccello,
　E bianche l'altre, di vermiglio miste.

Non che Roma di carro così bello
　Rallegrasse Affricano, o vero Augusto:
　Ma quel del Sol saria pover con ello:

Quel del Sol, che sviando fu combusto,
　Per l'orazion della Terra devota,
　Quando fu Giove arcanamente giusto.

Tre donne in giro, dalla destra ruota,
　Venien danzando, l'una tanto rossa,
　Ch'a pena fora dentro al fuoco nota:

L'altr'era, come se le carni e l'ossa
　Fossero state di smeraldo fatte:
　La terza parea neve testè mossa:

Ed or parevan dalla bianca tratte,
　Or dalla rossa, e dal canto di questa,
　L'altre togliéen l'andare e tarde e ratte.

Dalla sinistra quattro facén festa,
　In porpora vestite, dietro al modo
　D'una di lor, ch'avea tre occhi in testa.

Appresso tutto 'l pertrattato nodo
　Vidi duo vecchi in abito dispari,
　Ma pari in atto ed onestato, e sodo.

Dans tout ce qu'il tenait de l'oiseau, ses membres étaient de couleur d'or : les autres parties du corps offraient un mélange de blanc et de vermeil. Jamais Rome ne réjouit d'un char si brillant ni les triomphes de Scipion l'Africain, ni les triomphes d'Auguste. A côté de celui-ci, eût pâli le char même du Soleil, ce char du Soleil qui, s'écartant de sa route, fut consumé quand la justice de Jupiter s'émut en secret des pieuses lamentations de la Terre.

Sur la droite du char, trois femmes venaient, dansant en rond. A peine eût-on distingué la première au milieu du feu, tant sa couleur était rouge ; de la seconde on eût dit que sa chair et ses os étaient faits d'émeraude ; la troisième ressemblait à de la neige nouvellement tombée. Elles paraissaient guidées tantôt par la femme blanche, tantôt par la femme rouge, et le chant de celle-ci réglait leur pas tour à tour lent ou pressé.

Sur la gauche du char, quatre femmes, vêtues de pourpre, allaient dansant, conduites par l'une d'elles qui avait trois yeux.

A la suite de ce groupe, je vis venir deux vieillards : non vêtus de la même sorte, ils avaient le même aspect ; tous deux également dignes et graves.

L'un si mostrava alcun de' famigliari
 Di quel sommo Ippocráte, che natura
 Agli animali fè ch'ell' ha più cari:

Mostrava l'altro la contraria cura,
 Con una spada lucida e acuta,
 Tal che di qua del rio mi fè paura.

Poi vidi quattro in umile paruta,
 E diretro da tutti un veglio solo
 Venir, dormendo, con la faccia arguta.

E questi sette col primajo stuolo
 Erano abituati: ma di gigli
 Dintorno al capo non facevan brolo:

Anzi di rose e d'altri fior vermigli:
 Giurato avria poco lontano aspetto,
 Che tutti ardesser di sopra da' cigli.

E quando 'l carro a me fu a rimpetto,
 Un tuon s'udì: e quelle genti degne
 Parvero aver l'andar più interdetto,

Fermandos'ivi, con le prime insegne.

Le premier paraissait être un des disciples de ce grand Hippocrate que la nature forma dans un mouvement d'amour pour ses créatures de prédilection.

Le second semblait occupé d'un soin tout contraire, tenant une épée si flamboyante et si affilée, que même, de ce côté du ruisseau, j'en étais effrayé.

Puis, je vis quatre personnages, humbles d'apparence; derrière eux un vieillard, à la figure inspirée, seul et dormant.

Tous les sept marchaient vêtus comme ceux du premier groupe; seulement, au lieu d'être couronné de lis, leur front était paré de roses et de fleurs d'un rouge si éclatant que, de loin, on eût dit des flammes s'échappant de leurs sourcils.

Le char arrivé devant moi, le tonnerre gronda; et comme si c'eût été une défense d'aller plus avant, ce noble cortége et ces brillantes enseignes s'arrêtèrent en même temps.

CANTO TRENTESIMO

Quando 'l settentrion del primo Cielo,
   Che nè occaso mai seppe, nè orto,
   Nè d'altra nebbia, che di colpa velo :

E che faceva lì ciascuno accorto
   Di suo dover, come 'l più basso face,
   Qual timon gira, per venire a porto,

Fermo s'affisse; la gente verace
   Venuta prima tra 'l Grifone ed esso,
   Al carro volse se, come a sua pace :

E un di loro quasi da Ciel messo,
   Veni, sponsa, de Libano, cantando,
   Gridò tre volte, e tutti gli altri appresso :

Quali i beati, al novissimo bando,
   Surgeran presti, ognun di sua caverna,
   La rivestita carne alleviando,

CHANT TRENTIÈME

Lorsque s'arrêta le septentrion[1] de ce ciel primitif qui ne connut ni coucher ni lever ; que ne voila jamais d'autre nuage que celui du péché ; ce septentrion qui enseignait à chacun son devoir, de même que le nôtre, ici-bas, indique au nautonier la route qui mène au port, à ce moment les saints personnages qui, les premiers, marchaient entre le Griffon et les candélabres, se tournèrent vers le char, pour y chercher leur paix ; et l'un d'eux, comme un envoyé du ciel, en chantant, cria trois fois, et tous les autres après lui : *Veni, sponsa, de Libano*[2] *!*

Alors, semblables aux bienheureux qui, s'élançant de la tombe, au dernier appel, revêtus d'une chair plus légère, cent ministres, cent messagers de la vie éter-

Cotali, in su la divina basterna
  Si levar cento, *ad vocem tanti senis*,
  Ministri e messaggier di vita eterna.

Tutti dicén : *Benedictus qui venis*,
  E, fior gittando di sopra e dintorno,
  Manibus o date lilia plenis.

Io vidi già, nel cominciar del giorno,
  La parte oriental tutta rosata,
  E l'altro Ciel di bel sereno adorno :

E la faccia del Sol nascere ombrata,
  Sì che, per temperanza di vapori,
  L'occhio lo sostenea lunga fiata :

Così dentro una nuvola di fiori,
  Che dalle mani angeliche saliva,
  E ricadeva giù dentro e di fuori,

Sovra candido vel, cinta d'oliva,
  Donna m'apparve, sotto verde manto,
  Vestita di color di fiamma viva.

E lo spirito mio, che già cotanto
  Tempo era stato con la sua presenza,
  Non era di stupor, tremando, affranto.

Sanza degli occhi aver più conoscenza,
  Per occulta virtù, che da lei mosse,
  D'antico amor sentî la gran potenza.

nelle se levèrent du char divin, *ad vocem tanti senis*³.

*Benedictus qui venis*⁴*!* disaient-ils, puis couvrant le char de mille fleurs : *Manibus ô date lilia plenis!*⁵ »

A la naissance du jour, quand tout le ciel était beau de sérénité, j'ai vu quelquefois, sous les teintes rosées de l'orient, la face du soleil se montrer voilée par des vapeurs qui permettaient aux yeux d'en supporter l'éclat ; de même, à travers ces fleurs jetées par des mains angéliques, et formant comme un nuage, qui remontait et s'abaissait autour du char, une femme m'apparut. Son front, caché par un voile blanc, portait une couronne d'olivier ; un manteau vert couvrait son épaule, et sa robe brillait des couleurs de la flamme ⁶.

Mon esprit, qui depuis si longtemps n'avait été tremblant et frappé de stupeur en sa présence ; sans qu'il fût besoin de mes yeux pour la reconnaître, à je ne sais quelle secrète vertu émanée d'elle, sentit renaître toute la puissance d'un ancien amour. Sitôt que je fus sous l'influence de cette vertu souveraine qui, avant la fleur de l'adolescence, m'avait blessé au cœur, soumis comme un petit enfant

Tosto che nella vista mi percosse
   L'alta virtù, che già m'avea trafitto
   Prima ch'io fuor di puerizia fosse;

Volsimi alla sinistra, col rispitto,
   Col quale il fantolin corre alla mamma,
   Quando ha paura, o quando egli è afflitto,

Per dicere a Virgilio, Men che dramma
   Di sangue m'è rimasa, che non tremi;
   Conosco i segni dell'antica fiamma.

Ma Virgilio n'avea lasciati scemi
   Di se, Virgilio dolcissimo padre,
   Virgilio, a cui, per mia salute, diemi:

Nè quantunque perdéo l'antica madre,
   Valse alle guance nette di rugiada,
   Che lagrimando non tornassero adre.

Dante, perchè Virgilio se ne vada,
   Non piangere anche, non piangere ancora,
   Che pianger ti convien per altra spada:

Quasi ammiraglio, che 'n poppa ed in prora
   Viene a veder la gente, che ministra,
   Per gli alti legni, ed a ben far la 'ncuora,

In su la sponda del carro sinistra,
   Quando mi volsi al suon del nome mio,
   Che di necessità qui si rigistra,

qui, dans son effroi, ou dans son chagrin, accourt vers sa mère, je me retournai pour dire à Virgile : « Il ne me reste pas dans les veines une seule goutte de sang qui ne frémisse : je reconnais les signes de mon ancienne flamme[7]. »

Mais il nous avait laissés, Virgile, ce doux père, Virgile à qui, pour mon salut, elle m'avait confié ! Alors l'aspect même des félicités qu'avait perdues notre antique mère, n'empêcha pas mes joues lavées par la rosée de se rembrunir sous des larmes.

« Dante, ne pleure pas parce que Virgile s'en va ; ne pleure pas encore : tu n'auras que trop à pleurer pour une autre blessure ! »

Tel un amiral qui va de la poupe à la proue, surveillant la manœuvre des autres vaisseaux et encourageant tout le monde à bien faire ; telle, au moment où je me retournai, à l'appel de mon nom que la nécessité me fait inscrire ici, je vis sur le bord du char la femme qui déjà m'était apparue à travers ce nuage de fleurs angéliques, diriger sur moi ses regards, de l'autre côté du ruisseau.

Vidi la donna, che pria m'appario,
   Velata sotto l'angelica festa,
   Drizzar gli occhi, ver me, di qua dal rio.

Tutto che 'l vel, che le scendea di testa,
   Cerchiato dalla fronde di Minerva,
   Non la lasciasse parer manifesta:

Realmente nell'atto ancor proterva
   Continuò, come colui, che dice,
   E 'l più caldo parlar dietro riserva:

Guardami ben: ben son ben son Beatrice:
   Come degnasti d'accedere al monte?
   Non sapei tu, che qui è l'uom felice?

Gli occhi mi cadder giù nel chiaro fonte:
   Ma veggendomi in esso, io trassi all'erba,
   Tanta vergogna mi gravò la fronte.

Così la madre al figlio par superba,
   Com'ella parve a me: perchè d'amaro
   Sentì 'l sapor della pietate acerba.

Ella si tacque, e gli Angeli cantaro
   Di subito, *In te, Domine, speravi,*
   Ma oltre *pedes meos* non passaro.

Sì come neve tra le vive travi,
   Per lo dosso d'Italia si congela,
   Soffiata e stretta dalli venti schiavi,

Même sous le voile qui, tombant de sa tête couronnée des feuilles de Minerve, cachait une partie de ses traits, elle gardait son fier et royal aspect, et, semblable aux personnes qui, pour la fin du discours, réservent leurs plus entraînantes paroles : « Regarde-moi, dit-elle ; je suis, oui, je suis bien Béatrix. Tu as donc enfin daigné t'approcher de la montagne ? Ne savais-tu pas qu'ici l'homme trouve le bonheur ? »

A ces mots, je baissai les yeux sur l'onde transparente, mais à la vue de mon image, je les détournai sur la rive, tant le poids de la honte avait altéré ma figure.

Comme une mère paraît imposante à son fils, ainsi me parut Béatrix, avec cette saveur d'amertume que je trouvais à sa rude commisération.

Elle se tut, et aussitôt les anges se mirent à chanter : *In te, Domine, speravi* [8], mais sans aller au delà du verset *Pedes meos*.

Sur les sommets qui, en la dominant, divisent l'Italie, on voit au milieu des forêts, chassée par les vents de l'Esclavonie, la neige durcie devenir de la glace ; puis,

Poi liquefatta in se stessa trapela,
 Pur che la terra, che perde ombra, spiri,
 Sì che par fuoco fonder la candela:

Così fui senza lagrime e sospiri,
 Anzi 'l cantar di que', che notan sempre
 Dietro alle note degli eterni giri:

Ma poichè 'ntesi nelle dolci tempre
 Lor compatire a me, più che se detto
 Avesser: Donna, perchè sì lo stempre?

Lo giel, che m'era 'ntorno al cuor ristretto,
 Spirito ed acqua fessi, e con angoscia
 Per la bocca e per gli occhi uscì del petto.

Ella pur ferma in su la destra coscia
 Del carro stando, alle sustanzie pie
 Volse le sue parole così poscia:

Voi vigilate nell'eterno die,
 Sì che notte, nè sonno a voi non fura
 Passo, che faccia 'l secol per sue vie:

Onde la mia risposta è con più cura,
 Che m'intenda colui, che di là piagne,
 Perchè sia colpa e duol d'una misura.

Non pur, per ovra delle ruote magne,
 Che drizzan ciascun seme ad alcun fine,
 Secondo che le stelle son compagne:

CHANT TRENTIÈME.

ramollie au premier souffle venu de la terre où l'ombre est inconnue, se fondre peu à peu, comme se fond une chandelle à la chaleur du feu ; de même je restai privé de larmes et de soupirs, jusqu'au moment où j'entendis les chants de ceux qui redisent les notes des sphères éternelles. Et lorsque, à leurs doux accents, je devinai leur compassion pour moi, encore mieux que s'ils eussent dit : « Femme, pourquoi l'accabler ainsi ? », cette glace qui s'était durcie autour de mon cœur se fondit en sanglots et en larmes, la douleur qui m'oppressait s'exhalant ainsi par la bouche et par les yeux.

Et alors, debout sur le côté gauche du char, elle dit ces paroles aux pures substances : « Vous veillez dans le jour éternel : ni la nuit ni le sommeil ne vous dérobent un seul des pas du siècle qui marche dans ses voies. Mais, afin que celui qui est là, se plaignant et gémissant dans la juste mesure de ses fautes, me puisse mieux comprendre, je répondrai avec plus de soin qu'il n'en faudrait pour vous.

« Placé sous l'influence propice de ces hautes sphères [9] qui, selon la disposition des astres, dirigent chaque créature vers sa fin ; favorisé en même temps par l'abondance

Ma per larghezza di grazie divine,
  Che sì alti vapori hanno a lor piova,
  Che nostre viste là non van vicine:

Questi fu tal nella sua Vita Nuova
  Virtualmente, ch'ogni abito destro
  Fatto averebbe in lui mirabil pruova.

Ma tanto più maligno e più silvestro
  Si fa 'l terren col mal seme e non colto,
  Quant'egli ha più di buon vigor terrestro.

Alcun tempo 'l sostenni col mio volto:
  Mostrando gli occhi giovinetti a lui,
  Meco 'l menava in dritta parte volto.

Sì tosto, come in su la soglia fui
  Di mia seconda etade, e mutai vita,
  Questi si tolse a me, e diessi altrui.

Quando di carne a spirto era salita,
  E bellezza e virtù cresciuta m'era,
  Fu'io a lui men cara e men gradita:

E volse i passi suoi per via non vera,
  Immagini di ben seguendo false,
  Che nulla promission rendono intera.

Nè l'impetrare spirazion mi valse,
  Con le quali, ed in sogno e altrimenti,
  Lo rivocai; sì poco a lui ne calse.

de ces grâces divines dont la rosée tombe de si haut,
que nos âmes n'en peuvent découvrir la source, celui-
ci, dans sa vie première, fut si heureusement préparé,
que tous les bons penchants eussent produit en lui d'admirables effets; mais plus un sol, par lui-même, est
riche et de bonne nature, plus il se détériore, quand il
est abandonné à la sauvage fécondité de ses mauvaises
semences.

« Il fut un temps où je le soutenais de ma présence ;
où, attiré par mes regards d'enfant et conduit par moi,
il se tournait vers la bonne voie ; mais à peine arrivée à
mon second âge, et quand je quittai la vie mortelle, il
m'oublia pour se donner à d'autres. Ainsi je lui fus moins
agréable et moins chère au moment où, dégagée de la
chair et devenue un pur esprit, je croissais en vertus et
en beauté.

« Il égara ses pas dans les chemins de l'erreur, à la
poursuite de ces trompeuses images qui ne tiennent jamais toute leur promesse.

« En vain, à l'aide des bonnes inspirations obtenues en
sa faveur, je le rappelais à moi dans ses songes et pendant ses veilles, il n'en fut point touché. Enfin il était
tombé si bas, que, tout moyen d'assurer son salut deve-

Tanto giù cadde, che tutti argomenti
  Alla salute sua eran già corti,
  Fuor che mostrargli le perdute genti.

Per questo visitai l'uscio de' morti,
  E a colui, che l' ha quassù condotto,
  Li prieghi miei, piangendo, furon porti.

L'alto fato di Dio sarebbe rotto,
  Se Lete si passasse, e tal vivanda
  Fosse gustata senza alcuno scotto

Di pentimento, che lagrime spanda.

nant sans effet, il ne me resta qu'à lui montrer les races perdues.

« Voilà pourquoi j'ai visité le séjour des morts, portant ma prière avec mes pleurs à celui qui l'a conduit jusqu'ici. La souveraine loi de Dieu serait enfreinte, s'il traversait le Léthé et s'il goûtait à de tels mets[10], avant d'avoir acquitté cette dette du repentir qui se paie avec des larmes. »

CANTO TRENTESIMOPRIMO

O tu, che se' di là dal fiume sacro,
   Volgendo suo parlare a me, per punta,
   Che pur per taglio m'era parut' acro,

Ricominciò seguendo senza cunta,
   Dî, dî, se quest' è vero: a tanta accusa
   Tua confession conviene esser congiunta.

Era la mia virtù tanto confusa,
   Che la voce si mosse, e pria si spense,
   Che dagli organi suoi fosse dischiusa.

Poco sofferse; poi disse: Che pense?
   Rispondi a me; che le memorie triste
   In te non sono ancor dall' acqua offense.

Confusione, e paura insieme miste
   Mi pinsero un tal Sì fuor della bocca,
   Al quale intender fur mestier le viste.

CHANT TRENTE-UNIÈME

Puis, sans s'interrompre, et dirigeant sur moi, par la pointe, le glaive de cette parole, dont le tranchant m'avait déjà blessé : « Toi, dit-elle, qui es au delà du fleuve sacré, avoue-le, n'est-ce pas la vérité? avoue, il faut que ta confession ajoute encore au poids d'une telle accusation. »

Si grande était ma confusion, qu'essayant de répondre, ma voix s'éteignit avant de sortir de mes lèvres

Après un moment de silence : « Que penses-tu? dit-elle; réponds-moi, puisque l'eau salutaire n'a pas encore effacé la trace douloureuse de tes souvenirs. »

La peur qui s'ajoutait à l'abattement ne laissa sortir de ma bouche qu'un oui si faible, qu'il fallait le secours des yeux pour le deviner.

Come balestro frange, quando scocca,
  Da troppa tesa la sua corda e l'arco,
  E con men foga l'asta il segno tocca,

Sì scoppia' io sott'esso grave carco,
  Fuori sgorgando lagrime e sospiri,
  E la voce allentò per lo suo varco.

Ond'ell'a me: Perentro i miei disiri,
  Che ti menavano ad amar lo bene,
  Di là dal qual non è a che s'aspiri,

Quai fosse attraversate, o quai catene
  Trovasti: perchè del passare innanzi
  Dovessiti così spogliar la spene?

E quali agevolezze, o quali avanzi
  Nella fronte degli altri si mostraro,
  Perchè dovessi lor passeggiare anzi?

Dopo la tratta d'un sospiro amaro,
  A pena ebbi la voce, che rispose,
  E le labbra a fatica la formaro.

Piangendo dissi: Le presenti cose
  Col falso lor piacer volser mie' passi,
  Tosto che 'l vostro viso si nascose.

Ed ella: Se tacessi, o se negassi
  Ciò, che confessi, non fora men nota
  La colpa tua: da tal giudice sassi.

Une arbalète, trop tendue, brise et sa corde et son arc en lançant le trait, et ce trait n'arrive au but qu'avec moins de vitesse ; ainsi brisé moi-même sous le poids qui m'accablait, j'éclatai en pleurs et en soupirs, et ma voix éteinte ne trouva pas son passage.

Alors elle à moi : « Sous l'influence des désirs que je t'avais inspirés, et qui te portaient à l'amour du bien au delà duquel rien n'est plus à souhaiter, quels obstacles de fossés ou de chaînes as-tu donc rencontrés, qui t'aient fait perdre l'espoir d'aller plus avant? Quels attraits, éclatant au front des autres, ont pu t'entraîner à leur poursuite ? »

Après l'effort d'un soupir plein d'amertume, à peine trouvai-je pour répondre une voix qui se formât sur mes lèvres fatiguées, et, tout en pleurs, je lui dis : « Aussitôt que je fus privé de votre doux aspect, les biens présents et leurs plaisirs menteurs égarèrent mes pas. »

Et elle : « Que tu te taises, ou que tu nies ce que tu viens de confesser, ta faute n'en serait pas moins connue : le juge suprême la sait ! Mais lorsque de la bouche même

Ma quando scoppia dalla propia gota
 L'accusa del peccato, in nostra corte,
 Rivolge se contra 'l taglio la ruota.

Tuttavia perchè me' vergogna porte
 Del tuo errore, e perchè altra volta,
 Udendo le Sirene, sie più forte,

Pon giù 'l seme del piangere, ed ascolta:
 Sì udirai, come 'n contraria parte
 Muover doveati mia carne sepolta.

Mai non t'appresentò natura ed arte
 Piacer, quanto le belle membra, in ch'io
 Rinchiusa fui, e che son terra sparte:

E se 'l sommo piacer sì ti fallío
 Per la mia morte: qual cosa mortale
 Dovea poi trarre te nel suo disio?

Ben ti dovevi, per lo primo strale,
 Delle cose fallaci levar suso
 Diretr' a me, che non era più tale.

Non ti dovea gravar le penne in giuso
 Ad aspettar più colpi, o pargoletta,
 O altra vanità con sì breve uso.

Nuovo augelletto due, o tre aspetta:
 Ma dinanzi dagli occhi de' pennuti
 Rete si spiega indarno, o si saetta.

du pécheur s'échappe la confession du péché, ici, dans notre cour céleste, le tranchant du glaive s'émousse de lui-même sur la meule.

« Cependant, pour que la honte de tes erreurs te soit moins lourde, et pour qu'une autre fois tu résistes mieux à la voix des sirènes, sèche tes pleurs, écoute, et tu sauras comment cette chair que j'ai laissée, là-bas, ensevelie, devait te conduire dans une tout autre voie.

« Jamais ni l'art ni la nature n'ont rien produit qui t'offrît autant de charme que ce beau corps où je fus enfermée, et qui n'est plus que poussière ; et quand ce charme suprême te fut ravi par ma mort, quelle chose mortelle était digne encore d'attirer tes désirs? Dès que tu sentis pour les biens trompeurs le premier aiguillon de la convoitise, tu devais lever les yeux vers moi, qui ne suis plus un bien trompeur. Il ne fallait pas abaisser le vol de ton aile à la recherche de nouvelles blessures, ou de certaine jeune fille[1], ou de toute autre vaine chose d'aussi courte durée. L'oiseau tout jeune se laisse tromper deux ou trois fois ; mais pour ceux qui sont emplumés déjà, en vain les rêts se tendent et la flèche se lance. »

Quale i fanciulli, vergognando, muti
　Con gli occhi a terra stannosi ascoltando,
　E se riconoscendo, e ripentuti;

Tal mi stav'io : ed ella disse : Quando
　Per udir se' dolente, alza la barba,
　E prenderai più doglia, riguardando.

Con men di resistenza si dibarba
　Robusto cerro, o vero a nostral vento,
　O vero a quel della terra d'Iarba,

Ch'io non levai al suo comando il mento :
　E quando per la barba il viso chiese,
　Ben conobbi 'l velen dell'argomento.

E come la mia faccia si distese,
　Posarsi quelle belle creature,
　Da loro apparsion l'occhio comprese :

E le mie luci, ancor poco sicure,
　Vider Beatrice, volta in su la fiera,
　Ch'è sola una persona in duo nature.

Sotto suo velo e oltre la riviera
　Verde, pareami più se stessa antica
　Vincer, che l'altre qui, quand'ella c'era.

Di penter sì mi punse ivi l'ortica,
　Che di tutt'altre cose, qual mi torse
　Più nel suo amor, più mi si fè nemica.

J'étais devant elle, semblable à ces enfants tout honteux qui restent muets, les yeux à terre, écoutant, reconnaissant leur faute et s'en repentant ; et alors elle me dit : « Si tu es déjà triste pour m'avoir écoutée, lève un peu ta barbe, et, en me regardant, tu seras plus triste encore. »

Ébranlé par le vent du nord, ou par les vents qui soufflent de la terre d'Iarbe [2], le chêne vigoureux, avant de se déraciner, oppose moins de résistance que je n'en mis moi-même à obéir et à lever la tête, sentant bien toute l'amertume de cette parole qui avait dit ma barbe plutôt que mon visage [3].

Et lorsque ma face se releva, je m'aperçus que les belles créatures avaient interrompu leur pluie de fleurs, et, de mes regards encore mal assurés, je vis Béatrix tournée vers la bête sacrée, une seule personne en deux natures.

Même sous son voile, et séparée de moi par les vertes eaux du ruisseau, elle me parut aussi supérieure à la Béatrix d'autrefois, que celle-ci, vivante, était supérieure à toutes les autres femmes.

Alors je sentis l'aiguillon du repentir s'enfoncer si avant, que la plus aimée des choses que j'aimais m'en devint la plus odieuse, et en même temps un tel remords

Tanta riconoscenza il cuor mi morse,
  Ch'io caddi vinto : e quale allora femmi,
  Salsi colei, che la cagion mi porse.

Poi quando 'l cuor virtù di fuor rendemmi,
  La donna, ch'io avea trovata sola,
  Sopra me vidi; e dicea : Tiemmi, tiemmi.

Tratto m'ave' nel fiume infino a gola,
  E tirandosi me dietro, sen' giva
  Sovr' esso l'acqua lieve come spola.

Quando fu' presso alla beata riva,
  Asperges me sì dolcemente udissi,
  Ch'io nol so rimembrar, non ch'io lo scriva.

La bella donna nelle braccia aprissi,
  Abbracciommi la testa, e mi sommerse,
  Ove convenne, ch'io l'acqua inghiottissi :

Indi mi tolse, e bagnato m'offerse
  Dentro alla danza delle quattro belle,
  E ciascuna col braccio mi coperse.

Noi sem qui Ninfe, e nel Ciel semo stelle :
  Pria che Beatrice discendesse al Mondo,
  Fummo ordinate a lei per sue ancelle.

Menrenti agli occhi suoi : ma nel giocondo
  Lume, ch'è dentro, aguzzeran li tuoi
  Le tre di là, che miran più profondo :

CHANT TRENTE-UNIÈME.

me prit au cœur, que je tombai comme anéanti. Que devins-je alors? Celle-là le sut qui seule en était cause.

Quand une influence venue du dehors eut ranimé mon cœur et mes forces, j'aperçus au-dessus de moi la Dame [4] que j'avais naguère trouvée seule. « Tiens-moi, tiens-moi ! » disait-elle ; et, à ces mots, elle m'attira dans le fleuve où j'eus de l'eau jusqu'à la bouche, tandis que, légère comme une navette, elle flottait sur l'onde, me traînant après elle.

A peine nous touchions la rive fortunée, j'entendis chanter : *Asperges me!* d'un accent si doux, que se le rappeler est difficile, et le décrire impossible.

La belle Dame, ouvrant alors les bras, les passa autour de ma tête, et me plongea dans cette eau pour que je m'en pusse abreuver ; puis elle me retira et me présenta, ainsi purifié, aux quatre belles dames qui m'enlacèrent de leurs bras.

« Ici nous sommes des nymphes ; dans le ciel des étoiles ; avant que Béatrix appartînt au monde des vivants, nous étions ses servantes prédestinées. Nous te conduirons en sa présence ; mais afin que tu puisses en supporter l'éclat, trois femmes [5] sont par là, douées d'une vue perçante et prêtes à donner à la tienne la force qui lui manque. »

Così cantando cominciaro : e poi
    Al petto del Grifon seco menarmi,
    Ove Beatrice volta stava a noi.

Disser : Fa che le viste non rispiarmi :
    Posto t' avem dinanzi agli smeraldi,
    Ond' Amor già ti trasse le sue armi.

Mille disiri più che fiamma caldi
    Strinsermi gli occhi agli occhi rilucenti,
    Che pur sovra 'l Grifone stavan saldi.

Come in lo specchio il Sol, non altrimenti,
    La doppia fiera dentro vi raggiava,
    Or con uni, or con altri reggimenti.

Pensa, Lettor, s' io mi maravigliava,
    Quando vedea la cosa in se star queta,
    E nell' idolo suo si trasmutava.

Mentre che piena di stupore e lieta
    L' anima mia gustava di quel cibo,
    Che saziando di se, di se asseta :

Se dimostrando del più alto tribo
    Negli atti, l' altre tre si fero avanti,
    Cantando al loro angelico caribo.

Volgi, Beatrice, volgi gli occhi santi,
    Era la sua canzone, al tuo fedele,
    Che, per vederti, ha mossi passi tanti.

Ainsi me disait leur chant ; puis, me conduisant en face du Griffon, là où Béatrix, debout, se montrait à nous : « Contente à présent tes regards, me dirent-elles ; te voilà en présence de ces émeraudes dont l'amour tira les traits qui t'ont blessé. »

Mille désirs plus ardents que la flamme attirèrent mes yeux à ces yeux resplendissants qui restaient fixés sur le Griffon. Dans ces yeux, comme le soleil dans un miroir, la bête aux deux natures rayonnait alternativement sous chacune de ses formes [6].

Juge, ô lecteur, si j'étais émerveillé en voyant cette bête qui, sans cesser d'être elle-même, se transformait ainsi dans la réflexion de son image !

Tandis que, pleine d'étonnement, mon âme savourait avec joie cet aliment dont on devient plus affamé à mesure qu'on s'en rassasie, les trois autres femmes, dont le maintien annonçait un rang plus élevé, s'avancèrent, mêlant des chants à leur danse angélique.

« Tourne tes yeux, Béatrix (ainsi elles chantaient), tourne tes yeux de sainte sur ton fidèle qui, pour te voir, a fait tant de pas. De grâce, fais-moi la faveur de dé-

Per grazia, fa noi grazia, che disvele
  A lui la boccà tua, sì che discerna
  La seconda bellezza, che tu cele.

O isplendor di viva luce eterna,
  Chi pallido si fece sotto l'ombra
  Sì di Parnaso, o bevve in sua citerna,

Che non paresse aver la mente ingombra,
  Tentando a render te, qual tu paresti,
  Là dove armonizzando il Ciel t'adombra,

Quando nell'aere aperto ti solvesti?

couvrir ton visage pour qu'il y contemple cette seconde beauté que tu lui voiles. »

O splendeur éternelle de la vraie lumière! Qu'il ait pâli sous les ombrages du Parnasse, ou qu'à ses sources il se soit désaltéré, celui-là sentira toujours l'impuissance de son génie, qui essaierait de te peindre telle que tu m'apparus, lorsque, dans cet air limpide, je pus te voir sans voile, et entourée de toutes les harmonies du ciel!

CANTO TRENTESIMOSECONDO

Tanto eran gli occhi miei fissi e attenti
   A disbramarsi la decenne sete,
   Che gli altri sensi m'eran tutti spenti:

Ed essi quinci e quindi avén parete
   Di non caler, così lo santo riso
   A se traéli con l'antica rete:

Quando per forza mi fu volto 'l viso
   Ver la sinistra mia, da quelle Dee,
   Perch'io udía da loro un Troppo fiso.

E la disposizion, ch'a veder'ee
   Negli occhi, pur testè dal Sol percossi,
   Sanza la vista alquanto esser mi fee:

Ma poichè al poco il viso riformossi,
   Io dico al poco, per rispetto al molto
   Sensibile, onde a forza mi rimossi,

CHANT TRENTE-DEUXIÈME

Ce long désir de dix années, mes yeux attentifs étaient si appliqués à le satisfaire, que les autres sens demeuraient assoupis. On eût dit qu'une muraille séparait de tout autre objet mes regards insoucieux, tant les ravissait ce sourire angélique avec son charme d'autrefois.

Ce fut par force que mon visage se tourna du côté gauche vers les déesses qui disaient : « Son regard est trop fixe ! » Ce trouble qui reste aux yeux éblouis par l'éclat du soleil, me laissa un moment privé de la vue.

Mais après qu'elle m'eut été rendue par une faible lumière (faible en comparaison de l'éclatante lumière dont je m'étais malgré moi détaché), je m'aperçus que

Vidi in sul braccio destro esser rivolto
  Lo glorioso esercito, e tornarsi,
  Col Sole e con le sette fiamme al volto.

Come sotto li scudi, per salvarsi,
  Volgesi schiera, e se gira col segno,
  Prima che possa tutta in se mutarsi;

Quella milizia del celeste regno,
  Che precedeva, tutta trapassonne,
  Pria che piegasse 'l carro il primo legno.

Indi alle ruote si tornar le donne,
  E 'l Grifon mosse 'l benedetto carco,
  Sì che però nulla penna crollonne.

La bella donna, che mi trasse al varco,
  E Stazio, ed io seguitavám la ruota,
  Che fè l'orbita sua con minore arco.

Sì passeggiando l'alta selva vota,
  Colpa di quella, ch'al serpente crese,
  Temprava i passi in angelica nota.

Forse in tre voli tanto spazio prese
  Disfrenata saetta, quanto eramo
  Rimossi, quando Beatrice scese.

Io sentî mormorare a tutti, Adamo:
  Poi cerchiaro una pianta dispogliata
  Di fiori, e d'altra fronda in ciascun ramo.

la glorieuse armée se tournait à main droite et marchait, ayant en face le soleil et les sept flammes.

Comme, sous les boucliers qui font sa sûreté, une phalange n'achève son changement de front que peu à peu, en obéissant au mouvement de l'étendard ; ainsi la milice du céleste royaume qui marchait en tête, défila tout entière, avant qu'au timon du char une direction fût donnée. Puis les saintes femmes s'approchèrent des roues, et le Griffon, sans qu'une seule de ses plumes s'agitât, mit en mouvement le char béni.

La belle dame qui m'avait fait passer le fleuve, et Stace et moi nous suivions la roue qui avait à décrire le plus petit cercle. Une angélique mélodie réglait nos pas à travers la haute forêt restée déserte par la faute de celle qui crut le serpent.

Le vol d'une flèche mesurerait trois fois peut-être l'espace que nous avions parcouru, au moment où Béatrix descendit. Tous auprès d'elle murmuraient le nom d'Adam ; puis ils entourèrent un arbre qui n'avait conservé ni fleurs ni feuillage sur aucun de ses rameaux[1]. La hauteur de sa cime qui s'élargit à mesure qu'elle s'élève, serait un sujet d'admiration même dans les vastes forêts de l'Inde.

La chioma sua, che tanto si dilata
  Più, quanto più è su, fora dagl' Indi
  Ne' boschi lor per altezza ammirata.

Beato se', Grifon, che non discindi
  Col becco d'esto legno dolce al gusto,
  Posciachè mal si torse 'l ventre quindi:

Così d'intorno all' arbore robusto
  Gridaron gli altri: e l'animal binato,
  Sì si conserva il seme d'ogni giusto.

E volto al temo, ch'egli avea tirato,
  Trasselo al piè della vedova frasca;
  E quel di lei a lei lasciò legato.

Come le nostre piante, quando casca
  Giù la gran luce mischiata con quella,
  Che raggia dietro alla celeste Lasca,

Turgide fansi, e poi si rinnovella
  Di suo color ciascuna, pria che 'l Sole
  Giunga li suoi corsier, sott' altra stella;

Men che di rose, e più che di viole,
  Colore aprendo, s'innovò la pianta,
  Che prima avea le ramora sì sole.

Io non lo 'ntesi, nè quaggiù si canta
  L'inno, che quella gente allor cantaro,
  Nè la nota soffersi tutta quanta

CHANT TRENTE-DEUXIÈME.

« O Griffon, sois heureux de n'avoir pas entamé de ton bec cet arbre, dont le fruit agréable au goût, fut si funeste aux entrailles qui s'en nourrirent ! »

Ainsi on s'écriait autour de l'arbre immense, et l'animal à double nature répondit : « Par-là se conserve toute semence de justice. » Puis, se tournant vers le timon qu'il dirigeait, il le tira jusqu'au pied de l'arbre privé de son feuillage, et le laissa attaché au tronc même qui l'avait produit.

A l'époque où tombe du ciel la clarté du grand astre, se mêlant à celle qui rayonne derrière la constellation des Poissons, les plantes de notre terre se gonflent et prennent une couleur nouvelle, avant que le soleil attèle ses coursiers sous une autre étoile : de même ici, tout paré d'une couleur plus semblable à celle des violettes qu'à celle des roses, parut se rajeunir l'arbre dont les rameaux tout à l'heure étaient si dépouillés.

L'hymne que chantait cette troupe bienheureuse (hymne inconnue à la terre), je ne l'entendis pas, ne pouvant en supporter jusqu'au bout l'harmonie.

S'io potessi ritrar, come assonnaro
  Gli occhi spietati, udendo di Siringa,
  Gli occhi, a cui più vegghiar costò sì caro;

Come pintor, che con esemplo pinga,
  Disegnerei, com'io m'addormentai:
  Ma qual vuol sia, che l'assonnar ben finga:

Però trascorro, a quando mi svegliai:
  E dico, ch'un splendor mi squarciò 'l velo
  Del sonno, e un chiamar, Surgi, che fai?

Quale a veder de' fioretti del melo,
  Che del suo pomo gli Angeli fa ghiotti,
  E perpetue nozze fa nel Cielo,

Pietro e Giovanni e Jacopo condotti,
  E vinti ritornaro alla parola,
  Dalla qual furon maggior sonni rotti,

E videro scemata loro scuola,
  Così di Moisè, come d'Elía,
  E al maestro suo cangiata stola;

Tal torna' io: e vidi quella pia
  Sovra me starsi, che conducitrice
  Fu de' mie' passi lungo 'l fiume pria:

E tutto 'n dubbio dissi: Ov'è Beatrice?
  Ed ella: Vedi lei sotto la fronda
  Nuova sedersi in su la sua radice.

CHANT TRENTE-DEUXIÈME.   429

S'il m'était donné de raconter comment cédèrent au sommeil, en écoutant l'histoire de Syrinx², ces yeux sans pitié, ces yeux à qui leur vigilance coûta si cher, semblable au peintre qui copie son modèle, je dirais de quelle façon le sommeil me vint ; mais que celui-là le dise qui peut expliquer comment on s'endort. Pour moi, je passe au moment où je m'éveillai et je dis qu'à l'éclat d'une vive lumière et au cri : « Lève-toi ! que fais-tu ? » le voile de mon sommeil se déchira.

Conduits sur la montagne, et privés de leurs sens à l'aspect des fleurs de cet arbre dont le fruit, délices des anges, alimente au ciel un éternel festin, Pierre, et Jean et Jacques se relevèrent à la parole qui avait rompu des sommeils plus profonds ; ils s'aperçurent qu'Élie et Moïse les avaient quittés et que la robe de leur maître n'était plus la même³. Ainsi je m'éveillai et je vis penchée sur moi cette pieuse femme qui, auparavant, avait guidé mes pas sur les bords du ruisseau, et dans mon inquiétude, je m'écriai : « Où donc est Béatrix ? »

Et elle : « Regarde, la voilà : elle est assise sur les racines de l'arbre au feuillage nouveau ; vois de quelles compagnes elle est entourée : les autres s'en vont au ciel

Vedi la compagnia, che la circonda:
  Gli altri dopo 'l Grifon sen' vanno suso,
  Con più dolce canzone, e più profonda.

E se fu più lo suo parlar diffuso,
  Non so: perocchè già negli occhi m'era
  Quella ch' ad altro 'ntender m' avea chiuso.

Sola sedeasi in su la terra vera,
  Come guardia lasciata lì del plaustro,
  Che legar vidi alla biforme fiera.

In cerchio le facevan di se claustro
  Le sette Ninfe, con que' lumi in mano,
  Che son sicuri d' Aquilone, e d' Austro.

Qui sarai tu poco tempo silvano,
  E sarai meco sanza fine cive
  Di quella Roma, onde Cristo è Romano:

Però in pro del mondo, che mal vive,
  Al carro tieni or gli occhi, e quel, che vedi,
  Ritornato di là fa, che tu scrive:

Così Beatrice: ed io, che tutto a' piedi
  De suo' comandamenti era devoto,
  La mente e gli occhi, ov' ella volle, diedi.

Non scese mai con sì veloce moto
  Fuoco di spessa nube, quando piove.
  Da quel confine, che più è remoto,

à la suite du Griffon, en donnant à leurs chants un accent plus doux encore et plus mystérieux. »

Me dit-elle autre chose ? je ne sais, tant mes regards étaient déjà pleins de celle qui me rendait inattentif à tout autre objet.

On la voyait assise, seule, sur la terre nue, comme une gardienne laissée auprès du char que l'animal biforme avait pris soin d'attacher. Autour d'elle, rangées en cercle, étaient les sept Nymphes [4], ayant en main ces lumières qui n'ont à redouter le souffle ni de l'Aquilon ni de l'Auster.

« Cette forêt te gardera peu de temps : bientôt tu seras avec moi, habitant pour l'éternité cette Rome dont le Christ est Romain [5]. Ne cesse pas d'avoir les yeux sur le char, et, afin qu'en puisse profiter le monde qui vit dans le péché, ce que tu auras vu, aie soin de l'écrire à ton retour sur la terre. »

Ainsi parla Béatrix, et moi, dans mon humble soumission à ses commandements, je dirigeai, comme elle le voulait, mes regards et mon attention [6].

Jamais, quand il pleut, tombant des plus hautes régions du ciel, la foudre ne sortit des flancs d'un nuage épais, si rapide, que le fut l'oiseau de Jupiter à fondre sur

Com' io vidi calar l' uccel di Giove,
  Per l' arbor, giù rompendo della scorza,
  Non che de' fiori e delle foglie nuove:

E ferío 'l carro di tutta sua forza:
  Ond' ei piegò, come nave in fortuna,
  Vinta dall' onde, or da poggia or da orza.

Poscia vidi avventarsi nella cuna
  Del trionfal veiculo una volpe,
  Che d' ogni pasto buon parea digiuna.

Ma riprendendo lei di laide colpe,
  La donna mia la volse in tanta futa,
  Quanto sofferson l' ossa senza polpe.

Poscia per indi, ond' era pria venuta,
  L' aguglia vidi scender giù nell' arca
  Del carro, e lasciar lei di se pennuta.

E qual' esce di cuor, che si rammarca,
  Tal voce uscì del Cielo, e cotal disse,
  O navicella mia, com' mal se' carca!

Poi parve a me, che la terra s' aprisse
  Tra 'mbo le ruote, e vidi uscirne un drago,
  Che per lo carro su la coda fisse:

E come vespa, che ritragge l' ago,
  A se traendo la coda maligna,
  Trasse del fondo, e gissen' vago vago.

l'arbre, à déchirer son écorce, à dévaster ses fleurs et son feuillage nouveau. En même temps, de toute sa force, il frappa le char qui s'inclina comme s'incline un navire en perdition sous le choc des flots qui le battent de tous les côtés.

Je vis ensuite se glisser dans l'intérieur du char triomphal, un renard qu'on eût dit sevré depuis longtemps de toute bonne pâture. Mais aux réprimandes que lui fit ma Dame sur ses fautes et sa vilenie, il s'enfuit aussi vite qu'il le pouvait avec ses os tout décharnés.

Puis, je revis l'aigle, s'abattant de nouveau, pénétrer dans l'arche du char qu'il laissa couverte de ses plumes.

Et comme une voix qui sort d'un cœur plaintif, une voix sortit du ciel, disant: « O ma barque, comme tu es mal chargée ! »

De la terre qui parut s'ouvrir entre les deux roues, je vis sortir un dragon, qui perça le char de sa queue. Puis, retirant à soi ce dard venimeux, comme la guêpe retire son aiguillon, il s'en alla tout joyeux.

De même qu'une terre vigoureuse se couvre vite d'un épais gazon, ce qui restait du char (par pure et bonne intention sans doute), se revêtit des plumes dont l'aigle

Quel che rimase, come di gramigna
   Vivace terra, della piuma offerta,
   Forse con intenzion casta e benigna,

Si ricoperse, e funne ricoperta
   E l'una e l'altra ruota, e 'l temo, in tanto,
   Che più tiene un sospir la bocca aperta.

Trasformato così 'l dificio santo
   Mise fuor teste, per le parti sue,
   Tre sovra 'l temo, e una in ciascun canto.

Le prime eran cornute, come bue:
   Ma le quattro un sol corno avén per fronte:
   Simile mostro in vista mai non fue.

Sicura, quasi rocca in alto monte,
   Seder sovr'esso una puttana sciolta
   M'apparve con le ciglia intorno pronte.

E come perchè non li fosse tolta,
   Vidi di costa a lei dritto un gigante:
   E baciavansi insieme alcuna volta.

Ma perchè l'occhio cupido e vagante
   A me rivolse, quel feroce drudo
   La flagellò, dal capo insin le piante.

Poi di sospetto pieno e d'ira crudo,
   Disciolse 'l mostro, e trassel per la selva
   Tanto, che sol di lei mi fece scudo

Alla puttana, e alla nuova belva.

s'était dépouillé ; un soupir ne tient pas la bouche entr'ouverte plus de temps qu'il n'en fallut aux deux roues et au timon pour se garnir de ces plumes.

Du saint édifice ainsi transformé, on vit sortir des têtes, trois au-dessus du timon et une à chacun des coins ; les premières, armées de deux cornes, comme celles des bœufs, les autres ne portant au front qu'une seule corne : jamais un pareil monstre ne s'était vu.

Assurée comme le plus ferme rocher sur le flanc de la montagne, je vis une impudique prostituée, aux regards effrontés, se placer sur le char. A côté d'elle se tenait un géant, tout debout comme s'il eût craint qu'elle ne lui fût ravie, et de temps en temps ils s'embrassaient. Pour un seul regard curieux que m'adressa son œil lascif, ce féroce amant la flagella de la tête aux pieds. Puis, emporté par la jalousie et furieux de colère, il détacha le char devenu monstre, et le traîna si avant dans la forêt, que bientôt elle me déroba la vue de la prostituée et de la bête de nouvelle formation.

CANTO TRENTESIMOTERZO

Deus, venerunt gentes, alternando,
   Or tre or quattro, dolce salmodía
   Le donne incominciaro, lagrimando.

E Beatrice sospirosa e pia
   Quelle ascoltava sì fatta, che poco
   Più alla croce si cambiò Maria.

Ma poichè l'altre vergini dier loco
   A lei di dir: levata dritta in piè,
   Rispose, colorata, come fuoco,

Modicum, et non videbitis me:
   Et iterum, sorelle mie dilette,
   Modicum, et vos videbitis me.

Poi le si mise innanzi tutte e sette:
   E dopo se, solo accennando mosse
   Me, e la donna, e 'l savio, che ristette.

CHANT TRENTE-TROISIÈME

Deus, venerunt gentes [1], telle était la douce psalmodie, tantôt à trois, tantôt à quatre voix, qu'au milieu de leurs pleurs, chantaient ces saintes femmes ; et Béatrix les écoutait, si triste et si défaite, que Marie elle-même, au pied de la croix, ne le fut guère davantage.

Mais dès que les autres vierges, en se taisant, lui permirent de parler, se dressant sur ses pieds, et la face ardente comme le feu, elle répondit : « O sœurs bien-aimées, *modicum, et non videbitis me : et iterum modicum, et vos videbitis me* [2] !

Puis elle fit se placer devant elle les sept femmes, et, derrière elle, par un signe seulement, moi, la sainte femme, et le sage qui ne nous avait pas quittés. Ainsi elle

Così sen' giva : e non credo, che fosse
  Lo decimo suo passo in terra posto,
  Quando con gli occhi gli occhi mi percosse.

E, con tranquillo aspetto, Vien più tosto,
  Mi disse, tanto, che s' i' parlo teco,
  Ad ascoltarmi tu sie ben disposto.

Sì com' i' fui, com' io doveva, seco,
  Dissemi : Frate, perchè non t' attenti
  A dimandare omai, venendo meco?

Come a color, che troppo reverenti,
  Dinanzi a' suo' maggior, parlando, sono,
  Che non traggon la voce viva a' denti,

Avvenne a me, che senza 'ntero suono
  Incominciai : Madonna, mia bisogna
  Voi conoscete, e ciò ch' ad essa è buono.

Ed ella a me : Da tema, e da vergogna
  Voglio che tu omai ti disviluppe,
  Sì che non parli più com' uom, che sogna.

Sappi, che 'l vaso, che 'l serpente ruppe,
  Fu, e non è : ma chi n' ha colpa, creda,
  Che vendetta di Dio non teme suppe.

Non sarà tutto tempo sanza reda
  L' aguglia, che lasciò le penne al carro :
  Perchè divenne mostro, e poscia preda.

allait, et, de son dixième pas, je crois, elle n'avait pas touché la terre, que, fixant ses yeux sur mes yeux, et d'un visage serein : « Viens plus près, dit-elle : si j'ai à te parler, tu seras mieux pour m'entendre. »

M'étant rapproché d'elle, comme je le devais : « Frère, continua-t-elle, pourquoi n'oses-tu m'interroger, à présent que tu viens avec moi? »

Semblable aux gens intimidés qui, par excès de respect, en présence de leur supérieur, ne peuvent arracher de leur bouche une parole vivante, je répondis d'une voix entrecoupée : « Ma Dame, vous savez mes besoins, et ce qui peut m'être bon. »

Et elle à moi : « Il faut à présent, je le veux, que, bannissant toute crainte et toute honte, tu cesses de parler comme un homme qui rêve.

« Apprends que le fond du char, qui fut brisé par le serpent, était et n'est point. Mais, que le coupable le sache bien, la vengeance de Dieu ne se laisse pas désarmer par un repas [3] !

« On ne verra pas toujours sans héritier l'aigle qui laissa ses plumes au fond du char, et qui en a fait un monstre avant d'en faire une proie !

Ch'io veggio certamente, e però 'l narro,
  A darne tempo già stelle propinque
  Sicuro d'ogn'intoppo e d'ogni sbarro:

Nel quale un cinquecento diece e cinque
  Messo di Dio anciderà la fuja,
  E quel gigante, che con lei delinque.

E forse che la mia narrazion buja,
  Qual Temi e Sfinge, men ti persuade:
  Perch'a lor modo lo 'ntelletto attuja:

Ma tosto fien li fatti le Najade,
  Che solveranno questo enigma forte,
  Sanza danno di pecore e di biade.

Tu nota: e sì come da me son porte
  Queste parole, sì le 'nsegna a' vivi
  Del viver, ch'è un correre alla morte:

Ed aggi a mente, quando tu le scrivi,
  Di non celar qual hai-vista la pianta,
  Ch'è or duo volte dirubata quivi.

Qualunque ruba quella, o quella schianta,
  Con bestemmia di fatto offende Dio,
  Che solo all'uso suo la creò santa.

Per morder quella, in pena e in disio
  Cinque mil'anni e più l'anima prima
  Bramò colui, che 'l morso in se punìo.

CHANT TRENTE-TROISIÈME.   441

« Annoncés par des astres propices, dont nul obstacle ne peut combattre l'influence, des temps sont proches (je les vois comme je les prédis), où par le nombre cinq cent dix et cinq⁴, envoyé de Dieu, seront anéantis la prostituée et le géant, complice de ses crimes.

« Il se peut que ma prédiction, obscure comme les paroles de Thémis ou du Sphinx, trouble ton intelligence et ne te persuade pas : mais bientôt les faits seront les Naïades⁵, qui, sans dommage pour les troupeaux et les moissons, trouveront le mot de cette énigme difficile.

« Et toi, garde ces paroles ; telles que tu les tiens de moi, rapporte-les aux vivants de cette vie qui n'est qu'une course vers la mort. En les écrivant, garde-toi d'oublier en quel état tu as vu cet arbre assailli deux fois en ta présence. Le dépouiller ou l'entamer, c'est, en réalité, commettre un blasphème et une offense envers Dieu, qui le créa saint et réservé à son seul usage. Celle qui, la première, osa mordre à son fruit, dut attendre pendant cinq mille ans et plus, dans la souffrance et le désir, la venue de celui qui voulut se punir lui-même de cette morsure⁶.

Dorme lo 'ngegno tuo, se non istima,
  Per singular cagione essere eccelsa
  Lei tanto, e sì travolta nella cima.

E se stati non fossero acqua d'Elsa
  Li pensier vani, intorno alla tua mente,
  E 'l piacer loro un Piramo alla gelsa,

Per tante circostanze solamente
  La giustizia di Dio, nello 'nterdetto,
  Conosceresti all'alber moralmente.

Ma perch'io veggio te nello 'ntelletto
  Fatto di pietra, ed in peccato tinto,
  Sì che t'abbaglia il lume del mio detto,

Voglio anche, e se non scritto, almen dipinto,
  Che 'l te ne porti dentro a te per quello,
  Che si reca 'l bordon di palma cinto.

Ed io: Sì come cera da suggello,
  Che la figura impressa non trasmuta,
  Segnato è or da voi lo mio cervello.

Ma perchè tanto, sovra mia veduta,
  Vostra parola disiata vola,
  Che più la perde, quanto più s'ajuta?

Perchè conoschi, disse, quella scuola,
  Ch'hai seguitata, e veggi sua dottrina
  Come può seguitar la mia parola:

« Il faut que ton intelligence soit bien endormie, si tu ne comprends pas pour quelle raison la cime de cet arbre s'épanouit à une telle hauteur.

« Si de vaines pensées n'avaient pas sur ton esprit l'influence de l'eau d'Elsa [7], et si le plaisir que tu y prends n'était pas pour lui ce que fut le sang de Pyrame pour la mûre, à tous ces signes ton sens moral reconnaîtrait dans cette défense toute la justice de Dieu.

« Mais, je le vois, ton entendement, émoussé par le péché, est devenu comme de pierre, et l'éclat de mes paroles t'éblouit; je veux alors que ces paroles, tu les emportes, sinon écrites, du moins tracées dans ta mémoire, semblable au pèlerin qui rapporte des palmes autour de son bourdon. »

Et moi : « Comme la cire garde fidèlement l'empreinte qu'elle reçoit d'un sceau, mon esprit gardera ce que vous y gravez. Mais pourquoi votre parole, tant souhaitée, dépasse-t-elle à ce point mon intelligence, que plus je m'efforce de la saisir, plus elle m'échappe ? »

« C'est, répondit-elle, afin que tu saches mieux quelle école tu as suivie, et combien ses préceptes s'accordent peu avec mes paroles; c'est pour t'apprendre qu'entre les

E veggi vostra via dalla divina
　Distar cotanto, quanto si discorda
　Da terra 'l Ciel, che più alto festina.

Ond'io risposi lei: Non mi ricorda
　Ch'io straniassi me giammai da voi,
　Nè honne coscienzia, che rimorda.

E se tu ricordar non te ne puoi,
　Sorridendo, rispose, or ti rammenta,
　Sì come di Letéo beesti ancói:

E se dal fummo fuoco s'argomenta;
　Cotesta oblivion chiaro conchiude,
　Colpa nella tua voglia altrove attenta.

Veramente ora mai saranno nude
　Le mie parole, quanto converrassi
　Quelle scovrire alla tua vista rude.

E più corrusco, e con più lenti passi
　Teneva 'l Sole il cerchio di merigge,
　Che qua e là, come gli aspetti fassi,

Quando s'affisser, sì come s'affigge
　Chi va dinanzi a schiera per iscorta,
　Se truova novitate in suo vestigge,

Le sette donne al fin d'un'ombra smorta,
　Qual sotto foglie verdi e rami nigri,
　Sovra suoi freddi rivi l'alpe porta.

CHANT TRENTE-TROISIÈME.

voies de l'homme et celles de Dieu, il y a toute la distance qui sépare la terre du point élevé où le ciel accomplit ses plus rapides révolutions. »

Sur quoi, je lui répondis : « Je n'ai point souvenance d'avoir jamais été aussi éloigné de vous, et ma conscience ne m'apporte aucun remords. »

« Comment pourrais-tu t'en souvenir? répliqua-t-elle en souriant. Tu oublies donc que tu as bu tout à l'heure des eaux du Léthé? Et de même que, par la fumée, le feu révèle sa présence, un tel oubli annonce clairement d'autres défaillances de ta volonté préoccupée. En vérité, je te le dis, mes paroles désormais seront aussi peu couvertes qu'il le faut pour tes sens grossiers. »

Cependant le soleil avec plus d'éclat et d'un pas plus lent, parcourait le cercle du méridien, qui change avec les horizons de la terre. A ce moment, semblables à une escorte marchant en avant, qui s'arrête à l'aspect d'un objet nouveau rencontré sur sa route, les sept femmes s'arrêtèrent au bord d'une de ces ombres décolorées, telles que sur leurs froids torrents en laissent tomber les Alpes du haut de leurs feuillages verts et de leurs noirs rameaux. Il me semblait voir un peu plus en avant le Tigre et l'Euphrate sortant de la même source, et, comme deux amis, lents à se séparer.

Dinanzi ad esse Eufrates e Tigri
   Veder mi parve uscir d'una fontana,
   E quasi amici dipartirsi pigri.

O luce, o gloria della gente umana,
   Che acqua è questa, che qui si dispiega
   Da un principio, e se da se lontana?

Per cotal prego, detto mi fu, Prega
   Matelda, che 'l ti dica : e qui rispose,
   Come fa chi da colpa si dislega,

La bella donna : Questo, e altre cose
   Dette li son per me : e son sicura
   Che l'acqua di Letéo non gliel nascose.

E Beatrice : Forse maggior cura,
   Che spesse volte la memoria priva,
   Fatto ha la mente sua negli occhi oscura.

Ma vedi Eunoè, che là deriva :
   Menalo ad esso, e come tu se' usa,
   La tramortita sua virtù ravviva.

Com' anima gentil, che non fa scusa,
   Ma fa sua voglia della voglia altrui,
   Tosto com' è per segno fuor dischiusa :

Così poi che da essa preso fui,
   La bella donna mossesi, e a Stazio
   Donnescamente disse, Vien con lui.

« O lumière, ô gloire de la race humaine, quelles sont ces eaux qui s'épanchent d'une source commune, pour se diviser ensuite? »

Et cette demande eut pour réponse : « Prie Mathilde de t'en instruire. » Et la belle Dame, comme une personne empressée de se disculper, répondit : « Cette chose déjà lui a été dite par moi, et beaucoup d'autres encore dont l'eau du Léthé (j'en suis bien sûre) n'a pu effacer le souvenir. »

Et Béatrix : « Il se peut qu'un tout autre soin, lui ôtant la mémoire, ait fait passer dans ses yeux l'obscurité de son esprit. Mais regarde, voici l'Eunoé qui coule ici près : conduis-le sur ses bords, et, comme tu le sais faire, ranime à cette source ses forces défaillies [8]. »

Ainsi qu'une âme bienveillante et toujours prompte au moindre signe à faire sans hésiter de la volonté d'autrui sa propre volonté, la belle Dame, dès que je fus près d'elle, se mit en marche, et avec toute sa grâce féminine, dit à Stace : « Viens avec lui. »

S'io avessi, Lettor, più lungo spazio
   Da scrivere, io pur cantere 'n parte
   Lo dolce ber, che mai non m'avria sazio.

Ma perchè piene son tutte le carte,
   Ordite a questa cantica seconda,
   Non mi lascia più ir lo fren dell'arte.

Io ritornai dalla santissim' onda
   Rifatto sì, come piante novelle
   Rinnovellate di novella fronda,

Puro e disposto a salire alle stelle.

FINE DEL PURGATORIO

Si un plus long espace était offert à mes chants, ils diraient, bien qu'imparfaitement, les douceurs de ce breuvage qui ne m'eût jamais rassasié. Mais les voilà remplies toutes les feuilles destinées à ce deuxième cantique, et l'art me fait une loi de n'aller pas plus loin.

Je sortis de l'onde sainte, plein d'une vie nouvelle, rajeuni comme la plante qui voit reverdir son feuillage renouvelé, pur et prêt à monter au séjour des étoiles.

FIN DU PURGATOIRE.

NOTES

CHANT PREMIER.

1. Les filles de Piérus, métamorphosées en pies, pour avoir défié les Muses.

> .... Sua fata querentes
> Institerunt ramis imitantes omnia picæ.
> . . . .
> Auxerunt volucrum victæ certamine turbam.
> <div align="right">Ovide, <i>Métam.</i>, liv. v.</div>

2. Ces quatre étoiles mystérieuses n'auraient-elles dans la pensée du poëte qu'une existence imaginaire, et, sous une indication aussi précise, ne cachent-elles qu'une représentation idéale des vertus cardinales? Que le Dante ait voulu assigner à ces vertus une place parmi les astres auxquels il attribue des influences et des bénédictions privilégiées, rien de plus vraisemblable. Mais faut-il ne voir qu'une coïncidence purement fortuite dans l'exacte désignation de la forme et de la position de ces étoiles que le Dante suppose si voisines d'autres constellations déjà

nommées de leur vrai nom? Pourquoi les anciennes traditions des Égyptiens et des Phéniciens, recueillies par les Arabes et par ces sectes judaïques, qui réunissaient aux systèmes de philosophie les plus hardis, des connaissances très-avancées en astronomie, n'auraient-elles pas sur ce point, comme sur plusieurs autres, étendu ou rectifié les idées scientifiques du poëte?

3. Caton d'Utique. Les commentateurs sont généralement d'accord pour trouver étrange la présence d'un païen et d'un suicide au seuil du Purgatoire. Pourtant la préférence donnée à l'intrépide citoyen de la Rome républicaine peut être jusqu'à un certain point expliquée, sinon justifiée. Lorsqu'on se rappelle ce culte rigide et cette perpétuelle pratique de l'équité que le peuple romain admira, et que Plutarque a célébrés, on comprend pourquoi le Dante place Caton à l'entrée du Purgatoire, du même droit qu'il a fait de Minos une sorte de justicier subalterne de l'Enfer. A y regarder de près, la qualité de païen a pu, aux yeux du Dante, diminuer l'horreur de l'acte qui termina une si belle vie. L'attentat qui n'aurait trouvé grâce ni devant le Dieu des chrétiens, ni devant le poëte catholique, s'il eût été commis par un homme éclairé des lumières de la vraie religion, attestait chez Caton plutôt une grande erreur intellectuelle, qu'une dépravation du sens moral. L'ennemi de César, mourant d'une mort longtemps méditée, entre deux sectateurs des doctrines d'Aristote et de Zénon, semble avoir rendu l'âme entre les mains de la philosophie elle-même. Indulgent pour lui comme pour d'autres païens vertueux, le Dante n'a pas voulu lui refuser le bénéfice de cet aveuglement imputable à son temps plus qu'à sa volonté. Enfin Caton, qui mérita d'avoir Thraséas pour historien, avait obtenu de Lucain, d'Horace et de Virgile, plus d'une de ces recommandations à l'influence desquelles le Dante était loin de se montrer insensible.

NOTES.   453

4. Sur les *chastes yeux* de Martia, et sur le respect qu'ils avaient inspiré à Caton, voyez Plutarque, *Vie de Caton d'Utique.*

5. Le poëte a laissé derrière lui les exécuteurs des vengeances célestes. Dans les lieux où il entre, il va trouver désormais les ministres de justice et de miséricorde qui président aux expiations et à la délivrance des âmes. Virgile le prépare à cette rencontre ; il lui dira encore au ɪɪᵉ chant :

Omai vedrai di si fatti ufficiali.

CHANT DEUXIÈME.

1. Alors un autre signe du Zodiaque succède au signe des Balances.

2. Déjà commencent ces chants de joie et d'espérance qui, se transformant peu à peu en un concert de louanges et de béatitude, accompagneront le poëte à travers toutes les sphères du Paradis. Des formes de plus en plus atténuées, s'évanouissant à la fin en un voile de lumière et d'harmonie, viendront se résoudre dans ces deux principes élémentaires qui, flottant sur la limite du monde sensible et du monde spirituel, ne pénètrent que les plus purs organes terrestres, et n'animent que les arts humains les plus immatériels.

3. Casella, contemporain et ami du Dante, fut un excellent musicien, et un homme d'une nature douce et aimable. (Venturi.)

   Boccace nous apprend que le Dante avait eu des relations intimes avec les musiciens et les chanteurs les plus renommés de son temps. Lui-même avait une belle voix ; il se plaisait à exprimer par le chant les émotions de son âme ; aux jours heureux de sa vie, il avait aimé à traduire dans ce doux langage les harmonieuses inspirations d'un génie qui n'avait point encore subi l'épreuve des austères tristesses et des adversités irréparables.

4. Le Dante suppose qu'au moment où il rencontre Casella, le grand jubilé de l'année 1300 était ouvert depuis trois mois.

5. *Amour, qui parles à mon cœur.* Ce sont les premiers vers d'une canzone du Dante.

CHANT TROISIÈME.

1. Le Purgatoire.

2. La montagne du Purgatoire étant située aux antipodes de Jérusalem, la nuit devait commencer pour l'Italie lorsque le soleil se levait sur les lieux où se trouve le poëte.

3. Mantua me genuit, Calabri rapuére, tenet nunc Parthenope.

4. On a cru généralement que, dans ce passage, Virgile taxait de folie et d'impuissance les prétentions de la raison humaine à pénétrer le mystère de la Trinité. Assurément, après les controverses qui retentissaient encore au temps du Dante, et auxquelles tant d'esprits vigoureux s'étaient mêlés, en livrant aux chances du combat, non-seulement toutes les ressources et toutes les puissances de leur raison, mais la tranquillité de leur conscience et le repos de leur vie, il n'y aurait rien de surprenant à voir le Dante mettre cet aveu d'impuissance dans la bouche de son guide. Lui-même, lorsque, au milieu des splendeurs du Paradis, le mystère suprême devient visible aux yeux de son âme, songe bien plutôt à le glorifier en poëte, qu'à le développer en théologien téméraire. Mais la demande qu'il adresse ici à Virgile, et les premières paroles de celui-ci, ne

donnent-elles pas à penser que cette impossibilité morale opposée à la curiosité du Dante, est le secret dont s'enveloppent les opérations de la divine Providence, et les *roies* (c'est le mot italien) qu'elle suit dans le gouvernement des choses humaines? Il ne s'agirait pas dès lors de la Trinité contemplée en elle-même, mais bien des lois imposées par le Dieu triple et un aux œuvres de sa puissance.

5. Les mots *ben finiti* ne doivent-ils pas s'entendre dans le sens de l'accomplissement d'une destinée heureuse? N'est-ce pas, dans une acception sacrée et transportée aux félicités du ciel, le *quibus est fortuna peracta jam sua*, du poëte latin?

6. Cette image est certainement l'une des plus charmantes qu'aient inspirées au Dante les mouvements et les habitudes des animaux, dont il paraît s'être complu à observer et à reproduire en mainte occasion les pittoresques détails. En les lisant, on songe involontairement à l'un des bienheureux que le Dante doit célébrer dans le Paradis, à ce saint François d'Assise, dont la candide exaltation et les douces folies, à mesure qu'elles s'élevaient vers Dieu, l'invitaient à redescendre, avec une familiarité puérile et attendrie, vers les créatures les plus innocentes qui aient reçu le don de la vie. (Voyez *la Vie de saint François d'Assise*, par THOMAS DE CELANO, son disciple.)

7. (Voir, dans l'*Histoire de la lutte des papes et des empereurs de la maison de Souabe*, de M. DE CHERRIER, t. 4, p. 110 et suiv., le dramatique récit de la mort de Manfred, ce brillant héritier des qualités et des malheurs de sa race, *le sultan de Locera*, comme l'appelait son adversaire Charles d'Anjou, que défendirent jusqu'au bout les troupes sarrazines fidèles à la cause et à la mémoire de l'empereur Frédéric II.)

8. Charles d'Anjou avait fait donner la sépulture au corps de son ennemi vaincu; lui-même l'écrivait au pape en ces

termes : « Ego itaque naturali pietate inductus, corpus ipsum cum quâdam honorificentiâ sepulturæ, non tamen ecclesiasticâ, tradi feci. »

« Les barons français supplièrent Charles d'Anjou de faire donner à son vaillant adversaire une sépulture chrétienne. — « Je le ferais volontiers, répondit ce prince, s'il n'était frappé d'anathème, mais l'Église défend qu'un excommunié repose en terre sainte. » Il fut enterré près d'une chapelle en ruine au-dessus du pont de Bénévent. Chaque soldat déposa une pierre sur sa fosse, et en peu de temps une pyramide grossière, un véritable *tumulus*, la recouvrit. C'était, dans les temps primitifs, le monument funéraire consacré aux héros. » (DE CHERRIER, t. 4, p. 118.)

CHANT QUATRIÈME.

1. La question de l'unité et de la simplicité de l'âme est abordée par le Dante, et traitée avec la puissante sobriété qui lui est ordinaire : vérité précieuse, point central de la nature humaine, qui lui assure son parfait équilibre, et lui assigne sa juste position entre Dieu et le monde; témoignage d'indépendance et de perpétuité, dont la morale et la religion font une assurance certaine d'immortalité. Elle a été confirmée et sanctionnée par les travaux d'analyse psychologique qui ont illustré la philosophie dans ces derniers temps. (Voyez notamment les recherches pleines de sagacité sur *les capacités de l'âme*, et sur *le pouvoir personnel*, contenues dans le chapitre des *Mélanges philosophiques* de JOUFFROY, intitulé *des Facultés de l'âme humaine.*)

Ajoutons que, pour atteindre ce fait de conscience, la doctrine moderne adopte de préférence une autre méthode.

L'excellente preuve du Dante est tirée de ce pouvoir d'appréhension, de cette domination exercée par l'âme sur ses facultés, qui lui permet de demander tour à tour à chacune d'elles ses services et son obéissance, laissant ainsi aux unes la liberté temporaire qu'elle enlève aux autres. L'analyse moderne suit plus volontiers une voie non moins sûre et non moins directe. Au lieu de s'attacher à cette concentration momentanée qui enchaîne la faculté d'attention, au point de rendre insensible la fuite du temps, la psychologie a préféré poursuivre l'activité de l'âme et l'expansion successive de ses actes recueillis par la mémoire à travers la durée. La mémoire, cette prolongation de la conscience, est devenue ainsi le témoignage permanent et irrécusable de l'âme s'attestant à elle-même son unité et son identité.

2. Montagne élevée de la Lombardie.

3. La figure de géométrie, si curieusement dessinée par les vers du poëte, indique tout simplement un angle de quarante-cinq degrés.

4. Le soleil, entrant dans le signe des Gémeaux, se trouve plus près des astres du septentrion que lorsqu'il traverse le signe du Bélier, où il était supposé se trouver alors.

5. Le Dante, placé aux Antipodes, devait voir s'accomplir en sens inverse le mouvement qu'il attribue au Soleil autour de la Terre. C'est vers l'Occident de l'hémisphère terrestre que le soleil commençait à paraître, pour terminer sa course du côté de l'Orient.

6. Compatriote du Dante, si indolent et si paresseux durant sa vie, qu'il n'a laissé de lui aucun souvenir.

CHANT CINQUIÈME.

1. La comparaison que fait ici le Dante est double. L'image d'un mouvement rapide au point de devenir presque imperceptible lui est fournie d'abord par la course de ces corps météoriques dont l'origine et la nature, si longtemps ignorées, n'ont été définitivement déterminées que depuis la découverte et l'étude des *astéroïdes*.

    La seconde partie de la comparaison semble, par un vice de forme sans doute plutôt que par une erreur d'interprétation, n'avoir pas été généralement reproduite avec une parfaite clarté. Ce n'est pas assurément au mouvement du Soleil lui-même que le poëte fait allusion, ce n'est pas davantage à la rapidité des lourdes nuées qui s'amassent dans le ciel pendant les soirées du mois d'août. La saison serait mal choisie et la figure bien maladroite. N'a-t-il pas plutôt voulu parler de ces rayons de soleil qui jaillissent soudainement dans l'intervalle des nuages, et qui deviennent plus éclatants à mesure que l'astre s'incline vers l'horizon?

2. La marche d'Ancône. — Le royaume de Charles d'Anjou est le royaume de Naples, dont les destinées ont de tout temps exercé tant d'influence sur celles de l'Italie tout entière, et qui, depuis le moyen âge jusqu'à nos jours, a vu tour à tour triompher et mourir tant de brillants aventuriers et de princes intrépides.

3. Padoue, fondée par le Troyen Anténor. En donnant au cercle de l'Enfer où sont punis les traîtres, le nom d'*Antenora*, le Dante a consacré la mauvaise réputation que ce personnage devait à une tradition apocryphe.

    L'Anténor historique ne méritait pas ce triste privilége. (Voyez Ampère, *Voyage Dantesque*, p. 300.)

4. Azzo d'Este, seigneur de Ferrare.

5. Mira et Oriaco sont situés dans le voisinage de Padoue, et près de la Brenta.

6. Jacques de Cassero, podestat de Bologne, avait été assassiné par ordre d'Azzo d'Este qu'il avait insulté.

7. Buonconte, fils du comte Guido de Montefeltro, et tué en combattant contre les Guelfes à cette bataille de Campaldino où le Dante, âgé de vingt-quatre ans, s'était trouvé.

8. Le couvent des Camaldules.

9. L'invocation d'un nom chéri par le mourant qui touche à sa dernière heure a inspiré au génie de Shakspeare ces vers d'une délicate subtilité, qui semblent développer l'expression concise du Dante :

> Then, in the midst a tearing groan did break
> The name of Antony; it was divided
> Between her heart and lips; she render'd life,
> Thy name so buried in her.
> *Antony and Cleopatra*, act. IV, sc. x.

« Alors, dans un gémissement douloureux, elle essaya le nom d'Antoine ; mais il se rompit entre son cœur et ses lèvres. Elle rendit l'âme, gardant en elle-même ton nom enseveli. »

10. Cette *pauvre larme* se retrouve, sous une forme bien touchante, dans une vieille légende. Un pêcheur, couvert de crimes, avait été condamné par Dieu à traîner après lui un tonneau qui, sans cesse rempli par le pénitent, se vidait sans cesse. Après de longues fatigues, un élan de repentir sortit du cœur endurci du criminel, une larme coula de ses yeux, tomba dans le tonneau qui avait été l'instrument de son supplice, et ce jour-là, le tonneau, miraculeusement rempli, ne se vida plus, et l'expiation fut achevée.

Du reste, nulle idée n'est plus familière au moyen âge que cette double revendication exercée sur le principe immortel de la nature humaine, au nom du ciel et de l'enfer, et qui se renouvelle chaque fois qu'une âme se sépare de son corps. Au dire de la chronique, la grande âme de Charlemagne n'aurait pu échapper à ce suprême débat, et la balance où elle était pesée n'aurait penché du côté de la justification que sous le poids des églises fondées par le puissant protecteur de la chrétienté.

Il était réservé à un grand poëte, bien éloigné assurément sous tous les rapports des idées et des tendances du moyen âge, de représenter sous la forme la plus saisissante ce rendez-vous formidable des puissances célestes et des légions infernales. (Voyez la fin du second Faust.) Les ministres des colères et des miséricordes éternelles occupent dans la Divine Comédie des places distinctes, ils accomplissent des fonctions séparées et ne peuvent se rencontrer ni se confondre. Gœthe, leur donnant un champ de bataille terrestre, a pu mettre en présence les natures à jamais inconciliables des anges fidèles et des anges déchus. Les pures ardeurs qui brûlent les uns, les flammes éternelles qui dévorent les autres, s'allumant au même foyer de l'amour divin, cette pluie de fleurs célestes versée par la main des séraphins, qui fait bondir et hurler la troupe démoniaque, comme si un torrent de feu la pénétrait, n'est-ce pas là une pensée et une image dignes des plus hautes pensées et des plus riches images du Dante?

11. L'Arno.

12. Le souvenir de la Pia s'est conservé à Sienne, et l'on y montre encore la maison qu'elle avait habitée. (Voyez AMPÈRE, *Voyage Dantesque*, p. 255.)

13. « .... Domus alta sub Idâ,
Lyrnessi domus alta, solo Laurente sepulchrum! »

Les mots que le Dante met dans la bouche de la Pia semblent réveiller la lointaine mémoire de ces beaux vers de son maître, de ce rapprochement de la tombe et du berceau, unis et rendus inséparables par deux mélancoliques images. Dans l'Enfer, les vers de Virgile, comme Virgile lui-même, paraissaient accompagner le Dante de plus près et plus constamment. A mesure qu'il s'éloigne des terreurs et des supplices, et qu'il se rapproche des lieux que la poésie antique n'avait pu aussi bien deviner et décrire, le souvenir des œuvres du poëte lui devient moins familier, en même temps que sa vigilante surveillance lui devient moins nécessaire. Les chants de pénitence et les chœurs des anges couvriront désormais les accents indistincts et les échos perdus de la muse païenne.

CHANT SIXIÈME.

1. *Zara*, chance. C'était un jeu de hasard qui se jouait avec trois dés et dont la règle était d'amener et de ne point dépasser un nombre de points déterminé.

2. Benincasa d'Arezzo, vicaire du Podestat de Sienne, puis juge à Rome, avait condamné à mort le frère et le neveu de Ghin de Tacco, qui s'étaient rendus coupables de brigandages. Ghin de Tacco, pour venger ses parents, assassina Benincasa avec une rare audace, pendant qu'il siégeait à son tribunal.

3. Ciacco ou Cione Tarlati, jeté par son cheval dans l'Arno, tandis qu'il était à la poursuite des Bostoli ses ennemis.

4. Fils du comte Guido di Battifolle, tué par un Bostoli, surnommé Fornajolo (Venturi).

5. Farinata degli Scornigiani était mort assassiné. Son père, retiré dans un couvent pour accomplir le vœu qu'il avait fait à l'heure d'un danger pressant, eut assez de puissance sur lui-même pour baiser la main du meurtrier, après avoir assisté aux funérailles de la victime.

6. Le comte Orso avait été assassiné par son oncle, Albert de Mangona.

7. « Secrétaire et conseiller d'État de Philippe III, fils de saint Louis, roi de France, qui pouvant beaucoup près du dict roi, par une certaine enuie des courtisans de la France, fut mis en la mauvaise grâce de la royne qui estoit flamande, (Marie de Brabant) d'une telle façon qu'elle l'accusa deuant son mary, comme s'il eust voulu tenté de corrompre sa chasteté. Le roy, trop crédule pour cette fausse accusation, luy fit faire son procez et mourut par justice. » (Grangier.)

8. Virgile se reporte aux âges où n'avait point encore paru le médiateur suprême, « l'ambassadeur venu pour rétablir le commerce entre le ciel et la terre, » suivant l'expression de Bossuet.

9. Le Dante touche ici à cette grande et difficile question de l'efficacité de la prière, qui tient aux plus mystérieux rapports de Dieu et de l'homme. Il l'effleure plutôt qu'il ne l'approfondit. La puissance des supplications humaines, telle qu'il la présente ici, n'atteint pas jusqu'aux immuables arrêts de la volonté divine. Elle n'agit que sur la durée de la peine. Elle ne fait de conquêtes que sur le temps, et Dieu n'est pas soumis au temps.

10. Majoresque cadunt altis de montibus umbræ.
Virg., *Églog.*, I.

11. Sordello, guerrier, poëte et, suivant quelques-uns, traducteur de plusieurs écrivains de l'antiquité. On lui attribue un livre intitulé *Thesaurus Thesaurorum*, nom que l'on aimait à donner alors à ces recueils littéraires et scientifiques, qui avaient la prétention d'atteindre les parties les plus élevées, ou même de parcourir le cercle entier des connaissances humaines.

M. Raynouard a publié quelques pièces de vers écrites par Sordello en langue provençale. (Voyez surtout le long et curieux chapitre que M. Fauriel a consacré à Sordello, dans son ouvrage sur Dante et les Origines de la Langue et de la Littérature italiennes, t. I.).

12.
O d'ogni vizio fetida sentina !
Dormi Italia imbriaca, e non ti pesa
Che ora di questa gente, ora di quella
Che già serva ti fù, sei fatta ancella.

ARIOSTE.

13. L'idée de la domination impériale, telle que l'invoque le Dante, et le souvenir de la législation romaine, étaient dans la réalité, comme dans l'esprit du poëte, unis par une étroite liaison. C'est au xiie siècle que la célèbre école fondée à Bologne par Irnérius s'était attachée à interpréter et à vulgariser le droit romain, et spécialement les compilations du temps de Justinien. Les docteurs de Bologne étaient devenus en même temps les ardents propagateurs de la théorie du pouvoir et de l'autorité, telle que l'avaient développée les jurisconsultes romains. C'est par cette école qu'avait passé le célèbre Pierre Desvignes, ministre de Frédéric II, et principal auteur de ces codes et de ces constitutions *Augustales* ou *Impériales,* où se trouve l'empreinte d'une énergique réaction contre le droit féodal.

A leur entrée en Italie, les empereurs d'Allemagne manquaient rarement de réunir ces diètes de Roncaglia, qui étaient comme la préface pacifique de leurs expéditions militaires, et où ils faisaient solennellement exposer la théorie de ces prétentions, qu'ils ne parvenaient pas toujours à réaliser dans la pratique.

Au xve siècle, lorsque la maison de Bourgogne, dans l'enivrement de ses prospérités, rêva l'empire germanique, elle voulut à son tour asseoir l'édifice de sa grandeur sur la double base du droit féodal et du droit romain. Charles le Téméraire suivit l'exemple de Frédéric Barberousse et de Frédéric II; il s'entoura de docteurs qui professèrent les mêmes doctrines.

14. Voy. Pétrarque, canzone xvi : All'Italia, per la venuta di Lodovico il Bavaro.

> Che fan qui tante pellegrine spade?
> Perchè il verde terreno
> Del Barbarico sangue si dipinge?
> . . . .
> O diluvio raccolto
> Di che deserti strani
> Per inondar i nostri dolci campi?
> . . . .
> Ben provide natura al nostro stato,
> Quando d'Alpi schermo
> Pose fra noi e la *Tedesca* rabbia.
> . . . .
> Latin sangue gentile
> Sgombra da te queste dannose some.
> . . . .
> I' vo gridando pace, pace, pace.

Autant il est curieux de comparer les sentiments des deux poëtes, animés d'un même élan et d'une inspiration commune, autant il serait injuste de vouloir y découvrir une opposition formelle. Le même patriotisme a inspiré à l'un l'ardente invocation adressée au César germanique, à l'autre l'anathème lancé contre la race tudesque. Cet appel, que le Dante envoie par-delà les frontières de sa patrie à l'empereur d'Allemagne, est-il fait sur un ton et dans des intentions qui choquent le sentiment national exprimé par Pétrarque avec une si ombrageuse fierté? Ce n'est certes pas un dominateur qu'attend et que réclame le poëte gibelin : c'est un arbitre souverain, des mains puissantes duquel l'Italie reçoive cette paix toujours désirée, jamais conquise; c'est le dépositaire du titre sacré emprunté par les souverains des Francs et des Germains, mais appartenant par droit de naissance à cette race latine qui le salue comme un gage inaliénable de protection et de concorde. Lorsque le Dante trouvera l'occasion de s'attaquer à la grossièreté tudesque, de railler la vanité et la frivolité française, son ironie sera à la hauteur de l'indignation exaltée de Pétrarque.

Du reste, à une époque où le pouvoir avait des origines si diverses, se produisait sous des formes si variées, la séparation établie entre les rôles et les fonctions d'un même personnage qui pouvait être à la fois chef souverain, représentant d'une nationalité, seigneur féodal, n'avait rien de surprenant ni de chimérique.

Schiller, avec un admirable discernement historique, a trouvé l'un des éléments principaux et comme le grand ressort politique de son drame de *Guillaume Tell* dans cette distinction constante des deux pouvoirs et des deux titres (*Der Kaisar, Der Kœnig*), de ce même Albert d'Autriche auquel le Dante reproche si magnifiquement son indifférence.

A un autre point de vue, on peut dire que le Dante et Pétrarque représentent, chacun suivant la nature de son esprit et son tempérament poétique, deux tendances et comme deux lois fatales qui n'ont cessé de présider aux destinées de l'Italie. Indépendance et unité, tel a toujours été le mot d'ordre et le signe de ralliement de tous les grands esprits qui ont eu la noble passion de servir la cause italienne. Seulement les uns, cédant à des inspirations plus généreuses, plus idéales peut-être, ont espéré qu'à force de sagesse, d'union et de désintéressement, l'Italie obtiendrait tout d'elle-même et d'elle seule; les autres ont cru pouvoir, sans trahison et sans faiblesse, associer aux efforts nationaux l'appui d'un secours étranger. L'imagination rêveuse de Pétrarque semble incliner volontiers vers des espérances auxquelles le Dante, animé de désirs plus ardents et d'un sentiment plus vif de la réalité, n'ose pas s'abandonner. Sans vouloir assigner à chacun de ces grands esprits sa part d'illusion et de vérité, on doit se persuader que si leurs existences, qui se touchèrent, se fussent rencontrées dans le temps, comme leurs mémoires se sont rencontrées pour l'immortalité, ils n'auraient eu aucun démenti, aucun sacrifice d'opinion à s'imposer pour s'unir, au nom de la patrie commune, et pour se dire l'un à l'autre, en s'embrassant, comme Virgile à Sordello : « Io son della tua terra ! »

15. Comté de l'État de Sienne, situé près des provinces pontificales.

16. On a pensé que cette allusion s'appliquait à Marcellus, l'un des ennemis de César. Le poëte, fidèle à ses réminiscences virgiliennes, n'a-t-il pas plutôt voulu opposer aux mesquines discordes de ses compatriotes le souvenir du héros qui porta ce nom ?

> Ingreditur, victorque viros supereminet omnes.
> Hic rem Romanam, magno turbante tumultu,
> Sistet...

CHANT SEPTIÈME.

1. Le Purgatoire.

2. Selon quelques commentateurs, *minor* signifie l'état d'infériorité de la personne qui prie. C'est l'interprétation que l'on a cru devoir préférer.

3. Virgile revient plus d'une fois sur la privation de la foi chrétienne, qui lui a fermé l'entrée des régions de l'espérance et de la béatitude. Au iii⁰ chant du Purgatoire notamment, il a donné à ses regrets une forme délicate et touchante :

> . . . . e qui chinò la fronte,
> E più non disse, e rimase turbato.

4. Les trois vertus théologales : la Foi, l'Espérance et la Charité, où les élus trouvent à la fois leurs mérites et leur récompense éternelle.

5. L'empereur Rodolphe de Habsbourg. Le Dante lui fait ici le même reproche qu'il a précédemment adressé à son fils Albert d'Autriche. (Voyez ch. vi.)

6. Ottocare, roi de Bohême, disputa la couronne impériale à Rodolphe de Habsbourg. Il était chef de cette nation slave des Tchèques, destinée à soutenir contre l'Allemagne des luttes bien plus formidables encore. C'est elle qui, soulevée par le fanatisme religieux, devait donner le signal des deux guerres longues et acharnées qui ensanglantèrent le xve et le xviie siècle, sous les noms de guerre des Hussites et de guerre de Trente-Ans.

7. Philippe le Hardi : son mariage avec Jeanne de Navarre et sa parenté avec la maison d'Anjou le décidèrent à tenter une expédition contre Pierre III d'Aragon et à entrer en Espagne à la tête d'une nombreuse armée. Victimes de la maladie et du climat, le roi y perdit la vie et l'armée y abandonna ses conquêtes. Mais il n'y eut déshonneur ni pour l'un ni pour l'autre. Ici, comme ailleurs, le poëte se montre trop disposé à exagérer les défauts et à insulter aux malheurs des Français.

8. Philippe le Bel, auquel le poëte réserve une mention moins sommaire et de plus énergiques imprécations. (Voyez ch. xx.)

9. Pierre III d'Aragon, époux de Constance, fille de Manfred, reprit avec avantage, contre la maison d'Anjou, la lutte soutenue par les princes de la maison de Souabe.

10. Le Dante ne manque pas d'applaudir aux succès des rois d'Aragon, nouveaux venus dans ces luttes pleines de tragédies sanglantes où se jouent les royautés de Naples et de Sicile. La maison d'Aragon avait recueilli le legs d'infortune et de vengeance que lui avaient laissé les derniers Hohenstauffen.

11. Marguerite et Béatrix, filles de Raymond Bérenger, comte

de Provence, et mariées l'une à Saint-Louis, l'autre à son frère Charles d'Anjou, roi de Sicile.

12. Henri III, roi d'Angleterre. Il contrastait, par la douceur de ses mœurs, avec les princes de sa famille qui l'avaient précédé sur le trône, Richard Cœur-de-Lion et Jean sans Terre. Malgré la distance qui séparait ses États de l'Italie (et cet éloignement est peut-être le principal motif de la bonne opinion que le Dante montre à son égard), ce prince avait été mêlé, par les négociations plus que par les armes, aux luttes du sacerdoce et de l'empire. Le pape Innocent IV, dans ses dernières années, avait donné à Edmond, fils du roi d'Angleterre, l'investiture du royaume de Sicile, afin de l'opposer à Conrad de Souabe. Jusqu'à son lit de mort, le pontife espéra et implora l'assistance lointaine et tardive de son royal auxiliaire.

Un siècle et demi plus tard, un autre roi d'Angleterre, Henri V, sembla rêver à son tour le rôle politique qui s'était vainement offert à l'un de ses prédécesseurs. Au lendemain d'Azincourt, il songea au royaume de Naples pour son frère le duc de Glocester.

13. Guillaume, marquis de Montferrat, vicaire impérial en Italie.

CHANT HUITIÈME.

1. Plus heureuse que la peinture et la musique, la poésie italienne, dès cette merveilleuse naissance à laquelle présidait le génie du Dante, se trouvait douée, au premier jour, de tous ces dons exquis que d'ordinaire le temps, d'une main lente et avare, répand successivement sur les arts et sur les littératures. Une langue forte et docile tout à la fois se prêtait à l'expression de ce clair-obscur du sentiment,

de ces modulations de la pensée, de toutes ces nuances crépusculaires qui, plus tard, devaient être volontiers sacrifiées à l'éclat d'un jour plus plein et d'une lumière plus vive. Précieux héritage recueilli par la poésie germanique, cette pure essence d'imagination et de rêverie recevra un nom aussi vague qu'elle-même (*die Sehnsucht*); la France à son tour sera visitée par ces mystérieuses inspirations, dont le souffle passera sur l'âme de nos poëtes modernes.

2. Le Dante suppose que l'antique ennemi du genre humain continue d'errer autour de ces régions où s'est exercée sa fatale puissance. Mais ces mêmes ministres du Seigneur, qui ont éloigné du Paradis terrestre Adam et Ève, chargés du poids de leur faute, protégent contre les attaques du serpent les âmes des descendants du premier homme qui, grâce à la suprême médiation du Christ, ont pu retrouver le chemin perdu des séjours bienheureux réservés au genre humain.

3. Nino, de la maison des Visconti de Pise, juge à Gallura, en Sardaigne, chef du parti guelfe et neveu du comte Ugolin della Gherardesca. (Venturi.)

4. Selon l'usage du temps, le deuil des veuves se portait avec un voile blanc.

5. Armes des Visconti.

6. Le Dante veut exprimer, par le mot *misuratamente*, cette *mesure* de l'âme qui maintient dans un sage équilibre et dans un parfait accord, jusqu'à ses plus nobles inspirations et à ses élans les plus purs, cette *Tempérance* qui, vertu elle-même, rend accomplies et assurées toutes les autres vertus.

L'expression du Dante correspond exactement à une certaine parole de saint Augustin (*contemperata*), devant laquelle Bossuet, dans un de ses sermons, s'est arrêté avec une sorte d'admiration naïve et caressante.

Du reste, Bossuet lui-même avait trouvé pour cette belle qualité de l'âme une définition dont les termes conservaient toute la saveur de leur origine latine. Il l'avait nommée une *médiocrité raisonnable*.

7. Pendant son exil, le Dante fut accueilli avec courtoisie à la cour de Morello Malaspina. Ce souvenir justifie les éloges adressés, dans la personne de Conrad, à une famille qu'avaient illustrée les talents poétiques d'Alberto Malaspina, l'un de ses membres, et la protection dont elle avait constamment entouré les poëtes de l'école provençale, attirés en Italie par la faveur des empereurs et par le désir d'échapper aux sanglants désastres qui avaient désolé le midi de la France.

CHANT NEUVIÈME.

1. Les commentateurs du Dante se sont évertués à concilier l'apparition de l'aurore avec l'indication d'une heure de la nuit donnée dans le tercet suivant. L'idée d'une correspondance du temps entre le lieu où se trouve le poëte et l'hémisphère terrestre, n'a pas semblé de nature à écarter la contradiction. En admettant que le Dante ait une erreur astronomique à se reprocher, on peut la lui pardonner en faveur du charmant début de ce chant. Après Homère et Virgile, il était difficile de rajeunir la *vieille amante de Tithon*. On peut lui pardonner aussi d'avoir perdu si vite la trace de l'Aurore, en disant avec La Fontaine : « L'Aurore se lève de trop grand matin, on ne sait ce qu'elle devient tout le reste de la journée. » (*Psyché*, liv. II.)

2. Le Scorpion.

3. Les Heures.

4. Voyez les aventures tragiques de Térée, de Progné et de Philomèle, et la triple métamorphose qui s'ensuit, racontées par Ovide :

> Pendebant pennis, quarum petit altera sylvas;
> Altera tecta subit; neque adhuc de pectore cædis
> Effluxere notæ, signataque sanguine pluma est.
> <div align="right">Ovide, <i>Métam.</i>, liv. vi.</div>

5.
> Nec mora : percusso mendacibus aere pennis
> Abripit Iliaden, qui nunc quoque pocula miscet.
> <div align="right">Ovide, <i>Métam.</i>, liv. x.</div>

6. La Grâce divine enlève le poëte pendant son mystérieux sommeil; le Dante la retrouvera au sommet du Purgatoire.

7. Ces trois degrés, dont les couleurs et les natures diverses se rapportent, suivant les commentateurs, à l'état de l'âme pénitente, et figurent la candeur, la contrition et la purification par l'aveu et le repentir, marquent la limite que ne franchissent pas les intempéries de notre atmosphère. (Voyez ch. xxi du *Purgatoire.*) L'ange qui pose le pied sur le degré le plus élevé, se trouve ainsi placé entre les régions troublées de la terre et l'inaltérable sérénité des régions supérieures ; il rappelle l'ange de l'Apocalypse, qui avait un pied sur la terre ferme et un pied sur les flots : « Posuit pedem suum dextrum super mare, sinistrum autem super terram. » (*Apocal.*, ch. x, v. 2.)

8. Visiteur vivant de ces lieux où l'on ne pénètre que par la mort, et d'où l'on ne sort que pour entrer dans la vie éternellement heureuse, le Dante a dû se soumettre aux lois observées dans les demeures du repentir, en subissant lui-même une pénitence abrégée et anticipée. Les progrès de sa marche seront marqués par autant d'expiations partielles qu'il y a de genres de péchés soumis aux épreuves du Purgatoire. Ce sont les marques visibles de ces péchés que l'ange grave sur son front. Elles en tomberont successivement, et, à mesure que chacune s'effacera, le poëte, dégagé du fardeau des souillures ter-

restres, se sentira emporté d'un élan plus léger' et plus libre.

9. Les clefs de saint Pierre. (Voyez *Évangile de saint Mathieu*, 16). Le prêtre qui interroge la conscience du pénitent, pour la laver de ses souillures, fait œuvre de discernement et acte de puissance. Le pouvoir de délier, représenté par la clef d'or, est plus précieux, parce qu'il a une origine entièrement surnaturelle. Le don d'intuition et de quasi-divination accordé aux successeurs des apôtres, et représenté par la clef d'argent, n'est qu'un perfectionnement et un développement supérieur de l'intelligence humaine, éclairée par la révélation.

Aux jours de ses grandes luttes, l'Église romaine fit un signe de guerre et un emblème militaire de ce symbole sacré de sa domination spirituelle. Les soldats des armées pontificales qui combattaient la cause impériale portaient deux clefs en sautoir, ce qui leur valut le nom de *chiave signati*; tandis que les troupes impériales, sans distinction de chrétiens et de musulmans, portaient la croix, et se nommaient *croce signati*.

10. César avait fait ouvrir de force, et malgré la résistance du tribun Métellus, les portes du trésor public situé sur la roche Tarpéienne. (Voyez Lucain, *Pharsale*, liv. III.)

CHANT DIXIÈME.

1. Deux sculpteurs célèbres de l'antiquité ont porté ce nom. Tous deux étaient nés à Argos. Il est fait mention du plus ancien et du plus illustre dans Cicéron, Quintilien, dans le *Protagoras* de Platon, etc.

2. La Vierge Marie.

3. Le poëte rappelle ici la témérité du lévite Oza, qui fut puni de Dieu pour avoir voulu soutenir l'arche sainte :
   « ... Extendit Oza manum ad arcam Dei, et tenuit eam quo-
   « niam calcitrabant boves et declinaverunt eam. »
   « Iratusque est indignatione Dominus contra Ozam, et per-
   « cussit eum super temeritate : qui mortuus est ibi juxta
   « arcam Dei. » (*Regum*, lib. II, cap. VI.)

4. « Cumque intrasset arca Domini in civitatem David, Michol,
   « filia Saul, prospiciens per fenestram, vidit regem David
   « subsilientem, atque saltantem coram Domino : et des-
   « pexit eum in corde suo. » (Id.)

5. Le beau trait de justice et de compassion que le poëte attribue à Trajan, et la commisération touchante du pape Grégoire le Grand, qui aurait assuré le salut de l'âme du glorieux païen, reposent sur une tradition et sur une légende également douteuses. Jamais du moins tradition et légende ne méritèrent mieux d'être vraies.

   On connaît la page toute frémissante du souffle dantesque inspirée à l'un des plus illustres représentants de la peinture contemporaine, par la fière et dramatique description du poëte. M. Eug. Delacroix a entendu le défi que le Dante adresse aux maîtres du pinceau et du burin (*di pennel maestro e di stile*, ch. XII), et il l'a glorieusement relevé.

6. Dieu.

7. Dans le temple surnaturel, dont le Dante a tracé la puissante architecture, comme dans les temples matériels élevés à la gloire du vrai Dieu par les siècles du moyen âge, tous les arts humains étaient appelés à tenir leur place et à unir leurs œuvres. La sculpture n'a point été oubliée par le poëte. Elle a laissé sur le Xe et le XIIe chant du Purgatoire une vive et saisissante empreinte. C'était bien dans ces régions intermédiaires qu'elle devait parler le langage de ses austères enseignements. Sur le sol de l'enfer, là où le retour au bien est impossible, là où toute espérance est

éteinte, à quoi bon des leçons et des témoignages extérieurs que l'éternelle réalité des supplices aurait rendus illusoires? Dans ce monde de lumière et d'harmonie que le Dante nomme le Paradis, sur quelle matière solide et résistante les arts plastiques auraient-ils pu imprimer leurs traces? Mais, pour des âmes dont la destinée n'était pas encore accomplie, et qui, pour avoir échappé à la punition, n'avaient pas atteint la récompense, ces représentations gravées sur le marbre avaient la force d'un frappant avertissement et une salutaire puissance d'excitation au bien.

Dans une intention systématique, les trois sujets choisis par le Dante sont empruntés à l'histoire profane, à l'histoire sainte et à l'Évangile. Il est curieux de voir Goëthe, dans un ouvrage où sa forte et calme sagacité s'unit à la fantaisie la plus capricieuse, dans *Wilhelm Meister,* saisir à son tour ces mêmes rapports entre des époques et des histoires différentes, qu'il nomme *symphonistiques*, et composer avec ces rapports, exprimés par la peinture, et transformés en une sorte de procédé scientifique, un cours de philosophie, d'histoire et de morale comparées, s'adressant à l'esprit par l'intermédiaire des yeux. Dans cette application des arts à l'éducation, Apollon au milieu des bergers d'Admète, et Abraham visité par les anges, figurent comme une double traduction de la même idée.

N'est-il pas étrange aussi de voir que l'un des buts principaux assignés par Goëthe à ce système imaginaire est la connaissance et la pratique de cette humilité chrétienne sur laquelle le Dante s'est arrêté avec tant de complaisance? L'hommage rendu, sous un autre nom, à cette vertu qui a reçu de la religion chrétienne une sublime consécration, est précieux à recueillir dans la bouche de Goëthe. (*Wilhelm Meister*, Années de voyage, liv. II, chap. I.)

8. On reconnaît ici, rajeunie et transformée, une image qui, depuis les temps les plus anciens, a perpétuellement tenté

les poésies et les philosophies spiritualistes. Platon, dans son admirable dialogue du Phèdre, n'a-t-il pas donné à l'âme des ailes qui se développent ou décroissent, suivant qu'elle déchoit ou se perfectionne?

Pour exprimer ce libre essor de la substance spirituelle dégagée des liens de la mortalité, Ballanche n'a-t-il pas dit que « l'âme quitte le corps lorsqu'elle n'a plus besoin de lieu » ?

Joubert, qu'il sied bien de nommer après Platon et à côté de Ballanche, ne se lasse point de parler de ces ailes divines

« Qui ravissent une âme au céleste séjour. »

Enfin, un des grands artistes du xix⁰ siècle, mettant au service d'une suprême et chrétienne inspiration les grâces de l'antiquité païenne, a donné le nom de l'*Ame* à la dernière fille de son génie, à cette belle créature ailée qui semble une statue grecque à peine délivrée de sa prison de marbre, dont les yeux, doués de lumière, cherchent les clartés infinies, et dont le corps, nouvellement animé de la vie, se dirige d'un vol léger et puissant vers les demeures du ciel.

9. Voyez, dans M. Ampère (*Voyage dantesque*, p. 235), l'indication des monuments florentins (Cloître de Sante Croce, Loge des Lanzi), dont la vue a pu inspirer au Dante cette comparaison si exacte et si heureuse.

CHANT ONZIÈME.

1. Dans la paraphrase de l'Oraison Dominicale, le Dante, en parlant de la *manne quotidienne, notre soutien dans cet affreux désert...* etc., semble concilier les deux significations que présente l'expression grecque commune aux deux évangiles de S. Luc et de S. Mathieu. Cette expression

peut être traduite indifféremment par les mots *quotidien* et *supersubstantiel*. La Vulgate adopte les deux sens, en donnant chacun d'eux à chacun des textes des deux évangélistes.

Tous les théologiens n'ont pas été animés du même esprit de conciliation que les auteurs de la Vulgate et que le Dante. Les grands noms de S. Bernard et d'Abélard se trouvent mêlés à cette question de traduction ; l'interprétation du texte sacré était devenue, au xiie siècle, l'objet d'une discussion assez curieuse entre Clairvaux et le Paraclet.

2. Humbert, comte de Santa Fiore, était fils de Guillaume Aldobrandeschi, noble Siennois. Son orgueil le rendit insupportable à ses compatriotes, qui le firent mettre à mort.

3. Oderisi d'Agobbio avait tenu un rang distingué parmi les *miniaturistes* du temps, qui employaient à l'ornement des textes sacrés, ces sanctuaires intellectuels de la religion, un art appelé, sous d'autres formes et dans des proportions différentes, à décorer les sanctuaires matériels du moyen âge.

4. Élève d'Oderisi, chargé d'illustrer les livres de la bibliothèque du Vatican. (voy. VASARI.)

5. Cimabué, dont les œuvres, inspirées par les idées chrétiennes et par les traditions de l'art byzantin, ont marqué, non pas la naissance de la peinture en Italie (Cimabué avait eu des prédécesseurs et des contemporains, entre autres Giunta de Pise, et peut-être, d'après une opinion de moins en moins accréditée, Guido de Sienne, qu'il dépassa, comme Giotto, son disciple, devait le dépasser à son tour), mais une des phases notables de cette période de lent développement, pendant laquelle l'expression cherche de plus en plus à se faire jour à travers l'enveloppe encore grossière de formes imparfaites et rebelles à la pensée.

6. Giotto, disciple de Cimabué, dont les œuvres ont décoré tant de villes et de monuments de l'Italie, depuis Padoue jus-

qu'au couvent des Franciscains d'Assise, depuis Florence jusqu'à Naples. Pendant la vie du Dante, il le connut et l'aima; après sa mort il travailla à son tombeau. De nombreux disciples lui succédèrent, imitant son talent et lui empruntant son nom. C'est en passant à travers cette école des *Giotteschi* que l'art italien, en marche vers ses glorieuses destinées, et vers ces âges éclatants dont le Dante semblait saluer de loin l'approche, devait accomplir ses rapides conquêtes. Cet empire de la peinture, si étroit à l'origine que Cimabué avait pu l'occuper tout entier, devait être assez vaste pour laisser place à la domination de toutes les dynasties artistiques de la Renaissance.

7. Les deux Guido dont parle le Dante sont Guido Guinicelli de' Principi et Guido de' Cavalcanti. Le premier était né dans cette ville de Bologne qui était alors le centre des études les plus hautes et les plus diverses. Disciple et imitateur de l'école provençale, il est un de ceux qui firent prendre à la langue italienne naissante ses premières habitudes poétiques.

Guido de' Cavalcanti était le poëte le plus renommé de cette école toscane, présidée par Brunetto Latini, dont les principaux représentants étaient à peu près contemporains du Dante. Il avait donné dans ses œuvres de fréquents exemples de cette alliance de la poésie et de la philosophie à laquelle le Dante est resté si fidèle. (Voyez Fauriel, *le Dante et les Origines de la langue et de la littérature italiennes*, t. I.)

8. Le Dante, à son tour, comme tant d'illustres favoris de la gloire humaine, porte témoignage contre la Gloire. Les renommées de la terre touchent au néant par tant de côtés, que l'éloquence et la déclamation, les cris de malédiction ironique des regrets purement humains, et la voix solennelle de la religion, ont pu à l'envi, sur des tons bien divers, exalter la vanité et les misères de ces courts triomphes de l'orgueil. Ce serait une puérile frivolité que

dé vouloir comparer l'énergique anathème du Dante à tous ces anathèmes qui n'ont pas toujours été fulminés par l'autorité désintéressée de la raison, et sous lesquels on devine souvent le dépit des désespoirs révoltés, ou le dédain mensonger d'espérances trop hautaines pour être jamais satisfaites. On peut se permettre seulement de rappeler ici Boëce, chez qui le Dante aimait à trouver le résumé solide et brillant des saines doctrines de l'antiquité pénétrées de l'esprit nouveau du christianisme :

> Licet remotos fama per populos means
> Diffusa, linguas explicet,
> Et magna titulis fulgeat claris domus,
> Mors spernit altam gloriam, etc......
> BOET., *de Consol. philos.*, liv. II.

Si le Dante n'a pas été un de ces courtisans fervents et malheureux de la gloire, transformés en implacables détracteurs, parce qu'ils n'ont rien obtenu d'elle, la noblesse de son âme nous répond d'un autre côté, qu'il ne doit pas être confondu avec ces renégats de la renommée devenus ingrats à force d'avoir été comblés.

Au milieu de tous les magnifiques lieux communs tant de fois inspirés par le même sentiment, le Dante est original, surtout en ce qu'il ne s'est pas borné à placer la gloire en présence de l'invisible empire de l'éternité qui lui échappe, ou des espaces de l'univers qu'elle ne saurait remplir. Il insiste principalement sur les vicissitudes et le perpétuel changement qui président à la possession de cet étroit domaine et à la transmission de ce mince héritage. Il démontre avec une triste sagacité l'existence de cette loi de civilisation et de progrès, mortelle aux plus grandes mémoires, qui, sur la tombe à peine fermée de la renommée de la veille, élève à la renommée du jour un monument bientôt destiné à l'ensevelir dans sa mort, après avoir prêté à sa vie une splendide demeure.

Si l'on érigeait cette loi en système général et en nécessité absolue, on se condamnerait à regarder comme une expression vide de sens, le mot de postérité, sous lequel les sages de l'antiquité païenne avaient désigné cette immortalité terrestre dont l'attrait et la récompense était à leurs yeux, l'image et, parfois aussi, le dédommagement d'une autre immortalité. Chaque nom illustre effacerait le nom qui l'aurait précédé et serait effacé par celui qui le suivrait. Toutefois, pour se garder de ces extrêmes et désolantes conséquences, on peut opposer à la pensée du Dante l'exemple du Dante lui-même. N'a-t-il pas démontré avec évidence que cette possession fragile de la célébrité peut être convertie en une légitime et durable propriété au profit de quelques rares privilégiés, qui ne sont pas frustrés de ce bien par leurs successeurs, n'ont à le partager qu'avec leurs égaux, et, rendus contemporains par l'admiration commune, ne redoutent ni héritiers, ni usurpateurs? Et même, en allant plus loin, ne reconnaîtrait-on pas que souvent ces gloires incontestables ont étendu leur protection sur des gloires plus sujettes à l'oubli? Pour combien de noms une simple mention faite par le Dante n'est-elle pas devenue un puissant patronage et une efficace recommandation près de la postérité?

9. Provenzano Salvani, pour sauver la vie à un de ses amis, prisonnier de guerre de Charles d'Anjou, avait imploré, à genoux, l'intercession du peuple de Sienne.

10. Oderisi fait allusion à ces humiliations de l'exil et de l'adversité dont le Dante avait épuisé l'amertume au moment où il écrivait son poëme, et qui ont laissé à plus d'une page de la Divine Comédie la trace d'un poignant souvenir.

CHANT DOUZIÈME.

1. Lucifer, «l'ange superbe et malheureux, devenu rebelle, devenu Satan, devenu le diable,» comme l'appelle Bossuet. (Voy. Isaïe, xiv, v. 12. Ézéchiel, xxviii, v. 12, 14 et 15.)

2. Briarée et les autres grands suppliciés, dont les châtiments ont été représentés dans l'Enfer, et dont les crimes figurent ici avec toute la puissance d'un souvenir exemplaire. Aux scènes d'extrême humilité succèdent des scènes d'orgueil suprême, afin qu'animées par ce double spectacle, les âmes qui rachètent leurs fautes soient plus rapidement entraînées vers le repentir, par l'attrait du bien et par l'horreur du mal.

3. La Terre porte avec tristesse le corps de Briarée, l'un de ses fils audacieux qui livrèrent combat au maître des Dieux.

> Injecta monstris Terra dolet suis,
> Mœretque partus fulmine luridum
>   Missos ad Orcum. . . .
>
>   Horace, liv. iii, od. iv,

4.
> Sexque datis letho, diversaque vulnera passis,
> Ultima restabat; quam toto corpore mater,
> Totâ veste tegens : « Unam, minimamque relinque.
> « De multis minimam posco, clamavit, et unam, » etc.......
>   Ovide, *Métam.*, liv. vi

5. « Montes Gelboe, nec ros nec pluvia veniant super vos,
« neque sint agri primitiarum : quia ibi abjectus est cly-
« peus fortium, clypeus Saul, quasi non esset unctus oleo. »
(*Regum*, liv. ii, ch. i, v. 21.)

6.
>
> Defluxère comæ, cumque his et naris et auris;
> Fitque caput minimum, totoque in corpore parva es :
> In latere exiles digiti pro cruribus hærent.
> Cætera venter habet; de quo tamen illa remittit
> Stamen, et antiquas exercet aranea telas.
>
> Ovide, *Métam.*, liv. vi.

7. « Et nunc pater meus posuit super vos jugum grave, ego « autem addam super jugum vestrum : pater meus cecidit « vos flagellis, ego autem cædam scorpionibus.... Respon- « dit rex populo dura, derelicto consilio seniorum, quod « ei dederant » (*Regum*, liv. iii, ch. xii.)

8. Eriphyle, mère d'Alcméon, séduite par Polynice, avait obligé Amphiaraüs son mari à marcher contre Thèbes, en découvrant le secret de sa retraite. Alcméon, fils d'Amphiaraüs, vengea cette trahison par la mort de sa mère.

> . . . . . . Ultusque parente parentem,
> Natus erit facto pius et sceleratus eodem.
>
> Ovide, *Métam.*, liv. ix.

9. « Cumque adoraret in templo Nesroch deum suum, Adrame- « lech et Sarasar filii ejus percusserunt eum gladio, fuge- « runtque in terram Armeniorum, et regnavit Asarhaddon « filius ejus pro eo. » (*Regum*, liv. iv, ch. xix.)

10. « Omnis itaque regio, omnisque urbs, electam juventutem « armatam misit post eos, et persecuti sunt eos in ore gla- « dii, quousque pervenirent ad extremitatem finium suo- « rum.... et prædam quam fugientes Assyrii reliquerant, « abstulerunt, et onustati sunt valde.

« Hi verò, qui victores reversi sunt ad Bethuliam, omnia quæ « erant illorum attulerunt secum, ita ut non esset numerus « in pecoribus et jumentis et universis mobilibus eorum, « ut à minimo usque ad maximum omnes divites fierent « de prædationibus eorum. » (*Judith*, ch. xv.)

11. La sixième heure.

12. L'église de San Miniato.

13. Ironique désignation de Florence.

14. Le Dante se souvient ici de deux fraudes coupables commises de son temps dans le but de faire subir des altérations aux registres de la ville, et une diminution de poids aux mesures publiques.

15. A mesure que la pesanteur morale du péché va s'allégeant, la route que suit le Dante semble devenir plus ouverte et plus facile. Image du retour à la vertu par l'expiation, son voyage est marqué à chaque pas par l'accomplissement d'une épreuve, qui est en même temps un effort de la volonté humaine et une récompense décernée par la grâce divine.

CHANT TREIZIÈME.

1. Paroles de commisération et de charité adressées par la Vierge au Christ, et qui obtinrent de lui son premier miracle, le changement de l'eau en vin aux noces de Cana. (*Évangile* selon S. Jean, ch. ii.)

2. Alcméon, vengeur de son père et meurtrier de sa mère, s'est montré sur la pierre foulée aux pieds par le poëte. Ici, Oreste, instrument d'une vengeance et d'un meurtre semblables, apparaît vaguement et mêle sa voix païenne aux voix chrétiennes qui célèbrent la charité. Les commentateurs accoutumés à reprocher au Dante le mélange, si fréquent dans son œuvre, du sacré et du profane, ont trouvé ici une occasion favorable pour redoubler de sévérité. Cette fois leurs ombrageux scrupules peuvent sembler pardonnables, lorsqu'on mesure l'intervalle si large qui sépare le dévouement de l'amitié humaine, per-

sonnifié dans Oreste, et le sentiment de la charité agrandi et divinisé par le christianisme.

Fidèle à l'étymologie latine du mot *invidia*, le Dante réunit ici les mauvaises actions qui tiennent de la Haine et de l'Envie.

3. Des exemples mémorables de vertu, des paroles de grâce et de sainteté, qui sont à la fois un souvenir de la terre et une révélation du ciel, éclatent et résonnent autour des âmes du Purgatoire. C'est le « *fouet* » qui stimule leur zèle en les poussant au bien. Des exemples et des voix contraires sont « *le frein* » qui les écarte du mal. Le repentir de l'homme n'a-t-il pas en effet une double origine? n'est-il pas l'œuvre de l'amour et de la crainte, comme le pardon accordé par Dieu est l'œuvre de la justice et de la miséricorde?

4. Nom donné aux églises, qui reçoivent en Italie tant de dénominations diverses, *Il Santo, Il Duomo*, etc.

5. A cette époque on dressait encore les éperviers en leur cousant les yeux; l'usage moins cruel du chaperon ne fut introduit que postérieurement.

Les comparaisons tirées de la chasse se représentent assez fréquemment dans la Divine Comédie. Ce divertissement, si cher aux princes et aux seigneurs du moyen âge, avait reçu en Italie des développements nouveaux et curieux, empruntés à la Germanie, puis à l'Orient. On n'était pas loin du temps où l'empereur Frédéric II, chez qui des goûts bizarres s'alliaient à la culture la plus raffinée de l'intelligence, avait établi dans le royaume, moitié chrétien, moitié arabe, des Deux-Siciles, ces *léoparderies*, où des animaux féroces étaient dressés à la chasse et au combat, et qui présentaient le singulier spectacle de ménageries transformées en vèneries.

6. Le poëte joue sur les mots « *Savia, Sapia* ». Sapia était une

dame noble de Sienne, que ses compatriotes avaient bannie de sa ville natale.

7. Saint ermite de l'Ordre de S. François.

8. Le Dante a déjà reproché à la nation siennoise sa frivolité. La ville de Sienne semble avoir eu tous les genres de prétentions : par vanité historique, elle attribuait à Charlemagne la fondation de ses remparts : dans ses désirs d'importance politique, elle avait rêvé la possession d'un port de mer (Talamone) qui pût la mettre en état de rivaliser avec les grandes républiques maritimes de l'Italie, comme elle s'était avisée de rechercher vainement une rivière imaginaire (la Diana), qui l'aurait traversée souterrainement.

CHANT QUATORZIÈME.

1. Falterona, un des sommets de l'Apennin, où l'Arno prend sa source.

2. Promontoire de la Sicile. Suivant une ancienne tradition, la Sicile aurait fait partie de l'Italie, dont une violente irruption des eaux ou un tremblement de terre l'aurait séparée.

3. Le traducteur a suivi, comme la plus sûre, l'interprétation donnée à ce passage difficile par Venturi.

4.
>   Quos hominum ex facie Dea sæva potentibus herbis
>   Induerat Circe in vultus ac terga ferarum.
>   VIRGILE, *Æn.*, liv. VII.

>   . . . . Dea
>   Solis edita semine
>   Miscet hospitibus novis
>   Tacta carmine pocula.

> Quos ut in varios modos
> Vertit herbipotens manus.
> Hunc apri facies tegit :
> Ille marmaricus leo
> Dente crescit et unguibus :
> Hic lupis super additus
> Flere dum parat ululat :
> Ille, tigris ut Indica,
> Tecta mitis obambulat.
> . . . .
>
> BOETIUS, *de Consol. philos.*, liv. IV.

5. Le poëte désigne ainsi les habitants du Casentin. Toute cette série de dénominations tirées de la comparaison des vices humains avec les instincts des animaux, semble renouvelée de Boëce :

« Evenit ut quem transformatum vitiis videas, hominem existimare non possis. Avaritiâ fervet, alienarum opum violentus ereptor? Similem lupi dixeris. Ferox atque inquietus linguam litigiis exercet? Cani comparabis, etc. » (BOETIUS, *de Consol. Philos.*, liv. IV.)

Du reste, au temps du Dante, les causes politiques, même dans la bouche de leurs représentants les plus élevés et les plus saints, affectaient volontiers des formes semblables. En relisant les anathèmes réciproques que s'envoyaient et se renvoyaient les papes et les empereurs au XIIIe siècle, on retrouve à chaque instant des appellations de ce genre, traduction libre et familière des figures apocalyptiques, faite au profit des passions du temps. (Voyez notamment dans Mathieu PARIS, p. 488 et suiv., une lettre pontificale de Grégoire IX, où l'empereur Frédéric II est transformé successivement en ours, en lion, en léopard, en renard et en scorpion. Frédéric II répond sur le même ton et donne à son adversaire le nom de « grand dragon. »)

6. Les Arétins. L'Arno laisse la ville d'Arezzo à une certaine distance de son cours.

7. Les Florentins.

8. Les Pisans.

9. Fulcieri de' Calboli, petit-fils de Rinieri ; il fut podestat de Florence en 1302.

10. Florence.

11. Le Dante veut parler de ces biens temporels que les convoitises humaines se disputent et s'arrachent, et il reproche aux hommes de négliger les biens éternels qui leur sont communs à tous, et dont la jouissance les apaise en les unissant, autant que la poursuite des richesses de la terre les sépare en les mettant aux prises. Dans un des chants suivants, le poëte donne à cette idée un magnifique développement.

12. Ce nom et ceux qui suivent appartiennent à de nobles familles italiennes, originaires de Ravenne pour la plupart. Les contemporains ont confirmé le bon témoignage rendu par le Dante à ces illustres citoyens, qu'il félicite de n'avoir pas laissé de descendants, ou qu'il plaint d'avoir transmis leur nom à une postérité dégénérée. L'ardent instinct de justice qui anime le Dante se retrouve également et dans les éloges qu'il décerne, et dans l'expression de ses plus âpres rancunes.

13. Fabbro de' Lambertacci qui, du rang le plus obscur, s'éleva aux plus hautes dignités. Le mot *fabbro* est à la fois un nom propre et un nom de métier.

14. Les deux expressions que le poëte emploie ici désignaient, de son temps, la réunion de toutes les qualités qui constituent la dignité des sentiments et l'élégance des mœurs. On peut voir, dans l'ouvrage de M. Fauriel déjà cité, (p. 280 et suiv.) l'influence exercée en Italie par cette brillante civilisation provençale, dont le rapide épanouissement fut interrompu au commencement du xiiie siècle par la brutale invasion d'une race plus grossière. On trouvera notam-

ment dans la description d'une fête célébrée à Trévise, en 1214, que M. Fauriel emprunte au chroniqueur Rolandino, un type curieux de ces divertissements chevaleresques dont le Dante célèbre le souvenir.

15. Château où était né Guido del Duca, l'interlocuteur du Dante.

16. Château situé entre Imola et Ravenne. Les comtes de Castrocaro et de Conio habitaient la Romagne.

17. Seigneurs de Faenza. Mainardo Pagani avait mérité, par ses vices, le surnom diabolique que rappelle le Dante.

18. « Omnis qui invenerit me, occidet me » (*Genèse*, ch. IV). Le Dante a cherché, dans les livres sacrés et dans la fable, deux types achevés de l'Envie. Il a choisi le premier fratricide, et cette sœur jalouse dont la métamorphose a inspiré à Ovide (*Métam.*, liv. II) une description si justement célèbre de l'Envie.

19. Voyez la note 3 du chant précédent.

CHANT QUINZIÈME.

1. Trois heures avaient encore à s'écouler avant le coucher du Soleil.

2. Plusieurs commentateurs ont trouvé cette comparaison étrange et puérile. Leur jugement n'est-il pas bien sévère? D'ailleurs si le Dante avait besoin d'une excuse, les progrès de la science ne sont-ils pas venus la lui donner, en faisant déchoir la Terre de cette situation privilégiée que l'ancienne astronomie lui réservait et en assignant une place inférieure à cette humble fille de la création, perdue au milieu des mondes infinis?

3. Il s'en fallait de trois heures à Jérusalem, et de six heures en Italie, que le soleil ne parût au-dessus de l'horizon.

4. Traduite en langage géométrique, l'idée du poëte signifie que le rayon parcourt deux obliques également distantes de la perpendiculaire.

5. Les yeux mortels du Dante ont peine à supporter les premiers éblouissements de la lumière divine. C'est par les progrès d'un long apprentissage que sa vue doit arriver à soutenir sans danger les splendeurs du Paradis.

6. Voir la note 11 du chant précédent.

7. « Commune spectaculum omnibus Deus, commune gaudium omnibus Deus, communis pax omnibus Deus. » (Saint Augustin.)

Voyez aussi, dans Vincenzo GIOBERTI (*Introduzione allo studio della filosofia*, t. II, p. 37), cette belle définition de l'intelligence suprême :

« Questa unità suprema congiunge e armonizza tutto il creato,
« dalla totale esistenza a cui diamo il nome di mondo o di
« universo, sino al menomo de' suoi componenti. Ella
« risiede nel tutto e nelle singole parti; e senza uscir di se
« stessa, senza spandersi o dividersi o multiplicarsi, e in
« virtù dell' atto immanente creativo, ella diffonde per
« ogni dove l'attualità dell' esistenza, la forza, l'armonia,
« il moto, lo spirito, la vita. In quanto crea l'universo e lo
« regge, è l'anima del mondo, pigliando questo nome in
« senso assai più nobile che gli Stoici e i Platonici; in
« quanto alberga negli spiriti, è l'Intelligibile; in quanto
« produce, attua, determina, classifica la forza della na-
« tura, è l'Essenza generica e specifica delle cose; in
« quanto finalmente informa le varie società degli uomini,
« dal piccol giro della famiglia sino alla società universale,
« è l'Idealità del consorzio umano. »

Le génie de la philosophie platonicienne avait deviné cette

participation au bien infini et incommunicable, qui, s'offrant à tous les hommes, n'appartient en propre à aucun d'eux. La religion chrétienne est venue l'élever à la dignité d'un sublime mystère, révélé une seule fois, accompli incessamment, et vivant à la fois d'une vie éternelle et d'une vie perpétuellement renouvelée, parce qu'il consacre l'union intime et incompréhensible du Dieu fait homme, et de l'homme admis dans la société de Dieu.

8. Entre les images que rencontre si souvent le génie du Dante, et qui prêtent à la pensée une force irrésistible de démonstration en même temps qu'un éclat éblouissant, celle-ci est assurément une des plus admirables. Rien de douteux ou d'incohérent ne ternit la pureté de ces métaphores expressives, qui semblent le rejaillissement même de la vérité. On dirait que la lumière éternelle qui brille aux yeux de l'intelligence est venue apporter, teint de ses couleurs, brillant de ses clartés, le reflet d'un sentiment sublime ou d'une idée divine, et laisser dans l'âme du poëte, comme dans un miroir fidèle et dans un foyer ardent, ce qu'on pourrait appeler l'infaillible évidence de l'admiration et la révélation de l'enthousiasme. Jamais, suivant l'expression platonicienne, le beau ne parut mieux la splendeur du vrai.

9. Les traces de la Colère et de l'Envie.

10. Voyez l'Évangile de saint Luc, chap. II, où se trouve rapporté ce tendre reproche fait par la Vierge à son fils.

11. Paroles prononcées par Pisistrate, lorsqu'il refusa de tirer vengeance d'une injure faite publiquement à sa fille.

12. Saint Étienne, le premier martyr.
« Et ejicientes eum extra civitatem lapidabant : et testes depo-
« suerunt vestimenta sua, secus pedes adolescentis, qui
« vocabatur Saulus.

« Et lapidabant Stephanum invocantem et dicentem : « Do-
« mine Jesu, suscipe spiritum meum. »

« Positis autem genibus, clamavit voce magnâ, dicens : « Do-
« mine, ne statuas illis hoc peccatum. » Et cùm hoc dixisset,
« obdormivit in Domino. » (*Act. Apost.*, cap. vii.)

13. Littéralement : « il faisait de ses yeux des portes ouvertes au ciel ». Par ces portes, les vœux ardents du martyr s'élevaient jusqu'à Dieu, et la vision de la béatitude céleste descendait sur son âme arrêtée au seuil de la prison corporelle qu'elle allait quitter. Il était impossible de peindre par un trait plus expressif la prière suprême envoyée à Dieu et le dernier regard jeté vers le ciel.

14. L'étymologie grecque du mot *agonie* le désignait tout naturellement ici pour rendre l'expression italienne de *guerra*, et l'idée de la lutte qui se livre entre la vie et la mort.

15. Les visions qui apparaissent au poëte dans le Purgatoire sont fausses, en ce sens que les objets et les personnages qu'il croit voir devant lui ne sont pas présents en effet. Elles sont vraies, parce qu'elles offrent soit la représentation vive et fidèle d'événements accomplis, soit le présage et comme l'anticipation de faits dont le Dante doit être témoin pendant son voyage surnaturel. Ces mystérieuses extases sont à la fois un rêve, une vision et une prophétie; elles réunissent ainsi les trois effets distincts qu'Albert le Grand, d'après Socrate, attribue au sommeil : Socrates in « tria divisit ea quæ occurrebant in somniis; et unum vo- « cabat somnium, secundum divinationem, tertium pro- « phetiam. » (ALBERT LE GRAND, *de Somno et Vigiliá*, liv. III, chap. ii.)

16. Suivant le poëte, en devenant parfaites, les âmes deviennent lumineuses. Les clartés de la vérité qui les remplissent, les rendent de plus en plus voyantes et visibles, et les font s'ouvrir et se pénétrer réciproquement. Le Dante

a dit ailleurs, avec une grâce charmante, que les yeux et la bouche étaient comme « les balcons où la reine qui habite la demeure du corps vient se montrer, mais voilée. »

« Per bella similitudine si possono appellare balconi della
« donna che nello edificio del corpo abita, cioè l'anima;
« perchè quivi, avvegna chè quasi velata, si dimostra. »
(*Convito*, III, 3.)

Lorsque la souveraine emprisonnée dans ce palais est digne de paraître constamment et tout entière au grand jour, le Dante suppose que les organes dont elle s'entoure sont doués de transparence. Alors tombent ces voiles sous lesquels l'âme est en même temps devinée et dérobée, que Dieu lui a donnés comme une protection et un abri, et dont elle se fait trop souvent un déguisement.

CHANT SEIZIÈME.

1. Noble vénitien, célèbre par son expérience politique et connu pour son penchant à la colère.

2. Le Dante veut parler de ces influences planétaires dont la science astrologique se vantait de pénétrer les secrets, et qui, depuis, comme toutes les croyances éteintes, ont été recueillies par la poésie, qui en a fait « une beauté et un mystère. »

> . . . . Ye stars! which are the poetry of Heaven!
> . . . . Ye are
> A beauty and a mystery, and create
> In us such love and reverence from afar,
> That Fortune, Fame, Power, Life, have named themselves a star.
> BYRON, *Childe-Harold*, ch. III.

3. Trois impulsions diverses peuvent incliner la raison de l'homme vers le bien qui contentait la naïve innocence de

l'âme à son premier âge et à peine échappée des mains de son créateur; d'abord les inspirations divines qui lui viennent de la nature ou de la grâce, ensuite les lois humaines, qui devraient toujours être écrites sous la dictée de Dieu même parlant à la raison et à la conscience, et enfin l'action de ces pouvoirs terrestres, établis pour maintenir la bonne et sage constitution de la société, et que la négligence ou la prévarication peuvent rendre infidèles à leur mission. Le Dante n'a pas épargné les avertissements d'une rigueur salutaire aux mobiles caprices des législateurs de son pays, et il ne les épargne pas davantage ici aux faiblesses et aux trahisons de ceux à qui étaient remises la garde et la protection des lois. Mais ni la vue des passions humaines, ni le spectacle de la perfidie des destinées terrestres et de la contradiction apparente des événements ne l'ont fait fléchir vers un de ces systèmes absolus, c'est-à-dire, incomplets, qui ont séduit plus d'une fois la témérité d'esprits moins largement conciliateurs. Le libre arbitre de l'homme, dirigé, mais non dominé, par des influences supérieures, les lois immuables de la justice, animant de leur vie les prescriptions positives qui régissent nécessairement la société et qui, toujours portées par leur imperfection originelle à s'éloigner de ce divin modèle, doivent toujours tendre à s'en rapprocher, tels sont les deux pôles de la morale individuelle et de la morale sociale que le Dante ne perd jamais de vue. En face des défaillances trop visibles des interprètes et des ministres de la parole divine, il n'a point songé à proclamer comme un droit la révolte contre toute sujétion extérieure ; il a laissé à certains esprits égarés de son temps, ancêtres des futurs sectaires, le soin de chercher le règne de Dieu et des Saints, en établissant préalablement la domination des intérêts et des passions. En face des mystérieuses incertitudes de l'intervention providentielle, il n'a reconnu à aucune puissance humaine, si élevée qu'elle fût, le droit de se mettre hors la loi divine; il n'a point attribué à un seul ou à quelques-uns le privilége d'imposer à tous une législation sans base, œuvre d'une volonté sans frein. Qu'il s'agisse du gouvernement moral de l'individu ou du gouvernement religieux et politique de la société, la *Raison Dieu*, comme l'appelle Bossuet, est invariablement, aux yeux du Dante, la maîtresse suprême du commandement et de l'obéissance.

4. La Loi mosaïque réputait purs les animaux ruminants qui avaient l'ongle fendu; mais les ruminants qui n'avaient pas l'ongle fendu, les chameaux par exemple, étaient réputés immondes.

5. Le Pape et l'Empereur.

6. La bonne opinion exprimée par le Dante sur le compte de ces trois vertueux vieillards est confirmée par le témoignage des contemporains.

7. Le poids des biens temporels qui accable l'Église.

8. La tribu de Lévi, composée de prêtres et de lévites, n'avait reçu aucune portion des terres de Chanaan; le Dante regarde cette exclusion comme une preuve que le gouvernement temporel et le gouvernement spirituel doivent être entièrement séparés.

9. Gaja, fille de Gherardo, avait une grande réputation de beauté et de vertu.

CHANT DIX-SEPTIÈME.

1. Philomèle. (Voyez Ovide, *Métam.*, liv. vi.)

2. « Dixit rex : « Appendite eum in eo. »
   « Suspensus est itaque Aman in patibulo quod paraverat
   « Mardochæo, et regis ira quievit. » (*Esther*, chap. vii.)

3.   Filia prima manu flavos Lavinia crines
    Et roseas laniata genas.....
                    Virgile, *Énéide*, liv. xii.

4. « Il y a premièrement le bien suprême, qui est Dieu, autour duquel sont occupées toutes les vertus, et où se trouvent toutes les félicités de l'âme raisonnable. Il y a, en dernier lieu, les biens inférieurs, qui sont les objets sensibles et matériels, dont l'âme raisonnable peut être touchée. Elle tient elle-même le milieu entre ces deux sortes de biens, pouvant s'élever par son libre arbitre aux uns ou se rabaisser vers les autres, et faisant par ce moyen comme un état mitoyen entre tout ce qui est bon. » (Bossuet, *Traité de la Concupiscence*, ch. xv.)

5. Le Dante paraît supposer ici qu'il est impossible à la créature de haïr son créateur. Est-ce à dire que le doute et la malédiction ne puissent échapper à l'homme, au milieu de ses misères et de ses désespoirs? Est-ce à dire qu'il n'ait pu aller jusqu'à cette dernière injure et à ce monstrueux blasphème de nier la cause suprême et de chercher, dans le délire de sa pensée, à la réduire au néant? Assurément le Dante n'a pas ignoré et n'a pas laissé impunis ailleurs ces excès d'une volonté rebelle, d'une intelligence égarée. Les paroles du poète ont donc un sens plus profond. Dieu, source de toutes les existences, principe de tous les êtres, contient la plénitude de la vie et la perfection du bonheur. Or le désir du bonheur ne peut s'éteindre dans le cœur de la créature libre et intelligente. Il peut contrebalancer l'amour de la vie et la crainte du néant; mais, quelles que soient ses erreurs, ce désir incessant et invincible ramène forcément l'âme vers Dieu. De là une loi d'équilibre moral que l'homme ne peut violer, qu'il ne viole même pas lorsque, poussé par l'égarement du vertige, il se précipite d'une chute volontaire en cherchant follement son salut dans sa perte et cède à l'attrait du vide et du néant.

6. Ici encore le puissant écho de la voix de Bossuet répond aux paroles du Dante :

« On n'envie, on n'ôte aux autres que le bien qu'on désire pour soi-même ; on n'est ennemi de personne qu'autant qu'on en est contrarié ; on n'est injuste, ravisseur, violent, traître, lâche, trompeur, flatteur, que selon les diverses vues que nous donnent nos concupiscences. On ne veut ôter du monde (*per esser suo vicin soppresso*) que ceux qui s'y opposent ou qui y nuisent en quelque manière que ce soit, ou de dessein, ou sans dessein... » (*Traité de la Concupiscence*, ch. xxvii.)

7. Le Dante retrouve et constate, au fond de toutes les actions humaines, ce vague sentiment de l'infini, principe des grandeurs et des tourments de l'âme, mystérieux ressort qui est comme le point de contact de Dieu et de l'homme.

CHANT DIX-HUITIÈME.

1. Le Dante applique à l'amour la distinction péripatéticienne de la matière et de la forme. On peut dire, en développant et en traduisant dans un langage plus moderne la pensée du poëte, que l'amour est une force, un instinct, une cause, déposée dans l'âme par la main de Dieu. A raison de son origine divine, il incline vers le bien ; par l'influence des séductions inférieures qui viennent le corrompre, il peut s'abandonner au mal. C'est en passant de la *puissance* à *l'acte* qu'il reçoit une empreinte fixe et la détermination d'un caractère précis.

2. Sous ces termes féconds en disputes, *forma sustanzial, specifica virtude*, devenus un peu compromettants pour les idées qu'ils recouvrent, le Dante exprime la notion large et distincte de la substance spirituelle, douée d'une force

active et se révélant à elle-même par la conscience qui éclaire ses actes et ses phénomènes plutôt que son essence intime.

Il ne faut pas oublier, du reste, que la philosophie Leibnizienne a réhabilité en quelque sorte le mot de forme substantielle, et n'a pas dédaigné d'appliquer cette dénomination léguée par la scolastique, aux substances vivantes et indépendantes qu'elle répandait à profusion dans l'univers, comme autant de barrières opposées aux envahissements du panthéisme.

3. « Nous ne connaissons l'âme que par conscience, et c'est pour cela que la connaissance que nous en avons est imparfaite. Nous ne savons de notre âme que ce que nous sentons se passer en nous... Il est vrai que nous connaissons assez par notre conscience ou par le sentiment intérieur que nous avons de nous-mêmes que notre âme est quelque chose de grand ; mais il se peut faire que ce que nous en connaissons ne soit presque rien de ce qu'elle est en elle-même... Il ne suffit donc pas, pour connaître parfaitement l'âme, de savoir ce que nous en savons par le seul sentiment intérieur, puisque la conscience que nous avons de nous-mêmes ne nous montre peut-être que la moindre partie de notre être. » (MALEBRANCHE, *Recherche de la Vérité*, liv. III, ch. VII.)

4. La liberté, fait de conscience primitif et immédiat, n'est pas susceptible de démonstration ; elle se sent et ne se prouve pas. Cette croyance invincible, défendue par Descartes, devait être affermie par l'éloquence souveraine de Bossuet et par les puissants efforts de Leibniz. Kant, à son tour, est venu associer ce sentiment inné de la liberté à la notion d'une loi supérieure dont sa psychologie, à d'autres égards si téméraire et si absorbante, a respecté la valeur absolue. S'appuyant sur ces deux bases indestructibles, il a, pour emprunter l'expression du Dante, laissé au monde un vrai système de morale.

NOTES. 497

5. Petite ville voisine de Mantoue.

6. Exsurgens autem Maria in diebus illis abiit in montana cum festinatione. (*Évang.* selon S. Luc, ch. i.)
C'est la visite de la Vierge à Sainte Élisabeth que veut rappeler le poëte, et non la fuite en Égypte, comme l'ont cru à tort quelques commentateurs.

7. Albert della Scala, seigneur de Vérone, fit nommer abbé de ce monastère son fils naturel, difforme de corps et d'esprit. (VENTURI.)

8. . . . Animos nil magnæ laudis egentes.
C'est ainsi que Virgile (*Enéide*, liv. v) désigne les compagnons d'Énée, restés en Sicile, qui habitèrent la ville d'Acesta.

CHANT DIX-NEUVIÈME

1. Une opinion très-accréditée au temps du Dante attribuait à la planète de Saturne une influence de cette nature.

2. Les géomanciens donnaient ce nom à une de leurs figures ou combinaisons favorites.

3. La séduction des voluptés et des convoitises terrestres.

4. Le Dante compare l'attrait du ciel qui rappelle l'âme égarée, au leurre dont se sert le fauconnier pour ramener l'oiseau emporté par l'ardeur de son vol.

5. « Mon âme s'est attachée au sol. » Paroles du Psaume cxviii.

6. « Sache que je fus successeur de Pierre. »

7. Le Lavagno.

8. Adrien V, dont le court pontificat ne dura qu'un mois et neuf jours, était de la famille des Fiesque, comtes de Lavagna.

9. L'avarice, cette passion qui réduit l'âme à une sorte d'inertie contemplative et lui enlève à la fois la volonté et la puissance, ne lui impose-t-elle pas, en effet, une double captivité, en l'abaissant et l'aveuglant en même temps?

10. Cette parole de l'Évangile, qui signifie que les unions contractées sur la terre ne survivent pas dans leurs rapports et dans leurs effets à la séparation de l'âme et du corps, est employée ici dans un sens plus large, pour exprimer l'abolition de toute différence et de toute inégalité entre les âmes, après la mort.

CHANT VINGTIÈME.

1. Allusion au don que S. Nicolas, évêque de Myre, avait fait à trois jeunes filles pauvres, pour les tirer de la misère et les préserver du déshonneur.

2. Tels les Français apparaissaient aux yeux du Dante, tels, après bien des changements accomplis dans les mœurs, dans la civilisation, dans les rapports nationaux, ils ont continué d'être appréciés par les écrivains de l'Italie. Les âpres colères d'Alfieri ont répondu aux rancunes passionnées du Dante, et Vincenzo Gioberti, à son tour, a donné aux mêmes opinions une forme plus modérée, qui contient à la fois un hommage, un reproche et un regret patriotique :
« L'Italia è da gran tempo serva d'Austria, serva di Francia : schiavità esterna e materiale da un lato, interna e spirituale dall' altro.... La dote che loro manca (ai Francesi) è la longanimità; ed è forse bene che non l'abbiano, per la libertà degli altri popoli; perchè se i Francesi agli altri vantaggi di natura e di fortuna accoppiassero la tenacità

Inglese o Spagnuola o Romana, l'independenza di Europa fora ita da gran tempo, e Parigi sarebbe forse al dì d'oggi la capitale del mondo. (*Introduzione al studio della filosofia.*)

3. Est-ce à quelque tradition apocryphe que le Dante aurait emprunté l'indication de cette généalogie démentie par l'histoire; ou bien, prenant l'expression *beccajo* au figuré, aurait-il voulu simplement imprimer une marque injurieuse et comme une tache de sang sur la naissance du prince dont les descendants avaient encouru ses haines, c'est ce que les explications fournies par les commentateurs sont loin d'éclaircir.

4. Le poëte a voulu sans doute désigner ici Charles de France, duc de Lorraine.

5. Charles d'Anjou, roi de Sicile.

Voyez dans l'Histoire de la lutte des papes et des empereurs de la maison de Souabe, de M. de Cherrier, t. IV, p. 202 et suiv., le récit de la défaite et de la mort du dernier et malheureux représentant de la famille des Hohenstaufen.

6. Suivant Villani, S. Thomas aurait été empoisonné par le médecin de Charles d'Anjou.

« Vivette al tempo di Carlo primo, re di Cicilia, e andando lui a corte di Papa a concilio a Leone, si dice che per uno fisitiano del detto re per veleno li misse in confetti, il fece morire, credendo ne piacere al re Carlo, perch' era di legnaggio de' signori d'Aquino suoi rubelli... (Giov. Villani, lib. 9.)

Lors même qu'on adopterait cette hypothèse très-problématique, la responsabilité du zèle criminel d'un serviteur empressé de plaire à son souverain ne devrait pas retomber directement sur la mémoire du roi Charles d'Anjou.

7. Charles de Valois, frère de Philippe le Bel, ce candidat perpétuel à la royauté, qui, selon l'expression de M. Michelet, « eut pour destinée de demander tout et de man-

quer tout. » (MICHELET, *Hist. de France*, t. III, p. 157.) Son expédition en Italie avait excité chez le Dante de vives et légitimes colères.

8. Il combattait avec la lance de Judas, c'est-à-dire avec les armes de la fraude et de la trahison.

9. Charles II, fils de Charles d'Anjou qui, moyennant le paiement d'une somme d'argent considérable, conclut le mariage de sa fille avec Azzo III, marquis de Ferrare.

10. Guillaume de Nogaret et Sciarra Colonna.

11. Philippe le Bel, destructeur et spoliateur de l'ordre du Temple.

C'est dans le xxe Chant du Purgatoire que la haine du Dante contre le rôle historique de la race française et contre la politique ambitieuse des princes de la maison de S. Louis éclate avec le plus d'énergie. Aux empereurs d'Allemagne le Dante a reproché d'abandonner l'Italie. Aux rois de France, il fait un crime de ces agrandissements perpétuels qui constituent peu à peu le royaume de France, et de cet esprit de conquête qui semble les pousser irrésistiblement vers l'Italie et vers l'Espagne. C'est dans la deuxième partie du xiiie siècle en effet, que les expéditions des ducs d'Anjou et les tentatives malheureuses de Philippe le Hardi commencent à manifester cette tendance qui semble inhérente aux destinées de la France.

12. Roi de Tyr, assassin de Sichée qu'avait épousé Didon sa sœur.

>   . . . . . . Sed regna Tyri germanus habebat
> Pygmalion, scelere ante alios immanior omnes.
>   . . . . Ille Sichæum
> Impius ante aras, atque auri cæcus amore
> Clam ferro incautum superat.
>
> VIRGILE, *Énéide*, liv. I.

13. Acham, coupable d'avoir détourné une partie du butin de Jéricho, avait été lapidé par ordre de Josué.

14. Pendant le moyen âge, le Dante n'est pas le premier qui se soit plu à mettre ainsi en présence les titres de cette double filiation païenne et chrétienne de l'Art et de la Littérature italienne. Les évêques lettrés du xiie siècle (voy. Ampère, *Histoire littéraire de la France*, t. iii) ne redoutaient pas, pour les noms les plus sacrés, le voisinage parfois assez compromettant des noms profanes de la Mythologie.

Les merveilles de la peinture italienne devaient à leur tour consacrer splendidement cette alliance de textes et de récits d'origines si diverses, embellis et sanctifiés les uns par les autres. Derrière les noms de Saphira et d'Héliodore n'entrevoit-on pas Raphaël et ce Vatican où le Dante figure à la fois dans la grave compagnie des théologiens et dans la douce société des Muses? David dansant devant l'arche, l'Annonciation, ces sujets que le Dante représente sur la pierre et sur le marbre, ne devaient-ils pas être plus tard éloquemment racontés sur la toile? De combien d'autres chefs-d'œuvre le chef-d'œuvre de la Divine Comédie ne renferme-t-il pas l'idée et le plan?

15.   Fas omne abrumpit, Polydorum obtruncat, et auro
  Vi potitur.
                              Virgile, *Énéide*, liv. iii.

CHANT VINGT-UNIÈME.

1. « Domine, da mihi hanc aquam ut non sitiam, neque veniam huc haurire. » (*Évang.* de S. Jean, ch. iv.)

2. Évangile de S. Luc., ch. xxiv.

3. Iris (l'arc-en-ciel).

4. C'est par erreur que le Dante représente Stace comme originaire de Toulouse. La vraie patrie de Stace était Naples, comme il le dit lui-même dans son ouvrage des Sylves, encore ignoré au xiiie siècle.

CHANT VINGT-DEUXIÈME.

1. Voyez le Chant VII de l'Enfer.

2. « Le Dante a fait un singulier contre-sens en traduisant ce vers célèbre :
   — Quid non mortalia pectora cogis,
   Auri sacra fames? —
   VIRGILE.

   « Le mot *sacra* l'a trompé, et il a cru qu'il s'agissait ici de l'invention des arts, à laquelle l'homme a été conduit par le besoin de se nourrir. » (AMPÈRE, *Voyage Dantesque*, p. 300.)

3. Stace, qui a été chrétien sans le paraître, suppose que Virgile, chrétien sans le savoir, a été agité par le mystérieux tressaillement qui annonçait à l'univers l'enfantement prochain du Dieu fait homme. Le poëte latin qui s'était plu à décrire les signes surnaturels auxquels on reconnaissait l'approche des faits importants et redoutables, aurait été le prophète involontaire d'un événement plus solennel que la mort des conquérants et que la chute des empires.

4. Homère.

5. Le poëte désigne par une indication délicate cette fille d'Œdipe, victime douce et résignée des malheurs de sa famille et complice timide du courage de sa sœur.

6. Hypsipyle, qui fit connaître la fontaine nommée Langia à l'armée d'Adraste.

7. Manto, placée par le poëte dans un des cercles de l'Enfer, à moins qu'il ne s'agisse ici d'une seconde fille de Tirésias, découverte ou imaginée par les commentateurs empressés de sauver la contradiction où serait tombé le Dante.

8. Les Heures.

9. La pudeur et la tempérance des matrones romaines n'avaient point échappé à cette loi de contraste moral qui remplaçait chacune des vertus de l'ancienne Rome par un des vices de la décadence. (Voy. JUVÉNAL, *Sat.* VI.)

>Quum perfusa mero spumant unguenta falerno,
>. . . . . quantus
>Ille meri veteris per crura madentia torrens,
>etc. . . .

10.
>Felix nimiùm prior ætas, .
>Contenta fidelibus arvis,
>Nec inerti perdita luxu;
>Facilique sera solebat
>Jejunia solvere glande.
>
>BOET., *de Consol. philos.*, liv. II.

CHANT VINGT-TROISIÈME.

1. Paroles du psaume L.

2. Voir dans Ovide (*Métam.*, liv. VIII) le châtiment infligé par Cérès au sacrilége Erésichthon et la poétique peinture de la faim.

>. . . . Epulas omnes Erisichthonis ora profani
>Accipiunt, poscuntque simul : cibus omnis in illo
>Causa cibi est; semperque locus fit inanis edendo :
>. . . . . implacatæque vigebat
>Flamma gulæ. . . . .
>Ipse suos artus lacero divellere morsu
>Cœpit, et infelix minuendo corpus alebat.

3. « ... Jusque-là qu'une femme dénaturée qui avait un enfant dans le berceau (ô mères, détournez vos oreilles !) eut bien la rage de le massacrer, de le faire bouillir et de le manger. Action abominable et qui fait dresser les cheveux, prédite toutefois dans le chapitre du Deutéronome que j'ai déjà cité tant de fois : « Je te réduirai à une telle extrémité de

famine, que tu mangeras le fruit de ton ventre : *Comedes fructum uteri tui.* » (BOSSUET, Sermon pour le ıx^e dimanche après la Pentecôte.)

4. Il faut une certaine complaisance pour ajouter foi à cette curiosité ostéologique et pour trouver gravée, par le doigt même de la mort, dans les cavités des yeux éteints et sur les contours osseux de ce qui fut le nez et les joues, la trace des lettres qui forment en latin le nom d'homme, (*Omo*,).

5. Frère de Corso Donati et aussi du jurisconsulte Accurse, au dire d'un grand nombre de commentateurs dont l'opinion semble peu digne de crédit.

6. La Barbagia, région de la Sardaigne où se maintinrent pendant longtemps des habitudes licencieuses qui rappelaient l'impudeur de l'état sauvage.

7. Ce vœu du poëte, dont une fougueuse ardeur semblait vouloir précipiter l'accomplissement, devait être pleinement exaucé à une époque un peu plus éloignée. La révolution morale qu'il invoque comme une juste malédiction, fut tentée et maintenue quelque temps à la fin du xve siècle. Savonarole, téméraire et belliqueux apôtre de la souveraineté théocratique, devança un moment l'œuvre que poursuivirent avec plus de succès, sous des climats plus rudes et au milieu de races moins amollies, les Puritains de la Grande-Bretagne et les Calvinistes Iconoclastes des Pays-Bas.

CHANT VINGT-QUATRIÈME.

1. Poëte et ami du Dante.

2. Le Dante veut désigner ici le pape Martin IV, Français d'origine. Son amour pour la bonne chère attacha une triste réputation à sa vie et à son nom, et causa, dit-on, sa mort.

3. Boniface de ' Fieschi, archevêque de Ravenne.

4. Marchese de ' Rigogliosi, intrépide buveur. Il n'était bruit, dans son pays, que des excès auxquels il livrait toutes ses journées : « Réponds-leur, disait-il à son sommelier, que j'ai toujours soif. »

5. Allusion délicate et réservée à une jeune fille de Lucques dont le nom rappelait au Dante une de ces infidélités commises envers la mémoire de Béatrix, qui, plus loin (xxxie Chant), lui seront reprochées avec une grave tendresse.

6. Qui, mieux que le Dante, eut le droit de rendre ainsi foi et hommage à l'Inspiration? Jamais poëte n'inclina une âme plus fière et plus respectueusement fidèle devant les ordres de cette voix divine qui se nomme Inspiration lorsqu'elle parle au génie, et que le christianisme appelle du doux nom de Grâce lorsqu'elle s'adresse à la vertu. A qui ne sait l'entendre ou ne daigne la suivre, le Dante a pu sans orgueil et sans témérité refuser le titre de poëte.

7. Jacopo da Lentino.

8.   . . . . Guitton d'Arezzo
  Che di non esser primo par ch' ira aggia.
    Pétrarque, *Trionfo d'amor*, cap. iv.

Guittone d'Arezzo, poëte italien, fut un des précurseurs du Dante. Il peut lui avoir appris le secret de cette amère ironie dirigée contre les mœurs de Florence. (Voir Fauriel, *Dante et les Origines de la langue italienne*, t. i, p. 350.)

9. Corso Donati, chef du parti des *Noirs*, massacré en 1308.

10. Les Centaures.

11. « .... Dixit Dominus ad Gedeon : « qui linguâ lambuerint « aquas, sicut solent canes lambere, separabis eos seor- « sùm : qui autem curvatis genibus biberint, in alterâ parte erunt. »
« Fuit itaque numerus eorum qui manu ad os projiciente lambuerant aquas, trecenti viri : omnis autem reliqua multitudo flexo poplite biberat. » (*Liber judicum*, ch. vii.)

CHANT VINGT-CINQUIÈME.

1. Par la combinaison et la correspondance des deux constellations qu'il indique ici, le poëte veut dire qu'il était deux heures après midi.

2. En abordant ces descriptions périlleuses, faites pour tenter la physiologie la plus déterminée, le Dante n'a montré ni une hardiesse compromettante, ni une fausse délicatesse. Il savait bien (et il l'a dit plus d'une fois) que tout, dans l'homme et dans la nature, porte à la fois le sceau d'une création divine et la marque originelle du néant. Il n'a pas oublié qu'un rayon de cet amour divin « qui ne méprise rien de ce qu'il a fait, » s'étend sur toutes les misères et toutes les imperfections physiques, pour les rendre touchantes et respectables, comme il vient luire sur nos misères et nos déchéances morales, dès que la volonté de l'homme consent à lui ouvrir la voie. Il n'est lieux si obscurs ni si basses œuvres dans la création, que le contact

d'une âme pure et sainte ne puisse éclairer d'un reflet du ciel et revêtir d'une auréole de dignité. « Omnia munda « mundis. »

3. Cette double loi d'expansion et de contraction, cette succession régulière de mouvements qui du centre se dirigent vers la circonférence et reviennent de la circonférence au centre, n'est pas seulement la manifestation du principe vital qui maintient l'harmonie et l'équilibre du corps humain; elle préside à toutes les grandes harmonies et à l'équilibre général de l'univers.

4. Averrhoës. Suivant la doctrine panthéistique qu'il avait soutenue, les âmes humaines ne seraient que des irradiations d'une substance spirituelle, principe unique de lumière et de vie, hors duquel il n'y aurait ni lumière séparée, ni existence indépendante. Le Dante, qui vient de défendre le principe de l'unité de l'âme humaine contre ceux qui transformaient en distinctions substantielles les périodes qu'elle parcourt dans son développement et les facultés dont elle dispose, maintient son intégrité contre les Averrhoïstes qui plaçaient en dehors et au-dessus d'elle *l'intellect possible*, c'est-à-dire l'entendement en tant qu'il contient les idées ou formes intelligibles dégagées de toute condition matérielle.

Albert le Grand (*De Unitate intellectûs*) a groupé trente arguments sur lesquels les Averrhoïstes pouvaient fonder leur système erroné. Voulant se ménager, avec les avantages de la bonne cause, la supériorité du nombre, il leur oppose trente-six arguments divers.

Ailleurs, il développe ainsi la doctrine d'Averrhoës :

« Ex illà irradiatione dicunt fluere formas intelligibiles in ani-
« mam, sicut ex lumine solis fluunt visibilia in perspi-
« cuum.... et hoc modo continuari dicunt lumen intelli-
« gentiæ ipsius, sicut continuat lumen solis perspicuo, et
« per hanc continuationem dicunt hominem esse intellec-
« tualem... sicut, illuminatis sublatis, non remanet nisi

« unicum lumen solis, ita pereuntibus hominibus dicunt
« unum intellectum perpetuum et incorruptibilem ex
« omnibus relinqui. »

Puis, retournant contre son adversaire la comparaison qu'il lui a empruntée, il répond que l'âme n'est pas un reflet coloré, mais bien un foyer lumineux :

« Ampliùs oculus in accipiendo visibilia non habet potestatem
« colorati terminati, sed potius perspicui, et si haberet
« potestatem colorati, non acciperet visibilia omnia, sed
« unum. » (*De Naturâ et Origine animæ*, liv. II, ch. IV.)

Leibniz, opposant une objection identique au Panthéisme plus vaste et plus systématiquement ordonné de Spinosa, a dit à son tour que l'âme n'était pas un fragment de pensée, une *idée*, mais bien une substance douée de vie et de force, « qui produit des idées. » « Anima non est idea,
« sed fons innumerabilium idearum. Habet enim præter
« ideam præsentem activum aliquid seu productionem
« novarum idearum... Anima ergo est aliquid vitale seu
« continens vim activam. » (*Réfutation de Spinosa* par Leibniz, publiée par M. Foucher de Careil, p. 46.)

5. L'entrée de l'Enfer ou celle du Purgatoire.

6. Ce passage du Dante a été rapproché des opinions exprimées sur le même point par plusieurs Pères de l'Église. A leurs noms il convient de joindre le grand nom de Leibniz, qui a plus d'une fois soutenu la nécessité de cette persistance d'une enveloppe matérielle autour de l'âme. « L'âme garde toujours, même dans la mort, un corps organisé, partie du précédent, quoique ce qu'elle garde soit toujours sujet à se dissiper insensiblement... etc (Voir aussi d'autres passages très-nombreux des Nouveaux essais sur l'entendement humain et de la Monadologie.) Remarquons seulement que la doctrine Leibnizienne se serait difficilement accommodée de cette puissance indépendante, de cette vertu plastique de l'âme qui, suivant le Dante, projetterait hors d'elle-même une forme, une image organique.

7. « Dieu souverain, Dieu de clémence »

8. « Je ne connais point d'homme.. » Réponse de la Vierge à l'Ange Gabriel. (*Évang.* de S. Luc, ch. i.)

9. Nymphe de Diane, séduite par Jupiter.

CHANT VINGT-SIXIÈME.

1. On se persuade volontiers que cette comparaison si fréquemment reproduite par le Dante était autre chose pour lui qu'un souvenir littéraire ou un caprice de l'imagination. Il semblerait que, plus d'une fois, à la recherche d'un monastère ou d'un château qui lui promettait l'hospitalité, il vit passer sur sa tête les bandes errantes de ces oiseaux fugitifs comme lui-même, et que leurs plaintes, jetées de loin vers les plaines de l'Italie ou vers les sommets de l'Apennin, ont laissé un écho fidèle dans cette âme si ouverte à toutes les voix et à toutes les révélations de la nature.

2. Voir la note 7 du Chant XI.

3. Thoas et Euménius, fils d'Hypsipyle, qui retrouvèrent leur mère au moment où Lycurgue, roi de Némée, la menaçait de mort.

4. . . . . Arnaldo Daniello,
Gran maestro d'amor, ch' alla sua terra
Ancor fa onor col dir polito e bello.
PETRARQUE, *Trionfo d'amor*, cap. iv.

Arnaud Daniel, troubadour provençal, que l'on a regardé à tort comme un des créateurs de la poésie dramatique dans les littératures méridionales, ainsi que le fait justement observer M. Fortoul dans ses remarquables études d'archéologie et d'histoire où se trouvent exposés et confirmés les vrais titres de gloire d'Arnaud Daniel.

5. Giraud de Borneil était, comme Arnaud Daniel, l'un de ces poëtes provençaux qui furent les instituteurs et les modèles des poëtes italiens du xiiie siècle, et dont la langue exerça tant d'influence sur la formation et le développement de la langue qui fut parlée par le Dante.

6. Le Paradis.

7. Voir la Dissertation de M. Raynouard sur le texte de ces vers provençaux.

CHANT VINGT-SEPTIÈME.

1. Déterminations astronomiques qui ne supposent pas un calcul bien exact des degrés de longitude et de la distance des méridiens entre eux.

2. « Heureux les cœurs purs. »

3. . . . . Madefactaque sanguine radix
Pæniceo tinguit pendentia mora colore.
Ovide, Métam., lib. iv.

4. « Venez, les bénis de mon père. »

5. Lia et Rachel représentent, dans l'Ancien Testament, la vie active et la vie contemplative, dont Marthe et Marie sont la personnification dans le Nouveau Testament.

Vincenzo Gioberti, dans son ouvrage *del Buono e del Bello*, s'est attaché à démontrer qu'entre toutes les doctrines religieuses et philosophiques, la doctrine évangélique seule a réalisé l'harmonie parfaite de l'action et de la contemplation.

6. La mitre et la couronne, emblèmes de la domination spirituelle et du pouvoir temporel : en les décernant au Dante, Virgile l'investit de la souveraineté morale reconquise par la conscience et par la volonté au prix de l'expiation.

CHANT VINGT-HUITIÈME.

1. Cette forêt de pins voisine de Ravenne, voisine du tombeau du Dante, a été visitée et célébrée par Byron :

> Sweet hour of twilight! in the solitude
> Of the pine forest, and the silent shore
> Which bounds Ravenna's immemorial wood
> Rooted where once the Adrian wave flow'd o'er,
> To where the last Cæsarean fortress stood,
> Evergreen forest! which Boccacio's lore
> And Dryden's lay made haunted ground to me,
> How have I loved the twilight hour and thee.
> *Don Juan*, ch. III.

2. Les traits poétiques dont le Dante s'est servi pour peindre la nature encore tout près de la création, avant qu'elle fût associée à la déchéance de l'homme, lui ont été empruntés par le Tasse. Les accommodant à un usage plus profane, le chantre de la *Jérusalem délivrée* (ch. xv), les a consacrés à la description des merveilles créées par un art magique. La poésie italienne n'est pas toujours restée fidèle à l'exemple que le Dante lui avait légué en donnant à des teintes si suaves un relief saisissant. Elle devait avoir ses faiblesses, ses enchantements et comme ses jardins d'Armide, où la facile harmonie de formes vides et séduisantes lui ferait souvent oublier le sentiment de la réalité.

3. Voyez (Chant XXIe) les paroles de Stace, qui représentent le sommet de la montagne du Purgatoire comme exempt de toutes les influences de l'atmosphère. Le poëte en avait conclu que rien dans l'aspect et la forme de ces lieux ne devait rappeler les formes et les aspects des régions terrestres.

4. L'éternelle félicité que Dieu trouve dans la contemplation et dans la jouissance de ses perfections, a été démontrée par

ALBERT LE GRAND (*De Causis et processu universitatis*, liv. II, ch. II), avec une abondance d'expressions superlatives qui semblent vouloir grandir et s'élever démesurément pour atteindre l'infini. Suivant cette démonstration, la vie de Dieu serait *nobilissima, delectabilissima, convenientissima, simplicissima, felicissima, perfectissima, et gaudiosissima*.

5. Les deux poëtes accueillent en souriant l'explication qui justifie, au point de vue chrétien, cette tradition de l'âge d'or si constamment présente aux imaginations païennes. A la fois détrompés et confirmés dans leurs pensées d'autrefois, ils pouvaient dire d'elles ce que le Dante dit ailleurs des extases qui visitent son sommeil : *Non falsi errori*.

CHANT VINGT-NEUVIÈME.

1. Heureux ceux dont les péchés sont couverts. (Ps. 31.)

2. Dernier appel adressé par le poëte aux Muses, qu'il associe aux apôtres et aux évangélistes, comme plus tard Michel-Ange associera aux Prophètes les Sibylles des âges païens.

3. Dans toute cette série de descriptions figuratives, le Dante s'inspire à la fois des prophéties d'Ézéchiel et des visions apocalyptiques de saint Jean. Il leur emprunte les sept chandeliers, les vingt-quatre vieillards et les quatre animaux qui représentent les sept dons de l'Esprit-Saint, les vingt-quatre livres de l'Ancien Testament et les quatre évangélistes.

Par les sept rayons de l'arc-en-ciel, on croit qu'il a voulu désigner les sept commandements de Dieu.

Le griffon, qui réunit les deux natures de l'aigle et du lion, est l'emblème du Christ qui unit les deux natures divine et humaine. Il traîne le char de l'Église.

Les femmes qui dansent autour du char figurent les Vertus théologales et cardinales. La Foi, l'Espérance et la Charité sont revêtues des couleurs que leur ont conservées les traditions de l'art religieux.

Saint Luc, qui fut médecin, est reconnaissable au titre de disciple d'Hippocrate.

Saint Paul porte l'épée, c'est-à-dire le glaive spirituel de la parole divine.

Derrière les quatre apôtres auteurs des lettres canoniques, paraît saint Jean, plongé dans le sommeil de l'extase.

CHANT TRENTIÈME.

1. La constellation mystique formée par les sept candélabres qui représentent les dons de l'Esprit Saint. (*sacrum septenarium*)

2. « Viens, mon épouse, viens du Liban. » (*Cantique des Cantiques*, ch. IV.)

3. « A la voix du saint vieillard. »

4. « Béni celui qui vient. » (*Évang.* de S. Mathieu, ch. XXI.)

5. « Répandez les lis à pleines mains. »

6. Quelques commentateurs anciens et, ce qui est plus singulier, quelques interprètes modernes du Dante trouvent étranges et presque inconvenantes l'apparition et les paroles de Béatrix. A ceux qui n'ont pas craint d'employer le mot de profanation et de donner à leurs critiques la forme d'un anathème, il suffirait de répondre que la présence de Béatrix était nécessaire et inévitable dans ce poème dont toutes

les parties, par un mouvement commun, sont attirées et semblent se précipiter vers elle. Pour ceux qui se contenteraient de déplorer cette triste nécessité, la réponse s'offre d'elle-même, et le charme souverain de scènes que les plus purs génies de l'antiquité n'auraient pu rêver réfute assez haut les objections d'une fausse orthodoxie littéraire et d'une étroite orthodoxie religieuse. Il ne faut pas troubler légèrement l'accord de la poésie et de la théologie que, par un privilége unique, il a été donné au Dante de réaliser, et disputer au théologien l'absolution des magnifiques inspirations du poëte.

7. Agnosco veteris vestigia flammæ.
VIRGILE, *Énéide*, liv. IV.

8. « En vous, Seigneur, j'ai mis mon espérance ! »

9. Ce n'est pas la première fois que le Dante parle de cette correspondance mystérieuse entre la terre et les sphères célestes, et de cet ordre d'influences, intermédiaires en quelque sorte entre l'ordre de la Grâce et l'ordre de la Nature.

10. La nourriture céleste préparée aux élus.

CHANT TRENTE-UNIÈME.

1. Gentucca de Lucques (voy. le Chant XXIV.)

2. Iarbe, souverain des nations qui habitaient les côtes septentrionales de l'Afrique.

. . . . . Despectus Iarbas,
Ductoresque alii, quos Africa terra triumphis
Dives alit. . . .
VIRGILE, *Énéide*, liv. IV.

3. Le reproche fait par Béatrix au Dante était plus amer parce

qu'en lui rappelant ses fautes, elle lui rappelait aussi qu'au moment où il les avait commises, il était parvenu à l'âge viril et se trouvait en pleine possession de sa raison.

4. Mathilde. Le Dante a emprunté, pour le donner à un des personnages mystiques de son poëme, le nom de la célèbre comtesse Mathilde, qui avait soutenu ardemment la cause du Saint-Siége.

5. Les trois Vertus Théologales.

6. L'image du Dieu fait homme se reflète dans les yeux de Béatrix qui, l'arrêtant sans l'absorber, le voient et le montrent en même temps. Médiateur suprême entre les perfections invisibles et les beautés visibles, le Christ imprime sur ces traits bénis le sceau de l'indissoluble alliance de la Nature divine et de la Nature-humaine.

CHANT TRENTE-DEUXIÈME.

1. L'arbre de la Science du bien et du mal, que le poëte représente comme condamné à la stérilité par suite de la désobéissance d'Adam. Il semble que dans la pensée du Dante cet arbre soit en même temps l'emblème de la souveraineté temporelle et de l'Empire romain. La nouvelle vie qu'il reprend à l'approche du char de l'Église, figure à la fois la réconciliation de l'humanité avec Dieu et l'union des deux puissances.

2. La nymphe Syrinx qui, suivant la Fable, fut métamorphosée en roseau, et donna son nom à l'instrument dont Mercure tira les sons qui endormirent la vigilance d'Argus.

3. « Et transfiguratus est ante eos, et resplenduit facies ejus « sicut sol : vestimenta autem ejus facta sunt alba sicut « nix. » (*Evang.* de S. MATHIEU, ch. XVII.)

4. Les Vertus Théologales et Cardinales.

5. Les royaumes célestes dont le Christ est le souverain.

6. La fin du xxxiie Chant résume en quelques images frappantes, l'histoire de l'Église et le drame de ses destinées, depuis son origine jusqu'aux événements contemporains du Dante. Livrée aux déchirements de l'hérésie (le renard), aux attaques du mahométisme (le dragon), elle éprouve tour à tour la faveur et l'inimitié du pouvoir impérial (l'aigle), qui lui devient également funeste par ses violences et par ses bienfaits. Envahie par les sept péchés capitaux (les sept têtes armées de cornes), l'Église tombe de la corruption dans l'asservissement, et abdique sa liberté et son honneur violés par l'attentat sacrilège de Philippe le Bel.

CHANT TRENTE-TROISIÈME.

1. « Dieu, les nations sont arrivées. » (Ps. LXXVIII.)

2. « Encore un peu de temps, et vous ne me verrez plus; un peu de temps encore, et vous me reverrez. » (*Évang.* de S. JEAN, c^h. XVI.)

3. Une superstition populaire promettait l'impunité à l'assassin qui parvenait à manger sur le tombeau de sa victime pendant les neuf jours qui suivaient la perpétration du crime.

4. Dans tout ce passage, le Dante veut annoncer l'avénement au trône de Henri VII, et ses efforts pour rétablir en Italie les anciens droits et l'influence oubliée du pouvoir impérial. Le nombre cinq cent dix et cinq, qui, exprimé en chiffres romains, forme le mot latin DVX (*chef*) est une désignation énigmatique du souverain sur lequel le poëte fondait tant d'espérances.

5.
>   Carmina Naïades non intellecta priorum
>   Solvunt ingeniis. . . .
>
>   OVIDE, *Métam.*, liv. VII.

6. Allusion au Péché Originel, à la Rédemption et à l'intervalle écoulé entre la Faute et la Réparation.

7. Rivière de Toscane. Les objets plongés dans ses eaux s'y pétrifiaient.

8. Au moment d'entrer dans une existence nouvelle et infinie, l'âme ne perd point la conscience de sa vie antérieure. La mémoire persiste en elle, mais en se régénérant. De tout ce qu'elle amassa pendant la vie, deux parts sont faites. Ce qui est digne de mourir est emporté par les flots du Léthé. Ce qui est digne de vivre est fortifié et rendu inaltérable par les eaux du fleuve Eunoë. La séparation du bien et du mal, s'accomplissant ainsi dans l'ordre moral et dans l'ordre intellectuel à la fois, consacre ou abolit non-seulement les œuvres de la volonté humaine, mais encore la pensée et le sentiment que chacune d'elles a laissés dans l'âme, soit comme une bénédiction intime, soit comme une condamnation anticipée.

FIN DES NOTES.

www.ingramcontent.com/pod-product-compliance
Lightning Source LLC
Chambersburg PA
CBHW051407230426
43669CB00011B/1797